孚

著

诗 酒 江 湖

江孔殷的美食人生

中国出版集团 东方出版中心

图1　江孔殷

图 2　江氏宗祠内庭

序

FORWORD

周松芳

　　怀宇兄以海内外华人学术文化"大家访谈"蜚声于外，从2005年至2014年，遍访中国大陆、香港地区、台湾地区以及美国、新加坡两百多位前辈名家。北京的唐吟方先生说："他赶上了世纪的末班车，访谈到海峡两岸及香港最重要的一批知识人，他访谈的总量后人无法企及，而他访谈涉及的关注点又显示一代人的人文关怀与独立立场。"上海复旦大学吴中杰教授等著名学者都曾撰文赞许，称其为"采访文化人最好的记者"。特别是访谈时一百来位八十岁以上的老先生，现在很多已经辞世，因此这些访问纪录，弥足珍贵，而成为各大出版社追逐的对象，目前已结集出版了《亲爱的风流人物》《访问历史》《知识人》《访问时代》《思想人》《家国万里》《与天下共醒》《各在天一涯》《过眼云烟》《古今笑谈中》等十余种。

但我更关注的是李怀宇先生访谈结束后陆续推出的相关著述，因为他们不再是相对原生态的访谈纪录（当然从访谈前的准备到访谈文章的形成，都有不少的研究基础及成果），而是有如唐德刚先生做口述史那样，有了更多的史实增补及研究结论，从新闻性的人物访谈向研究性的口述历史转变；所谓新闻是历史的初稿，访谈录近于口述史，也是给史家做材料，为事实找旁证，为历史留下更多元的初稿。同时，无论访谈录还是口述史，在有才华的作者手里，通常就是上佳的人物传记。李怀宇也深具这种自觉。他曾夫子自道说："胡适当年深感中国传记文学缺失，到处劝他的老辈朋友赤裸裸地记载他们的生活，给史家做材料，给文学开生路。我所做的工作，也许便是为中国传记文学出一份力。"诚哉斯言。

俗话说，世事如棋，须走一步看三步，以确保即便不能着着领先，也不至于落后于时代。对此，我们不妨名之为"预着"，就像学术研究上需要的"预流"一样，研究与写作也需要提前规划，甚至领先规划。访谈纪录已经出版，相关的传记研究与写作也会受限于材料而越走越窄。我在跟怀宇兄闲聊时表达过这种关切。他只是颔首不言。不言之中，却很快写出了一本《诗酒江湖：江孔殷的美食人生》，命我作序，并附说了一下南海十三郎等一系列历史文化名人研究与写作的计划。这不仅显得我的担心多余，更显示出怀宇兄的"预流"与"预着"。

传统的历史文化人物特别是作家研究，成功与否，与年谱编制、作品系年、交游考订三大基础工作质量的好坏密切相关，一言以蔽之，与基础史料的收集、整理、辨析以及诗文辑佚的质量有关。前贤大家傅斯年说，史学即史料学，信不诬也。今观怀宇兄新著，其最大的优势和长处，也即本书的成功之处，首先就在于史料的发掘与利用。史料中的第一手史料，当然就是研究对象自己留下的诗文自述之类。这方面，怀宇兄充分发掘利用了广东省立中山图书馆藏江孔殷晚年自印本《兰斋诗词存》五卷，这是迄今研究江孔殷者所鲜少利用的。其次则是与江孔殷关系密切的亲人戚友所留下来的史料，比如他的儿子南海十三郎江誉镠、女婿汪希文、孙女江献珠等，都留下了不少珍贵史料。由于这些人都在港台以及海外，相关史料大陆鲜少引用，特别是江献珠，李怀宇对其做过专访，从中发掘的史料更是无人能及，因此这些都堪称一等的一手史料。同时，海外的江孔殷及其儿子江誉镠的研究，远较国内领先，怀宇兄凭借长期访问海外学人的便利，相关研究成果得以悉数搜集，也为该著的成功奠定了坚实的基础。

其次，怀宇兄虽然没有编制专门的年谱，但因其对江孔殷的生平了如指掌，在行文中又特别注意时序的交代，编制专门的年谱反而显得有些累赘。怀宇特别表而出之的江孔殷的一些出处大节，使我们第一次认识到江孔殷诗酒美食之外的政治经济江湖，使全书的地位和格调陡然提升。比如提及江孔殷在乡试中举后，第二年（甲午年，公元1894年）参加会试报罢，作《甲午会试报罢出都闻中东已启衅感赋》，结句说"十书难上缨胡请，流涕长沙正此时"。特别是同里邓世昌殉国后，作《大东沟吊邓壮节》，矛头直指慈禧和李鸿章，使他后来参与公车上书，并师事康有为，以及进一步关怀革命党人，协助黄花岗起义烈士遗骸的收殓，显得顺理成章。

江孔殷中进士后，入进士馆，后进士馆被整体遣派送入法政大学速成科补求实学，他因不服管教，比如不穿校服，仍穿官服且垂辫而行，被强行劝退，留下《退学》《留东杂纪》组诗纪其事，十分耐人寻味。须知法政速成科既培养官僚，也培养了不少革命者，比如汪精卫、朱执信、胡汉民、居正、宋教仁、陈天华等等，这些风云人物中，尤其是广东巨子，日后与江孔殷多有交往。东洋归国后，又奉派为两洋劝业专使，奉旨赴东洋及南洋一带，宣慰华侨。在华侨以及革命党和保皇党人之间自由周旋，对他日后的思想行为取向，影响非常大。

即便写世人所熟知且津津乐道的江孔殷的风流美食，怀宇兄也大异于世间普通的研究者。比如他深挖江与谭延闿的关系，这可关系到粤菜和湘菜两大菜系形成和发展的关键环节，其中诸多重要材料，经怀宇兄一发掘解读，精义迭出，震动一众人士深耕谭府菜多年的三湘大地，长沙著名的《书屋》杂志，将书稿相关部分索去连载三期。广州的《同舟共进》也发表了书稿中的几篇。他发掘出的梁鼎芬的手稿《能秀精庐饮食宴乐精义》，对于粤菜菜系形成初期的理解，非常重要，我深耕岭南文化史多年，都"熟视无睹"了，可见怀宇兄的眼光。

由此可见，怀宇兄在历史人物研究与写作上，同样具有他学术文化人物访谈那样的"独门绝技"。所以，在怀宇兄新的研究与写作领域，我们实在是可以有更大的期待，因为这实在也是一个更广阔的领域！

目　录

CONTENTS

第一章
"我是佛山人"

○ 生卒年考

江孔殷，广东南海人。字韶选，又字少泉（一说"少荃"）。号百二兰斋主人，别号霞公。以其活泼好动，粤人昵称"江虾"，粤语中，"虾"与"霞"谐音。[1] 江孔殷的《兰斋诗词存》，自署"南海江孔殷霞庵"[2]。江孔殷为晚清最后一届科举进士，曾进翰林院，世人尊称为"江太史"或"太史公"。

据江孔殷的女婿汪希文记录："江孔殷生于同治四年农历九月二十一日（公元1865年11月9日）寅时。其八字为乙丑、丁亥、癸未、甲寅，名为刑合格。"[3] 同治四年为乙丑牛

1 南海十三郎著、朱少璋编订：《小兰斋杂记：小兰斋主随笔》，香港商务印书馆2017年3月版，第33页。江孔殷的名号，根据朱少璋的《南海十三郎传略》所录。
2 江孔殷：《兰斋诗词存》，民国稿抄本。
3 汪希文著、蔡登山编：《我与江霞公太史父女：汪希文回忆录》，台北独立作家2014年10月版，第191页。

年。江孔殷《兰斋诗词存》卷五中《早眠》一首有句"属牛七十六年人";另一首诗题则写明"九月廿一日生朝",可证江孔殷是牛年九月廿一日生。[1]

江孔殷逝世后,他的儿媳吴绮媛于1952年3月18日在江孔殷相片的左方手书:"家翁现年八十有八,生辰在九月廿一日,生时年份不详,于一九五二年三月四日即农历二月初九上午十时在家乡逝世。"[2]江孔殷的第十三子南海十三郎《浮生浪墨》中说:"中国人岁数计算,以出生日即为一岁,而度过新年,又增一岁,故腊月春生,仅二月即称两岁。"[3]江孔殷终年"八十有八",估计为中国传统算法的虚岁。吴绮媛是江家中文化素养颇高的知识女性,而旧时大户人家素重红白大事,她写"生时年份不详",相信是经过推敲的,或许其中另有隐情。

多年来,关于江孔殷的生卒年,坊间流传的说法不一。[4]网上更是众说纷纭,使人如堕雾中。因此,必须进行认真严谨的考证,一层层地拨开雾霾。

现经多种史料与《兰斋诗词存》对勘,可以考定:江孔殷生于公元1865年11月9日(同治四年,农历乙丑牛年九

1　江孔殷:《兰斋诗词存》卷五。

2　陈天机:《珠玑情缘——舌尖上的贵族江献珠与幸运的书呆子》,香港天地图书有限公司2019年7月版,第112页,印有"吴绮媛在美亲笔悼念江孔殷的遭遇"图片。

3　南海十三郎著、朱少璋编订:《小兰斋杂记:浮生浪墨》,香港商务印书馆2017年3月版,第220页。

4　江沛扬:《沧桑太史第》,花城出版社2016年5月版,序言中说"江孔殷生于1864年,卒于1952年"。又,汪希文著、蔡登山编:《我与江霞公太史父女:汪希文回忆录》,台北独立作家2014年10月版,蔡登山在导读中说"江孔殷(一八六四至一九五一)"。

月廿一日），卒于公元1952年3月4日（农历壬辰龙年二月初九）。

历史的真相不仅需要当事人的现身说法，还要靠其他旁证，彼此相印证，方能得出相对客观的事实。江孔殷生卒年的考证，力求"上穷碧落下黄泉，动手动脚找东西"，目前所见的也许只是史实的一部分。希望今后有更多的史料发现，进一步还原与其生卒年相关的历史真相。

○ 南海望边

江孔殷的父亲江清泉，为殷实商人，同治年间于上海经营江裕昌茶庄，有"江百万"之称。江清泉的成功之道在"一条龙"式的企业：他自资自理，开发茶圃，广植茶树，按时采摘、处理、运输、包装、批发、零售茶叶，不靠中人。[1]

江清泉热心公益，对流寓上海之粤籍人士时加接济，各省赴京士子如有需要，亦多获川资。李文田、张仁骏微时即曾受其恩惠。江孔殷之子南海十三郎《浮生浪墨》中说：

1　陈天机：《珠玑情缘——舌尖上的贵族江献珠与幸运的书呆子》，香港天地图书有限公司2019年7月版，第18页。

先祖在乡中建一小园，有楹联一对，为李文田所赠，句为"林木四时犹畅盛，泉源此日见澄清"，以书先祖之名，并羡林泉之乐，盖李文田当年赴试过沪，亦得先祖赠送川资，赠联以志德也。先祖生前助人赴试者甚众，死后得代奏清廷，谥封资政大夫，并建祠于乡，借纪德望。[1]

江家又有曾国藩赠联："烟波遥岁月，奔走会风云。"

江清泉妻妾三人，有二子，长子早夭。大妇招氏，无子。江孔殷为侧室周氏所出，行二。江孔殷生于上海，七岁丧父，而生母周氏亦早逝。管店者黄氏中饱私囊，转售茶庄与汪氏，并悉数动用流动资金，致使江家上海家业钱财尽入他人之手，幸江家早年于各地广置田产，粤广原籍尚有铺户田地，招氏遂举家南返定居。一家得赖祖上余荫，有良田二三百亩，生活无忧。[2]

江家在南海县塱边乡，堪为望门。至今乡间牌坊，书为"塱边江"。塱边分上塱、下塱，江清泉一门属下塱。

近代广东人素有从乡间出外打拼闯天下的精神。上京沪，下南洋，远赴欧美，在外闯荡出一番事业，挣了钱，常常回老家买田地、盖房子。将来子孙一旦落难，便归根回乡，得

---

1 南海十三郎著、朱少璋编订：《小兰斋杂记：浮生浪墨》，香港商务印书馆2017年3月版，第4—5页。
2 南海十三郎著、朱少璋编订：《小兰斋杂记：小兰斋主随笔》，香港商务印书馆2017年3月版，第33页。

江氏宗祠

先祖余荫保佑。

江孔殷七岁丧父后从上海回到南海县塱边乡，遂有流转春申而归岭南之语。而他的儿子南海十三郎也在1949年见局势纷乱，"以为大乱还乡，可避滋扰，因返南海塱边乡，家母林氏、欧阳氏长处乡中，料理乡中屋宇、田铺租项，故与乡中族亲，时相往来，知余还乡，代向族中父老求先容，俾得在乡中避乱"。南海十三郎自幼在城市，及长又浪迹江湖，甚少乡居，不知还乡之乐，其所忆故乡"村前草野，近水接天，别饶景色，乡人畜牧牛羊，豢饲鹅鸭，均在村前草地，而该处为入村必经之地，游上归踪，草碧留痕，年年春初，还村者众，祠中相聚，倍形亲切"。至1965年仍感叹"故乡景色梦魂中"，并赋有一诗：

> 芳茵凝碧远连天，绿草春风份外妍。
> 景色故乡如在目，一番回首一凄酸。[1]

江孔殷的孙女江献珠则有文章《我是佛山人》，称自己是原籍南海县、佛山镇、塱边乡江姓人家的后裔，更对家乡的美味念想不已：

> 佛山是中国四大名镇之一，以前隶属南海县，

1 南海十三郎著、朱少璋编订：《小兰斋杂记：浮生浪墨》，香港商务印书馆2017年3月版，第312页。

解放后中国改编地理，南海改归佛山。这块广东武术的发源地，大家都知道黄飞鸿、宝芝林，还有正在当红的叶问。但这些和我搭不上关系，我只记得佛山塱边是我家乡，有很多好吃的东西而已。

小时候有亲戚从乡下来，总会带来很多手信，一定有盲公饼，是装在罐子里的。盲公饼成半球形，直径约一英寸半，口感颇像杏仁饼，只是用炒米来做，比较脆硬，中央有一块肥肉，甘爽丰腴，一口咬下去，噗的一声，松化滋味。那时我不懂得问为什么这样好吃的小饼，会叫盲公饼，又和哪一个盲公扯上关系呢？直至现在，就算地道的佛山人也说不出个所以然，而盲公饼的品质，也难似往日。

最可口的要算佛山式的"白云猪手"，猪手三煮三冲冷水使皮爽脆，然后放入装在玻璃瓶内的卤汁浸腌。小孩子不懂来龙去脉，有得吃便如获至宝，猪手爽口，卤汁咸香中带微酸，可以拿猪手在手中细嚼慢吮，虽然说是家乡隽品，也不是经常有得吃，所以觉得特别好吃。另外一种叫"佛山酝扎蹄"，是把猪手去除筋骨，瓤入腌肥肉和猪精肉，扎起回复猪手形态，慢煮（酝）而成。我觉得腌料的香料味太重，兴趣不高。1979年我第一次回乡找寻先祖父的山坟，为当时塱边乡所属的张槎公社热情招待，并送我家乡名产酝扎猪蹄作手信，儿时记忆中的香料味，仍强烈如昨，回到广州时，转送给家

塑边江牌坊

人了。

　　经常从乡间带来的一种调味品，称"柱侯酱"。我家虽自晒原豉酱，但柱侯酱比原豉酱的味道复杂得多；平日烧菜，若以"柱侯酱"代原豉酱的，一吃便能分辨出来。这种佛山始创的酱料，是梁柱侯在一百多年前发明的。他本来是佛山"三品楼"的厨师，无意之间在原豉酱内加入糖、果皮、姜、蒜茸和芝麻，捣烂成的酱，此酱无名，当时的人都以"柱侯酱"称之；若加在肉类或禽肉内作调味品，风味顿然不同。梁柱侯的拿手好菜是"柱侯鸡"，可以原只加酱去焖，或将鸡切件，用酱爆香再焖脸便成，两种做法各具特色，难分高下。难怪佛山人十分自豪地说"未尝柱侯鸡，枉作佛山行"了。我家用"柱侯酱"，随意得很，不必限于畜禽肉类上，甚至煮豆腐，煮素菜都无不适宜。说到"焖牛腩"，那就非用"柱侯酱"不可了。中秋节的"芋仔焖鸭"，少了"柱侯酱"，就是不对劲。天气寒冷时，"柱侯酱"煮"鱼腩豆腐"，盛在耐热盘中，置小炭炉上慢炖，那份香气，真的诱人垂涎欲滴。[1]

在江献珠的记忆里，家乡就是美食天堂。

---

[1]　江献珠：《家馔3》，重庆出版社2016年1月版，第47页。

○ 江郎中举

　　江孔殷晚年自印的《兰斋诗词存》共五卷。第一卷第一首《癸巳乡捷祭告》，癸巳年为光绪十九年（公元1893年），这一年江孔殷中举。第五卷最后一首《穆护砂　除夕仿东坡馈岁守岁别岁戏为变体》，作于庚辰年（公元1940年）。旧时作诗词，多不注明写作的具体时间，但通观五卷诗词，江孔殷经历的重要事迹和心灵感受皆有所记，可谓江氏一生心史。如今不妨借解读《兰斋诗词存》五卷，重寻江孔殷的历史世界。

　　1893年江孔殷中举后，乡捷祭告主要是纪念自己的生母周太夫人，开头讲述先光禄公（江清泉）中年无子，求嗣于峨眉金顶寺，"钟楼佛顶归灵猿"。江孔殷相信自己是"猴子托生"。《我与江霞公太史父女：汪希文回忆录》第二章"猴子转世，额上留痂痕"一节云：

　　　　霞公有高大的身躯，雄伟壮实，双目炯炯有光，望之气象万千。且富有豪迈的性情，自言：未诞生之前，其太夫人梦见一巨猴，投入她的怀中，惊醒后，胎即作动；太夫人说他在胎中打了几个筋斗，然后呱呱坠地——可知他在胎中已经是很调皮

的婴孩了。初雇一乳媪抚育，断乳后，仍留此乳媪
为保姆。三岁时，这乳媪手持绞剪，正在剪裁衣服
之际，朦胧中忽见一巨猴，扑至其身边。乳媪大惊，
立即以手上所持绞剪掷去，中其右额。审视之，原
来不是猴，而是霞公。幸而尚非击中要害，损伤额
上外皮而已。故霞公右额之上角，终身有一痂痕。

其人身长，手亦特别长，右手能绕过头脑之后，
转过面目之前，自摸其右耳，左手亦能如此摸其左
耳。说者谓此亦猴子形的凭证。风鉴家则谓"缚臂
猴"是这样的。尚有一点，据动物学家之言，动物
中以猴的性格为最淫，霞公体魄雄壮，不免"寡人
好色"，除冶游外，太史第中，排列金钗十二，自称
无虚夕，老尚风流，此亦是像猴之一端。霞公是猴
子托生，不特他自己承认，擅长看相者，都是如此
说，真可谓"不可思议"，要难倒科学家了。[1]

林光灏的《江霞公太史轶事》，刊发在1976年5月1日
台湾地区出版的《广东文献》第六卷第一期，其中"猴子转
世　额上留痕"一节，与汪希文的回忆录所记大致相同。[2]汪

1　汪希文著、蔡登山编：《我与江霞公太史父女：汪希文回忆录》，台北独立作家2014年10月
版，第31页。
2　江献珠：《钟鸣鼎食之家——兰斋旧事与南海十三郎》，广东教育出版社2010年9月版，第
113页。林光灏的文章为汪献珠著作的附录。献珠按：余生也晚，一世纪前先祖之事迹，读台
湾出版之《广东文献》，1976年5月1日，第六卷第一期之"江霞公太史轶事"一文，方始了
了，特在此转载部分。

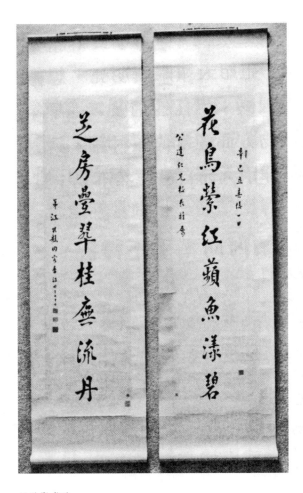

江孔殷书法

文在前，林文在后，林文或为参考汪文而得。

南海十三郎则在《浮生浪墨》中说：

> 先父少年，以守业为志，本无心功名，故对府试举人，始终不愿赴考，只一县试秀才，以为可遂平生之愿矣。但他聪慧过人，文章脱俗，族中父老，均以先父无心仕进为可惜，而有一相士，为先父论相，以先父两臂特长，左臂可伸长，右臂可缩短，右臂如伸长，左臂亦可缩短，两臂垂下，相差半尺，觉为奇相，而又可伸臂环颈摸耳，两手叉腰手踭夹身，可夹一纸，口大又可容拳，若跔坐床上，即伸腰至直，而两膝屃起，高可及眉，如此相格，不可多见，相为通臂猿形格，主大贵，且发子孙众多。然仕宦不久，即须引退，否则难免历险恶波涛，先父志之于心。[1]

江孔殷参加乡试而中举人，江湖传闻他替人作枪手，而又请别人替他作枪手，结果双双中举。此事江孔殷的儿子南海十三郎有记录，女婿汪希文也有记录，然而，两人所记替江孔殷作枪手者，却非同一人：南海十三郎所记的枪手是黄梅伯，汪希文所记的枪手则是郑玉山。

1　南海十三郎著、朱少璋编订：《小兰斋杂记：浮生浪墨》，香港商务印书馆2017年3月版，第5页。

中举之后，江孔殷曾作一联。然而，时日久远，所传竟成不同版本。南海十三郎所记联语为：

阔佬请枪，既成名也称举子；
作手入场，过得海便是神仙。[1]

而汪希文所记联语为：

作手请枪，要瞒人非为好汉；
阔佬响炮，过得海便是神仙。[2]

1 南海十三郎著、朱少璋编订：《小兰斋杂记：小兰斋主随笔》，香港商务印书馆2017年3月版，第73页。
2 汪希文著、蔡登山编：《我与江霞公太史父女：汪希文回忆录》，台北独立作家2014年10月版，第32页。

第二章
公车上书

◎ 甲午会试报罢

江孔殷在乡试中举后，第二年（甲午年，公元1894年）参加会试，报罢（即落第）。

这一年的甲午战争是大清帝国最后崩溃的关键所在。江孔殷在会试后有几首咏史诗，颇见当年风云。《甲午会试报罢出都闻中东已启衅感赋》：

> 并得琉球事可师，海东骄子意何为。
> 南塘旧将光谁继？灞上群儿戏已知。
> 汉室自多瓯脱地，秦庭可有璧归期。
> 十书难上缨胡请，流涕长沙正此时。[1]

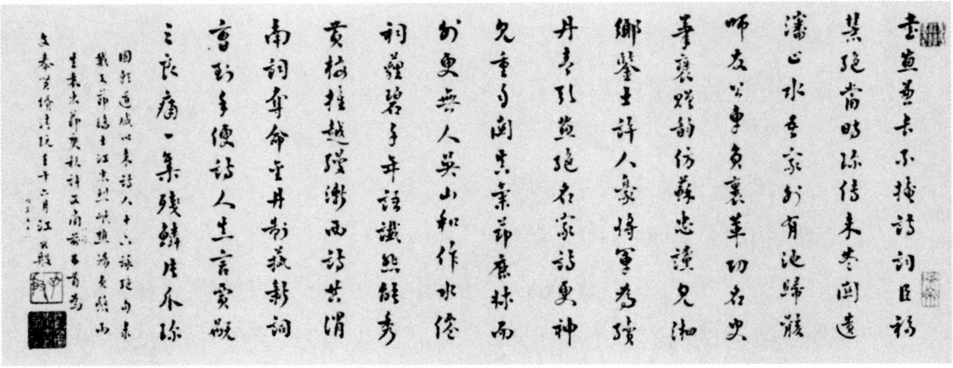

江孔殷书法

诗中"南塘旧将光谁继？"用典，乃指明代戚继光（号南塘）抗倭事。

历史学家唐德刚一生留心中国海军史，曾试撰《近代中国海军史》，虽然最终未能成书，但他对甲午战争的历史烂熟于胸，所撰《甲午战争百年祭》颇有见地。如果将唐德刚的文章与江孔殷的甲午咏史诗参读，更可见当年的时代气息。

江孔殷的《大沽口重庆号轮船即事》前半云："军书连下大沽头，防寇中堂有苨筹。入口可疑非出口，去舟何故作来舟。"[1] 而唐德刚的文章分析：李鸿章决心自建海军御侮。"他自始至终的假想敌便是日本，知道清日迟早必有一战。"奈何李鸿章身处的大清有负其远见。"在中国近代史上，李鸿章实在是第一位国家领导人物，可能也是唯一的一位，领导着中国参加这项世界级的武装奥林匹克。可是参加奥林匹克是需要全国动员的。可怜的是李鸿章搞来搞去，始终只是'以一人而战一国'（梁启超对他的评语），就难以持久了。"[2]

1894年9月17日（光绪二十年甲午八月十八日），大清北洋舰队在黄海之上，大东沟海面，与日本第一支现代化海军——联合舰队，发生了遭遇战。双方血战四个半小时才鸣金收兵。这一战最壮烈的乃是广东人邓世昌之死。

江孔殷诗《大东沟吊邓壮节》云：

1　江孔殷:《兰斋诗词存》卷一。
2　唐德刚:《从晚清到民国》, 中国文史出版社2015年6月版，第102页。

气夺馀皇入海时，将军长睡抱蛟螭。

明知旅顺关天险，谁呓昆明付水嬉。（外传历年海

军经费移用修颐和园。）

鱼腹身埋千载恨，虎头数定一生奇。

相公独享和戎利，卖却卢龙正合肥。[1]

邓世昌谥号"壮节"。江孔殷诗中"谁呓昆明付水嬉"一句，相信是当时国人的普遍看法。而江孔殷所注"外传历年海军经费移用修颐和园"之说，道尽国人辛酸。"相公独享和戎利，卖却卢龙正合肥。"则讽李鸿章主和卖国。

○ 江孔殷参与"公车上书"

甲午败后，便有了《马关条约》。江孔殷《马关》诗云：

血腥犹逐鸭江红，又遣牙郎走海东。

卖国会之名不枉，还朝苏武节胡同。

拼教皇帝称儿子，恃有神仙作妇翁。

三岛伊藤逢旧雨，帆楼卮酒笑谈中。

1　江孔殷：《兰斋诗词存》卷一。

一道降书叩马关，偿金不已割台湾。

鸿毛那肯轻言死，獭髓居然可补瘢。

主战翁孙虽妄胆，和戎父子亦胡颜。

阿瞒当日风能诈，丞相还留败面看。[1]

《马关条约》在国人心中激起了思想巨浪，遂有光绪二十一年（公元1895年）的"公车上书"。康有为所撰《公车上车记》一书，"公车上书题名"中，广东省声名最盛者当属："梁启超，号卓如，广州府新会县人，己丑。"而江孔殷名字也在列："江孔殷，号少荃，广州府南海县人，癸巳。"（江孔殷乃癸巳年举人）[2]

关于"公车上书"，康有为的描述颇具感染力：

    ……再命大学士李鸿章求和，议定割辽台，并偿款二万万两。三月二十一日电到北京，吾先知消息，即令卓如（梁启超）鼓动各省，并先鼓动粤中公车，上折拒和议，湖南人和之。于二十八日粤楚同递，粤士八十余人，楚则全省矣。与卓如分托朝士鼓［动］，各直省莫不发愤，连日并递章满察院，衣冠塞途，围其长官之车。台湾举人，垂涕而请命，

1　江孔殷：《兰斋诗词存》卷一。

2　康有为：《公车上书记；戊戌奏稿》，广西师范大学出版社2016年8月版，第71—72页。《公车上书记》根据广东省立中山图书馆藏清光绪二十一年（1895）石印本影印。《戊戌奏稿》根据广东省立中山图书馆藏清宣统三年（1911）刻本影印。

莫不哀之。时以士气可用，乃合十八省举人于松筠庵会议，与名者千二百余人，以一昼两夜草万言书，请拒和、迁都、变法三者。卓如、孺博（麦孟华）书之，并日缮写，（京师无点石者，无自传观，否则尚不止一千二百人也。）遍传都下，士气愤涌，联轨察院前里许，至四月八日投递，则察院以既已用宝，无法挽回，却不收。先是公车联章，孙毓汶已忌之，至此千余人之大举，尤为国朝所无。闽人编修黄□曾者，孙之心腹也，初六七日连日大集，初七夕，黄夜遍投各会馆，阻挠此举，妄造飞言恐吓，诸士多有震动者。至八日，则街上遍贴飞书，诬攻无所不至，诸孝廉遂多退缩，甚且有请除名者。孙毓汶犹虑挠其谋，即先迫皇上用宝，令北洋大臣王文韶诬奏海啸，垒械弃毁，北洋无以为备。孙毓汶与李联英内外恐吓，是日翁常熟（翁同龢）入朝房，犹力争勿用宝，电日相伊藤博文请展期五日。孙谓："若尔，日人必破京师，吾辈皆有身家，实不敢也。"常熟厉声责之曰："我亦岂不知爱身家，其如国事何？"孙知不能强，乃使李联英请之太后，迫令皇上画押，于是大事去矣。[1]

历史学家茅海建专门写了《"公车上书"考证补》《"公车

---

1 《康南海自编年谱》，转引自茅海建：《戊戌变法史事考二集》，三联书店2018年6月版，第1—2页。

上书"考证再补》两篇长文，对"公车上书"中相关史实进行了详细的考证。[1]茅海建发现："康有为《我史》中关于'公车上书'的记录，多处有误，很不可靠。如从政治高层的决策过程去观察细部，可以十分明显地看出其牵强与张扬，许多戏剧性的情节，似为其想象。"

茅海建的文章中特别说明："有两个不同概念的'公车上书'，其一是光绪帝三月二十日电旨同意签订马关条约后，由政治高层发动、京官们组织操作、各省公车参加的'公车上书'，即广义的'公车上书'。其中各省公车联名上书有31件，共1 555人次签名；另有公车135人次参加了京官们领衔的7件上书。梁启超领衔的广东举人80人的上书，只是其中的一件。康、梁可能对各省举人的上书有影响，但最多只是广西、贵州、直隶、陕西、甘肃，且其具体影响力的大小，也难以判断。康、梁本人又是被策动的对象，而不是运动的领袖，他们的活动是整个'公车上书'链条中的一环。其二是康有为组织的各省公车在松筠庵的'集众'，以能最终形成18行省举人超过千人的联名上书，即康有为组织的'联省公车上书'。由于四月初九日来松筠庵者人数甚少，且闻条约已用宝，这一活动中途流产了。从政治决策的角度来看，前者曾发生些微的政治作用，后者因其未递，而并无作用。"[2]

茅海建在《"公车上书"考证补》中附录了两个名录。附

1　茅海建：《戊戌变法史事考二集》，三联书店2018年6月版，第1—127页。
2　茅海建：《戊戌变法史事考二集》，三联书店2018年6月版，第87页。

录一为《十人以上联名上奏之名录》，称此名单已与档案原件核对，其中"广东举人梁启超等条陈"中，江孔殷在列。[1] 附录二为《康有为组织的"联省公车上书"名录》，其中广东省名单中，江孔殷亦在列。[2]

无论如何，康有为这个"天才的宣传鼓动家"，因其生动的书写，给后世造成了一个普遍的印象：康有为是"公车上书"的领袖人物。由此也可证"宣传鼓动"之力量。

在"公车上书"之后，康有为和梁启超以其无与伦比的"宣传鼓动"手段，一举成名。

乙未年（公元1895年），江孔殷参加会试，遂成为参加"公车上书"的举人之一。南海康有为和新会梁启超很快成了这些广东举人的精神领袖，而江孔殷与康、梁的交游，在他日后的诗词中不时出现。

江孔殷会试报罢后，有诗《乙未会试报罢出都次同舍黄梅白孝廉送行韵留别》：

> 钧天前梦已成尘，孤负春蜡枪一春。
>
> 收拾来时旧书剑，江湖归去一闲身。

> 第五樊川偏不第，才名当得几人闻？
>
> 未逢狗监虚辞赋，珍重长安莫卖文。[3]

1　茅海建：《戊戌变法史事考二集》，三联书店2018年6月版，第90页。

2　茅海建：《戊戌变法史事考二集》，三联书店2018年6月版，第98页。

3　江孔殷：《兰斋诗词存》卷一。

○ "康南海师"

　　江孔殷在乙未会试报罢回乡后的日子，倒是过得逍遥。他临池："莫嫌笔墨债山高，文字由来喜习劳。镇纸未忘心有尺，裁笺惯觉手如刀。"品茶："伍氏昆仲出万松园阳羡壶多种见示，以岩茶一一试之。"游山玩水："侵晨游罢七星岩"（肇庆七星岩）、"湖鼎龙潭峡响回"（鼎湖山）。[1]

　　丁酉年（公元1897年）十月，江孔殷他乡遇康有为。《兰斋诗词存》前后有多首诗写康有为，初称"康南海先生"，后来则称"康南海师"。《丁酉十月海上遇康南海先生约西湖读书开春同北上余旋返粤》：

> 海上相逢一旅居，来年有约计偕车。
> 殷勤湖上传薪火，悔不春秋早读书。
>
> 莼鲈无福住湖山，风味藤鲮视等闲。
> 一语弹批惟浊字，半塘三月荔枝湾。

---

[1] 江孔殷：《兰斋诗词存》卷一。

移将岭上已梅花，雨后来煎龙井茶。

手校婆罗门一部，大家笔墨我烟霞。

一舸珠江四季春，画船箫管未成尘。

乡亲不定无苏小，多事钱塘拜美人。[1]

"莼鲈无福住湖山，风味藤鲮视等闲。"江孔殷注："吾乡藤菜类莼，鲮鱼鲜尤胜鲈。"这是《兰斋诗词存》中初次谈到美食。

这时的康有为，已然闻名天下。广东、广西两省在中国数千年的政治史和文化史上，原是落后地区。盖汉族文化发展，原是自北而南的。广东地居南陲，所以在文化上就落伍了。梁启超说："吾粤之在中国为边徼地。五岭障之。文化常后于中原。故黄河流域、扬子江流域之地，开化既久，人物屡起，而吾粤无闻焉。数千年无论学术事功，皆未曾有一人出……"（见梁启超著《康有为传》）"可是三千年风水轮流转。时至现代，汉家文化萎缩，西学东渐，则搞信奉洋教、变法维新、革命排满的先进分子如洪秀全、容闳、孙文、康有为、梁启超……那就是清一色的老广了。"[2]

广东新会县出生的梁启超是12岁"进学"，17岁"中举"（都是虚龄）的神童。梁启超在考中举人时，竟被颇享时誉的

1　江孔殷：《兰斋诗词存》卷一。
2　唐德刚：《从晚清到民国》，中国文史出版社2015年6月版，第157页。

主考官李端棻看中了，把他的堂妹许配给梁启超为妻。这是当时传遍华南的师徒佳话。但是梁启超自知，虽然是中举后一朝成名天下知，肚子里除掉一些"帖括"之外，究竟有多少"学问"。因此他在久仰康有为盛名，尤其是康有为第一封"上皇帝书"（1888年）回来之后，便亲自投拜门下，做了康有为的第一号门徒。梁之谒康是在他"己丑中举"（康于同科落第）后一年，公元1890年（光绪十六年庚寅）。此时康有为33岁，梁启超18岁（虚龄）。据梁启超回忆说，他自己那时是"少年科第，且于时流所推重之训诂词章学，颇有所知，辄沾沾自喜……"（见梁氏《三十自述》）

康有为则斥词章训诂为"数百年无用旧学"。师徒初见时，自辰（上午八时）至戌（下午七时）一日之谈，梁启超觉得简直是"冷水浇背，当头一棒，一旦尽失其故垒，惘惘然不知所从事"，直至"竟夕不能寐"。从此，梁举人就尽弃所学，向康秀才从头学起。[1]

1891年（光绪十七年辛卯），康有为在诸高足簇拥之下，移居广州"长兴里"，正式挂牌讲学，这便是后来哄传海内的"万木草堂"。江孔殷师从康有为的事迹，《兰斋诗词存》中并无详细描述。而据江沛扬《沧桑太史第》说："江孔殷出入'万木草堂'多了，对草堂有了深厚感情……鉴于康有为与'万木草堂'对于江孔殷的成长起过很大作用，所以后来江孔殷写过一首诗如下：少从南海先生读，伯仲之间一席亲；为

1　唐德刚：《从晚清到民国》，中国文史出版社2015年6月版，第162—163页。

向草堂寻旧侣，题诗如我更何人！"[1]

　　南海康有为对同乡江孔殷的精神影响一生，可谓是贯穿于《兰斋诗词存》五卷之中。

1　江沛扬：《沧桑太史第》，花城出版社2016年5月版，第7—9页。

第三章
维新变法

◎ 眼底炎凉有变迁

1895年夏天，强学会发起于北京，最热心的赞助人是翁同龢和张之洞。此时，康有为刚中了进士，而江孔殷在会试报罢后有诗《场后报罢出京留别康南海先生》：

> 得君鱼水信无伦，三载为郎轶重臣。
>
> 共道中堂皆守旧，谁知前席也维新。﹙枢臣时奉诏诣南海馆议新政。﹚
>
> 难言世上家庭事，况属天家母子亲。
>
> 强学输人惟胆汁，此归已分作顽民。﹙时强学会方成立同人纷纷挽留。﹚[1]

1　江孔殷：《兰斋诗词存》卷一。

此诗颇见当时京城政治气象。守旧与维新的角力，帝后二党的暗中对立，变法的呼声日见高涨。

1895年（乙未）至1898年（戊戌），康、梁为维新变法奔走呐喊。短短几年间，内忧外患的大清，变法已如箭在弦。戊戌四月二十八日（公元1898年6月16日），光绪第一次召见康有为，这也是他们君臣之间唯一的一次会面。康有为后来在逃难中亲口向新闻记者回忆这次召见的情况：

> 六月十六日皇上曾召见我一次。这次召见是在宫（园）内的仁寿宫（殿），从清晨五时起长达两小时之久。当时正是俄国人占领旅顺口与大连湾不久，因此皇帝是面带忧色的。皇帝身体虽瘦，但显然是健康的。他的鼻梁端正，前额饱满，眼光柔和，胡子刮得很干净，但面色颇为苍白。他的身材是中等的，手长而瘦，仪表精明。其态度之温和，不特在满洲人中少见，就连汉人中也没有。他穿的是普通朝服，但胸前不是那大方块的绣花，而是一个圆形的团龙；此外在两肩之上也各有一小块绣花。他所戴的也是普通的官帽。进来的时候，由几个太监领先，然后他坐在一个有大的黄色靠垫的宝座上，双足交叠。坐定之后，他命令一切侍候的人都退出去。在我们整个的谈话中，他的眼睛时时留神窗户外面，好像防备人偷听一样。在他的面前，有一张长台子，上面有两个烛台，而我则跪在台子的一角，因为台

子前面那个拜垫是留给高级官员跪的。在整个时间里，我一直是跪着的。我们的交谈是用京话。

（见中国史学汇编《戊戌变法》第三册，第506页。原载1898年10月7日香港《中国邮报》）[1]

关于戊戌变法史事的考证，茅海建著有《戊戌变法史事考初集》和《戊戌变法史事考二集》。《戊戌变法史事考二集》第六章"记忆与记录——光绪帝召见张元济"提及，原来戊戌四月二十八日（1898年6月16日）光绪帝召见康有为这一次，也召见了张元济，康在前，张在后。茅海建仔细考证了张元济的回忆，感慨："一个年已八十二周年的老人，回忆半个多世纪的往事，发生一些错误也是再正常不过的事。"茅海建又查对了张元济在召见后未久写给其朋友的两封信，认为："这是我所看到的对戊戌变法期间光绪帝政治态度最翔实、最可靠的记录。从这些记录中，今人可以清楚地看出光绪帝的改革意旨和整个政治高层的因循拖沓乃至暗中对抗。"[2]

据说康有为于1898年6月16日被光绪召见之时，在"朝房"（等候召见的地方）与荣禄不期而遇。二人谈到变法。荣说："法是应该变的，但是一二百年的老法，怎能在短期内变掉呢？"康有为愤然回答说："杀几个一品大员，法就可以变了。"[3]而茅海建的书中所录，张元济1949年10月6日在《新建设》发

1　唐德刚：《从晚清到民国》，中国文史出版社2015年6月版，第191页。

2　茅海建：《戊戌变法史事考二集》，三联书店2018年6月版，第329—340页。

3　唐德刚：《从晚清到民国》，中国文史出版社2015年6月版，第203页。

表的《戊戌政变的回忆》中称："康有为在朝房里和他（荣禄）大谈变法，历时甚久，荣禄只是唯唯诺诺，不置可否。"[1]

江孔殷的诗中说"难言世上家庭事，况属天家母子亲"。此时的光绪帝与西太后之间，真是一言难尽。

康、梁所主张的变法中，"废八股改策论"这一条，梁启超说，开明而通时务的达官如张之洞，也深知废八股为变法之第一事，然张氏亦不敢轻言取消八股。因为他深"恐触数百翰林、数千进士、数万举人、数十万秀才、数百万童生之怒，惧其合力以谤己而排挤己也"。（见梁启超著《戊戌政变记》）

戊戌变法的最终失败，有一个重要的历史问题是"袁世凯告密"。茅海建的《戊戌变法史事考初集》开篇就说："1898年即光绪二十四年的戊戌政变，是近代史研究中的常青树之一，常议常新，有关论著连绵相继。其中的原委，首先是戊戌维新的核心人物康有为、梁启超事后认定，政变的起因是袁世凯的告密，致使转变中国命运的改良不幸夭折。这一极具戏剧性的说法，受到了各类文艺家的欣赏，由其加之以实际上的戏剧化，广为流传，得到了普通大众的公认。而任何戏剧性情节恰又是严肃历史学家的生疑之处，由此引发了对康、梁说的一次又一次的否认或承认。"[2]

梁士诒（1869—1933）是江孔殷的好友，又是袁世凯身边重要的人物。南海江孔殷与三水梁士诒的关系，多见于江

1 茅海建：《戊戌变法史事考二集》，三联书店2018年6月版，第331页。
2 茅海建：《戊戌变法史事考初集》，三联书店2018年6月版，第1页。

孔殷诗集之中，但个中政治秘辛，江氏之诗集并未明言，反而在《梁士诒年谱》中多有流露，也可视为梁氏自辩清白。

《梁士诒年谱》在"光绪二十四年，戊戌"中专门记录"袁世凯尝有八月十四日日记，记当日事。载民国十五年二月《申报》。记者云，得自苏州张一麐君。兹录之以资参考"。袁世凯的日记中详细记录了谭嗣同八月初三夜访他的细节，现节录并略加分析如下：

> 光绪二十四年七月二十九日，予奉召由天津乘第一次火车抵京，租寓法华寺。……
>
> 次日，初三晨，谒合肥相国。久谈兵事。饭后赴庆邸府。邸在园。阍人嘱稍候。即在回事处候。将暮，得营中电信，谓有英兵船多只游弋大沽海口，接荣相传令，饬各营整备听调，即回寓作复电。适有荣相专弁遗书，亦谓英船游弋，已调聂士成带兵十营来津驻扎陈家沟，盼即日回防。当以请训奉旨有期，未便擅行。因嘱幕友办折，叙明缘由，拟先一日诣宫递折，请训后即回津。
>
> 正在内室秉烛拟疏稿，忽闻外室有人声。阍人持名片来，称有谭军机大人有要公来见。不候传请，已下车至客堂，急索片视，乃谭嗣同也。余知其为新贵近臣，突如夜访，或有应商事件，停笔出迎。渠便称贺，谓有密语，请入内室，屏去仆丁。心甚讶之，延入内室。叙寒暄，各伸久仰、见晚等语。

谭以相法谓予有大将格局。继而忽言："公初五请训耶？"告以现有英船游弋海上，拟具折明日请训即回津。谭云："外侮不足忧，大可忧者内患耳。"急询其故。乃云："公受此破格特恩，必将有以图报。上方有大难，非公莫能救。"予闻失色谓："予世受国恩，本应力图报称，况己身又受不次之赏，敢不肝脑涂地，图报天恩？但不知难在何处？"谭云："荣某近日献策，将废立弑君，公知之否？"予答以在津时常与荣相晤谈，察其词意，颇有忠义，毫无此项意思，必系谣言，断不足信。谭云："公磊落人物，不知此人极其狡诈，外面与公甚好，心内甚多猜忌。公辛苦多年，中外钦佩，去年仅升一阶，实荣某抑之也。康先生曾先在上前保公。上曰，闻诸慈圣，荣某常谓公跋扈不可用等语。此言甚确。知之者亦甚多。我亦在上前迭次力保。均为荣某所格。上常谓：'袁世凯甚明白，但有人说他不可用耳。'此次超升，甚费大力。公如真心救上，我有一策，与公商之。"因出一草稿，如名片式。内开："荣某谋废立弑君，大逆不道，若不速除，上位不能保，即性命亦不能保。袁世凯初五请训请面付硃谕一道，令其带本部兵赴津，见荣某，出硃谕宣读，立即正法。即以袁某代为直督，传谕僚属，张挂告示，布告荣某大逆罪状，即封禁电局铁路，迅速载袁某部兵入京，派一半围颐和园，一半守宫，大事可定。

如不听臣策，即死在上前。"各等语。予闻之魂飞天外。因诘以围颐和园欲何为。谭云："不除此老朽，国不能保。此事在我，公不必问。"予谓："皇太后听政三十余年，迭平大难，深得人心。我之部下，常以忠义为训戒，如令以作乱，必不可行。"谭云："我雇有好汉数十人，并电湖南招集好将多人，不日可到。去此老朽，在我而已，无须用公。但要公以二事：诛荣某，围颐和园耳。如不许我，即死在公前。公之性命在我手，我之性命亦在公手。必须今晚定议，我即诣宫请旨办理。"予谓："此事关系重大，断非草率所能定。今晚即杀我，亦决不能定。且你今夜请旨，上亦未必允准也。"谭云："我有挟制之法，必不能不准。初五日定有硃谕一道面交公。"予见其气焰凶狠，类似疯狂，然伊为天子近臣，又未知有何来历，如显拒变脸，恐激生他变，所损必多。只好设词推宕。因谓："天津为各国聚处之地，若忽杀总督，中外官民，必将大讧，国势即将瓜分。且北洋有宋、董、聂各军四五万人，淮练各军又有七十多营，京内旗兵亦不下数万。本军只七千人，出兵至多不过六千。如何能办此事？恐在外一动兵，而京内必即设防，上已先危。"谭云："公可给以迅雷不及掩耳，俟动兵时，即分给诸军硃谕，并照会各国，谁敢乱动？"予又谓："本军粮械子弹均在天津营内，存者极少，必须先将粮弹领运足用，方可用兵。"谭云："可请上先将硃谕交给存收，俟布置妥当，一面密告我日期，一面动手。"予谓："我万不敢惜死，恐或泄露，必将累及皇上，臣子死有余辜。一经纸笔，便不慎密，切不可先交硃谕！你先回，容我熟思布置，半月二十日方可复告你如何办法。"谭云："上意甚急，我有硃谕在手，必须即刻定准一个办法，方可复命。"及出示硃谕，乃墨笔所书，字甚工，亦仿佛上之口气。大概谓"朕锐意变法，诸老臣均不顺手，如操之太急，又恐慈圣不悦，饬杨锐、刘光第、林旭、谭嗣同另议良法"等语。大概语意，一若四人请急变法，上设婉词以却之者。予因诘以此非硃谕，且无诛荣相、围颐和园之说。谭云："硃谕在林旭手。此为杨锐抄给我看。的确有此硃谕。在三日前所发交者。林旭等极可恶，不立即交我，几误大事。谕内另议良法者，即有二事在其内。"予更知其挟制捏造，不足与辩，因答以"青天在上，袁世凯断不敢辜负天恩，但恐累及皇上，必须妥筹详商，以期万全，我无此胆量，决不敢造次，为天下罪人"。谭再三催促，立即定议，以待入奏，几至声色俱厉。腰间衣襟高起，似有凶器，予知其必不空回，因告以"九月即将巡幸天津，待至伊时，军队咸集，皇上下一寸纸条，谁敢不遵？又何事不成？"谭云："等不到九月，即将废弑，势甚迫急。"予谓："既有上巡幸之命，必不至遽有意外，必须至下月方可万全。"谭云："如九月不出巡幸，将奈之何？"予谓："现已预备妥当，计费数十万两。我可请荣相力求慈圣，必将出巡。保可不至中止。此事在我，你可放心！"谭云："报君恩，救君难，立奇功大业，天下事入公掌握，在于公；如贪图富贵，告变封侯，害及天子，亦在公。惟公自裁！"予谓："你以我为何如人？我三世受国恩深重，断不至丧心病狂，贻误大局，但能有益于君国，必当死生以之。"谭似信，起为揖，称予为奇男子。予又说："以我二人素不相识，你黑夜突来，我随带员弁必生疑心。设或漏泄于外人，将谓我们有密谋。因你为近臣，我有兵权，最易招疑。你可从此称病多日，不可入内，亦不可再来。"谭甚以为然。又诘以两宫不和，究由何起？谭云："因变法罢去礼部六卿，诸内臣环泣于慈圣之前，纷进谗言危词。怀塔布、立山、杨崇伊等曾潜往天津与荣相密谋，故意见更深。"予谓："何不请上将必须变法时势详陈于慈圣之前，并事事请示？又不妨将六卿开复，以释意见。且变法宜顺舆情，未可操切，缓办亦可，停办亦可，亦何必如此亟亟，至激生他变？"谭云："自古非流血不能变法，必须将一群老朽全行杀去，始可办事。"予因其志在杀人作乱，无可再说，且已夜深，托为赶办奏折，请其去。反复筹思，如痴如病，遂亦未及递折请训。细想如任若

辈所为，必至酿生大变，危及宗社，惟有在上前稍
露词意，冀可补救。……[1]

以上为袁氏自述，前所少见，故颇为后世史家注意。戊
戌政变，光绪皇帝听了康有为这些人的话，要进行改革，要
夺慈禧太后的权，这使慈禧太后伤心欲绝，所以，在戊戌政
变以后，清政府越来越控制政权，当时提出的口号就是要
"保大清"，而不是"保中国"。直到1908年慈禧太后辞世，
对袁世凯依旧不放心，后来袁世凯告老还乡。保大清而不是
保中国，可谓不见棺材不流泪。日本的明治维新，英国的君
主立宪，对中国的思想冲击是相当大的。日本维新的主要人
物伊藤博文到中国来鼓吹，希望说服慈禧太后，却没有用。
但是一般人相信，明治维新是一个很大的鼓励，康、梁就利
用这个经验刺激光绪皇帝。所以，日本的明治维新、英国的
君主立宪是鼓励清政府的两个例子。英国的君主立宪早于中
国，日本的明治维新跟中国的洋务运动差不多同期。很多人
愿意相信走改良的路，没有多少人愿意搞暴力革命的。袁氏
的自述，也正符合当时士大夫的普遍想法。

关于"告密"，袁氏一生不得不一次又一次自辩，毕竟他
的脸皮再厚，也有所顾虑，而且要拉拢士人之心。袁氏后来
多次拉拢江孔殷，此等说辞，或曾多次演说。

八月初三夜谈后，谭嗣同不久便成了为变法而流血的烈

1　凤冈及门弟子编：《梁士诒年谱》，广东人民出版社2014年8月版，第25—30页。

士。而袁世凯死后（民国十五年，公元1926年）才泄露的《戊戌日记》，虽属一面之词，却耐人寻味。

《梁士诒年谱》戊戌年中，另记一事："夏秋间，梁卓如来往京、沪，时与先生会晤。渐闻变法之论。先生尝语卓如曰：'我辈自甲午公车上书，知中国今日非变法不可，然法如何变，非先有慎密之布置不可；若轻于举动，一击不中，必生他变，转成痼疾。'卓如不省。先生亦不复言。"[1]梁士诒日后成为袁世凯的重要幕僚，而江孔殷与袁世凯的关系，正是通过梁士诒连接起来的。

戊戌维新烟消云散，康有为与梁启超远走他乡。但康、梁的名字，在江孔殷《兰斋诗词存》出现时，字里行间颇富感情。即使是康、梁在戊戌变法后流亡海外，江孔殷也不忘拜访。

江孔殷到日本访问时，曾顺道访梁任公，有诗云：

不关附热爱熬煎，眼底炎凉有变迁。
昨访主人冰室饮，还来此地沐温泉。[2]

江孔殷到南洋访问时，则到槟榔屿拜访康有为，有诗《槟榔屿谒康南海师》云：

1　凤冈及门弟子编：《梁士诒年谱》，广东人民出版社2014年8月版，第30—31页。
2　江孔殷：《兰斋诗词存》卷一。

去国飘零十几春，穷荒犹望诏书频。

顾庐空已劳明主，前席何曾访逐臣。

避世武陵偏识汉，蹈身东海未忘秦。

谁知慧业输灵运，不早生天不谪尘。[1]

此时的康有为已属去国怀乡、流落穷荒的"逐臣"，江孔殷仍尊其为"康南海师"。

○ 庚子纪事

庚子年（公元1900年），江孔殷有《庚子纪事》组诗：

关西铜马蚁蜂屯，宫内群玙惑至尊。

藩邸何人窥帝嗣，桑门有盗托王孙。

惊心语听圆明鹤，信口夸屠古冶鼋。

都市繁华归一炬，不堪重过正阳门。

无端烽火逼燕京，碧眼黄须夕数惊。

巷战已空龙武众，库攻难下虎神营。

1　江孔殷:《兰斋诗词存》卷一。

鱼头谁直三臣疏，鸡距相连十国兵。
坐见金瓯成累卵，盈庭犹自诩承平。

太液池边鬼哭号，出门西笑一横刀。
师兄翎赏三只眼，鬼子香烧大二毛。
照夜红灯朱袂映，登坛赤帻绿林豪。
谣闻千里青青草，中有歌声杂董逃。

丸蜡军书间道通，津沽连夜入艨艟。
空拳自信推心赤，骈首才知浴血红。
猿臂挽弓殊不劲，狗屠仗剑亦无功。
九门胡马纵横踏，一乘骡车去两宫。

翠华西狩太仓皇，夜出居庸月似霜。
相府麻鞋奔道路，人家豆粥进村庄。
一王亲贵还留守，三省东南互保疆。
行在昨须哀痛诏，和戎端赖老中堂。

瓜菜琴堂劝御餐，官家母子话艰难。
五台赞佛重临跸，十路勤王尽入关。
零雨夜淋疑蜀道，行宫月色见长安。
滔天大祸推原始，论罪诸王未可宽。[1]

1　江孔殷：《兰斋诗词存》卷一。

江孔殷所咏，乃是义和团与八国联军之事。此诚为"诗史"。

"师兄翎赏三只眼，鬼子香烧大二毛。"既是写实，又是当时人心流露的意象。1900年6月10日（农历五月十四日），义和团开始大举进入北京。仲芳氏《庚子纪事》中描述义和团："……团民自外来者，一日数十起，或二三十人一群，四五十人一群，未及岁童子尤多，俱是乡间业农粗笨之人。均以大红粗布包头，正中披藏关帝神马。大红粗衣兜肚，穿于汗衫之外。黄裹腿、红布腿带，手执大刀长矛、腰刀宝剑等械不一，各随所用，装束却都一般……"据说李莲英曾引拳师去颐和园表演，并于6月9日护驾还宫。太后对其拳艺大为折服，并亲自习画"灵符"云云。[1]

而"都市繁华归一炬，不堪重过正阳门。"可谓痛定思痛，引人感慨万千。义和团在北京逢"洋"必烧。6月16日拳众在大栅栏焚烧"老德记"西药房。一时火焰冲天，失去控制，左右前后，烈火延烧三日不灭，把最繁华的前门大街一带，千余家（一说四千家）巨商大铺焚成废墟。正阳门楼亦被烧塌。京师24家铸银炉厂亦全被焚毁。北京市所有钱庄银行因之被迫歇业。通货既不流通，市场交易全停。（见6月18日《稳定行市事上谕》，载《义和团档案史料续编》第604页。）[2]

1　唐德刚：《从晚清到民国》，中国文史出版社2015年6月版，第244—245页。

2　唐德刚：《从晚清到民国》，中国文史出版社2015年6月版，第246页。

"翠华西狩太仓皇，夜出居庸月似霜。"对慈禧西狩之事，所议颇为意味深长。而慈禧在逃难西安之后，曾有言自辩："我本来是执定不同洋人破脸的。中间一段时间，因洋人欺负得太狠了，也不免有些动气。但是虽没有阻拦（载漪、载勋、载澜）他们，始终总没有叫他们十分尽意的胡闹。火气一过我也就回转头来，处处留有余地。我若是真正由他们尽意地闹，难道一个使馆有打不下来的道理？！"[1]（见《庚子西狩丛谈》）

江孔殷诗中"和戎端赖老中堂"，可谓当时许多人的共识。李鸿章处在乱世，"与妇人孺子共事"（这是李鸿章与俾斯麦对话时感叹之言）。拳变前夕，李被外放，避祸于广州。拳乱既作，举朝上下，又皆知折冲樽俎，和戎却敌，仍非李不可。因此，自6月15日起，匝月之间，懿旨圣旨诏书十下：促李鸿章回京，撑持大局。李鸿章在广州奉诏时，华南震动。两广臣民和香港英督均深恐李鸿章一去，华南将不免动乱，因而群起挽留。李鸿章当然也知道，此时朝中西太后与满洲亲贵沆瀣一气。他一直被他们公开辱骂为"汉"奸，如何能与这群无知而有权的"妇人孺子共事"。所以，他在广州迟迟其行。首都既失，两宫西狩。李鸿章只能于9月10日在上海搭招商轮北上了。李鸿章于19日抵大沽。他的"老奸巨猾、挑拨离间"的恶名引起当地洋官的联合杯葛，德军司令官竟不许他上岸。后终由俄军保护登陆，进驻天津。10月11日复

1　唐德刚：《从晚清到民国》，中国文史出版社2015年6月版，第260页。

由俄兵护送，迁往北京，与奕劻会晤，共筹和局。经过谈判，最终签订《辛丑条约》。[1]

辛丑年冬季，李鸿章累月发烧吐血，卧床不起。1901年11月7日，李鸿章死前数小时，俄使仍伫立床前，迫其画押，为李鸿章所拒。俄使去后，李鸿章遂命儿子经述草遗折劝自强，并命于式枚草遗折荐袁世凯代己为直隶总督、北洋大臣。临终切齿痛恨毓贤误国而卒。（见《庚子国变记》）[2]

1　唐德刚：《从晚清到民国》，中国文史出版社2015年6月版，第294—302页。
2　唐德刚：《从晚清到民国》，中国文史出版社2015年6月版，第303页。

第四章
末科进士

○ 甲辰科考

1904年（光绪三十年甲辰）举办了中国历史上最后一场科举。江孔殷会试榜发中式二十六名，有诗云：

> 十年迟我一扶持，留与同年青眼看。
> 博得一声老名下，大家恭喜向房官。[1]

据南海县塱边乡江氏宗祠门前石碑所记，江孔殷功名为：光绪甲辰恩科会试中式二十六名亚魁；保和殿复试一等第五名；殿试二甲第二十七名；朝考一等第五十八名；钦点翰林院庶吉士。

会试成功后，江孔殷有《自述》：

1　江孔殷：《兰斋诗词存》卷一。

风檐八十一天过，乡会恩连正九科。

得到玉堂人半世，看花奈不少年何。

第五樊川在上头，思量玉筐策还收。

抡元却要投胎好，始信科名不自由。

竞道江郎笔有花，状头毕竟落谁家。

可怜廿载高头卷，一例拉来大板车。[1]

甲辰科状元刘春霖，榜眼朱汝珍，探花商衍鎏，传胪张启后，会元谭延闿。

据历史学家张玉法《民国建立前后的谭延闿》：谭延闿二十六岁（光绪三十年），至开封参加会试（因京师贡院毁于"拳乱"），嗣入都应殿试，中进士，因字体不合考官口味，未中状元，以翰林院庶吉士用。[2]

会试中式第一名谭延闿的第二场，各国政治策闱作，即使一百多年后重读，也是开眼看世界之作。谭延闿对"泰西外交政策往往藉保全土地之名，而收利益之实。盍缕举近百年来历史以证明其事策"之题，作答如下：

西儒有曰："两平等相遇，公法即权力；两不平

1　江孔殷：《兰斋诗词存》卷一。
2　张玉法：《近代变局中的历史人物》，九州出版社2019年7月版，第210页。

等相遇，权力即公法。"吾每诵其言而悲之，公法诚不可恃，恃公法乃适为强大者之藉口也。近百年来，泰西诸国势均力敌，盖无可以瘠人以自肥者，而保全土地之名以起。猝然闻之，若有所甚不得已，甚且劳师縻饷不惜，天下皆从而谅之，或有颂祷之，以为于大义然，于公法亦然也。究其实罔不以义始而以利终，彼其为人乃其所自为也，外交政策之巧，有如是哉。昔拿坡仑之欲袭英也，英人以自卫故，夺丹麦之海军，又以保全西、葡，驻兵干涉其内政，当时无非之者，以合于公法也，及其终而英遂握海上之全权而无与抗，此一事也。维也纳之会议也，所以保全欧洲之局也，举拿坡仑所破坏者，一一而建设之，名非不正也，而其既也，俄、奥、普遂分波兰，索逊割地于普，荷兰得莱因河之上流，英专地中海之大势，此又一事也。且夫克里米亚之役，世所称义战也，遏俄人之南下，存土祚于将危，一举二善，而英、法若无所利焉，迨巴黎约成，英遂巩印度之防，法之路易·拿坡仑遂一蹴而登皇位矣。意、奥之争，法起而援之，保同盟也；沙尼两地，折而入法，丹麦之纷，德、奥合而敌之，保同种也。而雪、霍二州分而属于奥、德，希、土之战，俄出而预之，保同教也，而黑海之条约遂废。此四事者，原因不一，成效不齐，要之所保全者率不利，利独归唱保全之人，此其故可深长思也。有保全土耳其之名，而英得以据沙衣白纳。有保全古巴之名，而美可以县非列宾。握苏彝士之航路，有法所不能争者，保全埃及之说为之也。开尼加拉之运河，而哥比亚不能问者，保全巴拿马之说为之也。又其甚者，朝言保全，夕已夺之，英之印度、缅甸，法之越南、柬蒲塞是已。呜呼，保全土地者，公法之精理也，而徒为人攫利之资，此公法所不料也。以彼强大国之锋，虽以无道行之，固无敢谁何者，况持之有故，言之成理哉。朝鲜之降为半主也，旅顺大连湾之暂租也，初非无保全土地之说也，今者又纷纷见告矣，远探历史之成绩，近揽列强之深谋，危乎！恫乎！毋为外交政策所笼而不自悟也。[1]

谭延闿平生有记日记的习惯，后期几乎每日有记。甲辰年虽然所记不多，但有几处记他甲辰科考情况，颇有史料价值。其北行日记："为光绪三十年甲辰公中会元后赴廷对，始四月既望，七月晦返湘止。"己巳（公元1929年）立夏，谭延闿追记："吾自辛丑始有日记，皆兄弟共杂书之。甲辰入京，始以信笺书寄两弟，后遂令儿子钞之，夹日记中，戊申、辛亥皆然。此十余纸皆甲辰寄归者，今廿六年，吾五十有一

1　商衍鎏：《清代科举考试述录》，故宫出版社2014年4月版，第295—296页。依光绪甲辰恩科《会试录》中谭文校正。

岁矣，不胜感旧之思。"

甲辰科会试，谭延闿以第一名中式贡士，填补了湖南有清一代二百余年无会元的空白；应殿试，列二甲第三十五名，赐进士出身；朝考为一等第一名。谭延闿在光绪三十年甲辰有几则日记描写他考试的情形，甚生动。五月十七日（农历）记：

> 丑正即起，饭毕，偕枚长至东华门下车。志谨骑而从，步入左掖门。门未启，诸覆试宿朝房者皆未起，乃知过早，为志谨之仆所误。危坐辇路中，至天明门启，乃至中左门。又候至八点钟，始应名入，与贻重、次腴、枚长联坐。就卷作文，首行即误一字，已属数百言始觉之，觅监试换卷，久未来，更起草作文二篇，卷来乃书，幸不再误。枚长先出，予出已五点钟，次煌偕。是日得瞻太和、保和二殿，皆丹陛十寻，高阁周建，崇闳壮伟，蔚为巨观。惟更历数百栋柱，皆屡漆而剥，采画亦晦蚀，不称此壮阔。覆试在保和殿，殿中偏有细裁绒毯，设矮几，来试者皆以几为坐具，而别携高者。题由颐和园递来，盛以贡匦，书以朱。监试者呼予至宝座前书题，题为"合外内之道也，故时措之宜也。义政之所兴，在顺民心论"。予误书"外内"为"内外"，辄涂改之，乃黏诸柱上。是日，监试有裕寿师，又红顶者数人，皆年少，刘海圈松股辫，则不知为公欤，侯

伯斻。（后乃知为醇邸。）晚归，得六次家书。[1]

这一日，谭延闿观察到太和殿和保和殿"皆屡漆而剥，采画亦晦蚀"，颇似末世气象。而五月廿一日记：

> 寅正起，雨甚，志谨以羽毛褂、宁绸袍见借。冒雨入至中左门，凡会试名次属单数者由左入，反是入中右门。湘人惟王仲蕃在左。辰正点名入，例当随读卷大臣谢恩及跪接题纸，以雨故免，恭邸意也。题问察吏、强兵、理财、选士，皆极庸腐，稍整齐之，巳正始写，至未正巳毕。五开半，书甚劣，又前后大小不匀，甚懊恼，徘徊不愿复书，仅乃完卷，已申正矣。吾尝谓殿试犹强盗之斩首，女子之破瓜，皆一而不能再，虽误无可悔，今日之事是已。次煌书精力弥满，极合程度，必得高选。枚初行气胜我而字不如。次腴与吾等耳。南风不竞，无待余言。归家，已上灯，许邓仲期来。[2]

谭延闿谓"殿试犹强盗之斩首，女子之破瓜，皆一而不能再，虽误无可悔"，真是妙喻。接下来，五月廿四日记：

1　谭延闿：1904年甲辰北行日记，第14页。
2　谭延闿：1904年甲辰北行日记，第16—17页。

寅正，偕佩之、慎安往听传胪，先过钟志谨。同乘马入东华门，过阙下，至西苑门，憩吏部公所久之，始入西苑门，坐柳下，得览南海之胜。军机大臣偕读卷大臣立桥上，传宣前十名入内，知好惟次煌得与列第五号，为跟胪，甚可惜。散归，仍骑至东华门登车，所骑一红点子马甚小，然颇骏。过阙后，偶纵疾行数十步，觉耳后风生，甚驶也。得第九次书并帽檐，发十二次家书。赵芷生来，诣长沙师、阎芷师，芷师以吾不得前列，埋怨甚久，且言不送方卷，使收掌时摸索无从。回忆往时家弟为我求关庙签，有"当时只望成连理，到底谁知事不谐"之语，虽迷信家言，要亦谶也。晚归，杜菽生、次煌来，夜深就寝。[1]

五月廿八日记：

大雨，辰刻，应名入，与次煌、次腴、枚初同坐殿东檐下。题为"官所以养民，兵所以卫民论"，拨去浮文，悉敦本实疏，举场皆不得解，余作满卷，凡千七百二十八言。湘人作满卷者三人，贻重、枚初及余也。次腴作八开，将毕矣，起而吸烟，风旋卷入殿，裂之，拾得已不可救，然余劝次腴仍精缮

1　谭延闿：1904年甲辰北行日记，第17—18页。

完卷，出场已申正。诣长沙师，言次胰裂卷事。作第十三次书，并伯弢。[1]

五月廿九日记：

作书与子靖。向青来，张启后来。偕慎安出游。归，闻朝考列一等第一名。[2]

试后，各省进士属同年，开始饮宴联谊，江孔殷（江韶选、江少泉）的名字也开始出现在谭延闿的日记中。

六月初三日记：

江韶选邀饮，不赴。志谨来，以一红沙马相借，即前乘物也。力畬来，偕佩之访萧漱云、李乙元、蒋树人、杜菱生。[3]

七月初一日记：

往见世侯爵榕及其母，遂过瞿军机，谈最久。见顾枚良、直夫、次如、希马兄弟。至大学堂见邃

1　谭延闿：1904年甲辰北行日记，第19页。
2　谭延闿：1904年甲辰北行日记，第19页。
3　谭延闿：1904年甲辰北行日记，第20页。

安，亦元亦至，袁珏生、周松生、谭彝仲咸在。江少泉招饮，座有钟岳兄弟及数广老古，江家赀数百万，今年又中闱姓廿万，阔人也。席中归，枚长、剑石来。作第廿七次书。[1]

此后，谭延闿以进士之身回到湖南，从办学开始，然后投入宪政运动。宣统元年（1909年），谭被选为湖南谘议局议长，成为湖南宪政运动的领袖。宣统三年（1911年）武昌革命爆发，湖南的立宪派响应革命，谭延闿又成为革命的领袖，终能受立宪派与革命派的共同拥戴，成为湖南省的都督，也就是湖南省的军政首长。到1923年春，谭延闿受孙中山之邀赴广州大元帅府任职，又与同年的江孔殷有许多诗酒交往。

甲辰科探花商衍鎏，广东番禺人，与南海江孔殷谊属广东同乡。商衍鎏晚年撰《清代科举考试述录》，以丰富的历史资料，尤其是以亲身经历，对中国科举制度作了全面记叙。

在太和殿传胪后，颁上谕第一甲第一名授职翰林院修撰，第二名、第三名授职翰林院编修。俗称第一名为状元，第二名为榜眼，第三名为探花。按唐制，赴礼部试者须投状，故殿试第一谓为状元；第二名喻榜中双眼，故称榜眼；第三名探花之称，则以唐进士杏园初会谓之探花宴，以少俊二人为探花使，同诸进士遍游名园，后始专以第三人当之。商衍鎏回忆：

1　谭延闿：1904年甲辰北行日记，第27页。

余甲辰科传胪后，顺天府尹沈瑜庆于东长安门内结彩棚，设长案陈列由礼部颁赐之金花绸缎表里，迎一甲第一、二、三名进士递法酒，簪花披红，备马三匹。三人上马中道出，鼓乐执事彩旗前导，由东北行经东四牌楼至新街口顺天府尹署。府尹迎于阶下，三人下马登堂，乐作开宴。于大堂南向设三席，一甲三人每人一席为客席，北向一席为顺天府尹主席，就座举酒即起，迎送皆于署内外列队举枪致敬排仗奏乐。礼毕，顺天府尹送三人上马，用原鼓乐彩旗，经地安门外、西四牌楼出正阳门至南城，榜眼、探花送状元刘春霖至直隶会馆归第，次探花送榜眼归第，次探花归第，余与朱汝珍皆广东人，遂同至粤东会馆。所谓归第者，实送归各人本省之会馆，因举子多无住宅在京，是日会馆演戏宴客，请是科主试、房考，复试、殿试之各阅卷官。[1]

商衍鎏数十年后所忆，最后的科举在形式上已显末世衰象，与科举鼎盛时代有天渊之别。

光绪三十年甲辰科是中国历史上最后一场科举，后世研究者甚众。韩策的《科举改制与最后的进士》、李林的《最后的天子门生——晚清进士馆及其进士群体研究》所述颇详。

韩策的《科举改制与最后的进士》研究科举的流风遗韵

1　商衍鎏：《清代科举考试述录》，故宫出版社2014年4月版，第153—155页。

时，论及"寒山诗社"一节，甲辰科进士江孔殷即为寒山诗社社友。寒山诗社专作诗钟。相传诗钟产生于福建，后流播于广东、两湖、江浙、京师等地，晚清时期已在文人士大夫中间颇为流行，至民初尤盛。诗钟又分闽、粤二派，互相争衡。宗威曾总结道："诗钟作法，大概分为闽、粤两派，湘派与粤派相近。粤派尚典实，闽派尚性灵。典实派简称为典句，性灵派简称为白句。尚典实者，率诋闽派为空疏。尚性灵者，率诋粤派为板滞。实则源分流合，各有专长，文人相轻，自古而然，非定论也。"寒山诗社既由粤人关赓麟兄弟主持，其中巨擘易顺鼎和樊增祥又系两湖诗人，与粤派相近，故该社为粤派代表。[1] 江孔殷之诗，不少即为寒山诗社中的作品。

李林的《最后的天子门生——晚清进士馆及其进士群体研究》论及民国年间进士遗民抒发眷恋旧朝之情、表达同声相求相应的另一种常见方式，为诗文、书信的书写往还唱酬。此类诗作留存甚多，大多抒发"海角孤臣"的故国之思以及无力回天的慨叹。1931年，流寓香港的粤籍文人在香港倡组正声吟社，"诗课之外，竞为诗钟，由社命题，评定甲乙，排日榜示"。积年汇刊所作，名为《正声吟社诗钟集》。癸甲进士参与者有温肃、朱汝珍、赖际熙、江孔殷、区大原、谈道隆等。[2] 江孔殷的诗作，一部分便属此列。

---

1 韩策：《科举改制与最后的进士》，社会科学文献出版社2017年5月版，第350—351页。
2 李林：《最后的天子门生——晚清进士馆及其进士群体研究》，商务印书馆2017年12月版，第301页。

○ 东洋游学

1905 年，清廷废科举。

韩策的《科举改制与最后的进士》第五章"甲辰科进士入馆：旧学新知的碰撞"说：1905 年 9 月清廷立停科举后，传统进士不再产出，进士馆的新鲜血脉已断，势难持久。且进士馆新班（以甲辰科为主）人数较旧班减少甚多，各人学期又参差不齐。因此，学部、进士馆颇思变通之法，有意将新班学员整体遣派日本游学。其中送入法政速成科第 5 班者，计有 45 名，江孔殷便在其中。[1]

江孔殷诗《有旨废科举进士馆员改派日本留学感赋》云：

收拾红氍别主司，囊书橐笔走天涯。
中堂高兴谈新学，残局推翻补劫棋。
名刺保留三字大，命宫注定一官迟。
可怜为鹳为鹅盛，失笑相看落帽时。[2]

---

1 韩策：《科举改制与最后的进士》，社会科学文献出版社 2017 年 5 月版，第 226—228 页。
2 江孔殷：《兰斋诗词存》卷一。

韩策的《科举改制与最后的进士》中又说："不过，仔细核对法政速成班第5班法律部及政治部的毕业名单会发现，……刘春霖、王炳宸、随勤礼、施尧章、田明德、江孔殷诸位在毕业名单中未见。其中刘春霖确定留日，系后来毕业；施尧章宣统二年参加进士馆考验时，头衔为外班学员，因此他很可能并未赴日；江孔殷后来以办学务授编修，则他也可能并未赴日。"[1]查江孔殷《兰斋诗词存》卷一所注，原来江孔殷赴日后，学员皆改装盘辫，他"独常服"，后来竟退学。

江沛扬的《沧桑太史第》说：

> 江孔殷到了学校，仍然摆出一副清朝官员的架子，不愿接受校规穿上校服，而是仍穿着他自己的官服，长衫马褂，拖着一条长辫子，大摇大摆的，全校师生一见他的举动，为之哗然。
>
> 学校师生们初时是规劝他要穿校服上课，但是他坚决不听，我行我素。这时校方的师生们愤怒了，经过商议，决定采取强制行动。他们聚集一起，把江孔殷揪住，有人拉他的辫子，有人推搡，甚至有人用脚踢他，一直把他推出校门。江孔殷大声抗议："穿什么衣服，我有自由！"但是，他终于被日本的师生们赶出学校。从这件事引发江孔殷后来对

1　韩策：《科举改制与最后的进士》，社会科学文献出版社2017年5月版，第229页。

日本人讨厌极了，认为是极大的侮辱。[1]

退学之事，江孔殷《奏准退学改发东三省学习以回籍终制辞》云：

> 一卢未定判输赢，再掷乌知不六琼。
> 肯令学生无法做，羞随御史以身呈。
> 表阡欧九宜终制，易世江陵敢夺情。
> 漫笑此公牛马老，会看投笔便专城。[2]

江孔殷又有《退学》组诗，节录如下：

> 逐日分科上课忙，临时速记太周张。
> 空劳月半撑持力，一手编成字万行。（两科进士馆同
> 学公推余编译讲义。）

> 放得考官还应考，降低人格例行人。
> 草茅新进浑闲事，前辈如何也效颦。

> 燎原星火借东风，断送青年诸巨公。
> 已见伊川被发事，百年养士恐无功。

1　江沛扬：《沧桑太史第》，花城出版社2016年5月版，第38页。
2　江孔殷：《兰斋诗词存》卷一。

上堂和服太郎当，老大书痴只袭常。
漫把皮毛论新旧，精神两字要思量。

休嗟来日去堂堂，不分低头项太强。
还我读书归更好，故园比较菜根香。[1]

　　游学东洋虽然半途退学，但江孔殷所见所闻颇妙，遂有
《留东杂纪》组诗，节录如下：

淮南白昼飞升去，鸡犬无声鼠不喧。
知见不闻香入定，野狐搬运有专门。

一枝留待傲馀霜，篱下逡巡夜太长。
不向扶桑看日出，眼前天地尽斜阳。

秋树环车不断红，离宫返照夕阳中。
俗尘真个飞难到，岛国风光大不同。

东山诗酒同丝竹，老去风流今尚存。
记得星期逢六日，相公归去听涛园。

别墅移花户半开，三更门外有轻雷。

1　江孔殷：《兰斋诗词存》卷一。

新桥微雪箱根雨，不御貂蓬不肯来。

软语吴侬最有情，一杯冰液手亲擘。
莫容错认琴心曲，唐突东方女学生。

窄地红裙照眼青，美人身世惜娉婷。
此行不解何多露，一梦空山话酒醒。

万山残照入黄昏，归浴温泉已不温。
颇解宫中元秘事，犹言无碍莫关门。

平生嚼透横陈蜡，隔壁来听细语温。
如此恼人眠不得，还他真个不销魂。（华商黄善卿携妓同游旅舍，絮语竟夕，为之不寐。）

来鸿去燕太奔波，三阅神山半日过。
最好今宵话风雨，天涯剪烛故人多。[1]

　　李林的《最后的天子门生——晚清进士馆及其进士群体研究》第四章"天子门生的留学教育——日本法政大学与晚清进士集体东游的展开"仔细分析了法政大学清国留学生法政速成科的情况。师事日本之道，更直接的办法莫若多遣官

1　江孔殷：《兰斋诗词存》卷一。

绅前往游学、实地考察，归而辅佐新政。正如进士馆的开办一样，留日政策得以措诸实践，也得益于内外重臣的极力倡导和支持。张之洞《劝学篇》对游学日本倡论最切：

> 出洋一年胜于读西书五年，此赵营平百闻不如一见之说也；入外国学堂一年胜于中国学堂三年，此孟子置之庄岳之说也。……至游学之国，西洋不如东洋。一、路近省费，可多遣；一、去华近，易考察；一、东文近于中文，易通晓；一、西学甚繁，凡西学不切要者，东人已删节而酌改之，中、东情势风俗相近，易仿行，事半功倍，无过于此。[1]

如果依照张之洞等人的设计，法政大学是理想的派遣留学之所。在接收晚清留学生的诸多日本学校中，法政大学速成科可谓特立独行。

1905年就读于法政大学速成班第二班的胡汉民，将当时留日学生的政治思想大致分为"革命"与"保皇立宪"两派。《胡汉民自传》中说：

> 其［留日学生］原来之资格年龄，亦甚参差。有年已四十五十以上者，有才六七岁者；有为贵族

1　李林：《最后的天子门生——晚清进士馆及其进士群体研究》，商务印书馆2017年12月版，第157页。

富豪之子弟者，有出身贫寒来自田间者；有为秘密会党之领袖以亡命来者，有已备有官绅之资格来此为仕进之快捷方式者（法政学校更有为新进士所设之特班，殆如散馆之翰林院，功令使然）。杂糅以上种种分子，而其政治思想则可大别之为"革命"与"保皇立宪"两派，而其时尤以倾向"保皇立宪"者为多（立宪保皇相表里，其名不同，其实一也）。[1]

晚清变局中，传统的"士"在新与旧、"革命"与"保皇立宪"之间经历思想的激荡。"但吊诡的是，法政速成科确实走出了不少令清政府切齿痛恨的革命者，如汪精卫（第二期）、朱执信（第二期）、胡汉民（第二期）、居正（第四期）、宋教仁（第二期）、陈天华（第一期）等等。这些风云人物汇聚一校，其影响可想而知，以致不少公费学生也密切接触革命党。"[2]这些风云人物中，尤其是广东巨子，日后与江孔殷多有交往。

南海十三郎回忆："当先父至东洋，曾与伍廷芳同行，先兄叔颖亦为伍随员。盖伍方出使美国也。在日本时，与国父孙中山先生遇，孙以粤人关系，亦与伍廷芳及先父交，并言提倡革命，志在必成，故组同盟会，先兄叔颖，早已加入，

1　李林：《最后的天子门生——晚清进士馆及其进士群体研究》，商务印书馆2017年12月版，第195页。
2　李林：《最后的天子门生——晚清进士馆及其进士群体研究》，商务印书馆2017年12月版，第196—197页。

二兄仲雅，曾留东瀛，亦同时参加。"[1] 而江孔殷在日本时拜访梁启超，并有诗"不关附热爱熬煎，眼底炎凉有变迁。昨访主人冰室饮，还来此地沐温泉。"可见，江孔殷和"革命"、"保皇立宪"两派名人皆乐于交游。

科举既废，而进士游学东西洋之事，留下不少笑谈。商衍鎏《清代科举考试述录》记述了一件趣闻：

> 光绪三十年后，开考试东西洋游学生之例，由考官会同学部，考取游学之毕业生给以进士、举人，再经廷试，高第者授翰林院编修检讨，数年间至百余人，一时称为洋翰林，谓其皆学自外洋而来考试，与未出国之翰林有异也。恰是时湖南王闿运年逾七十，以宿学保举，于光绪三十四年授为翰林院检讨，正值游学生之进士颇多，王曾有句云："已无齿录称前辈，尚有牙科步后尘。"上句言科举已停，已无齿录之刻、翰林前辈之称，下句谓游学生考试有医科进士，而医科中有牙科也。此老滑稽，传为笑谈。[2]

传统的"士"，在晚清的落日余晖中渐成背影。李林认为："清末天子门生集体东渡，修习法政，本身有着较为重要

1　南海十三郎著、朱少璋编订：《小兰斋杂记：浮生浪墨》，香港商务印书馆2017年3月版，第8页。
2　商衍鎏：《清代科举考试述录》，故宫出版社2014年4月版，第357页。

的象征和意涵：一则象征着士绅教育的转型，从为科举所制度化的传统儒学教育，转向以传授西学为主的近代教育；同时也促成中国传统文化精英逐渐转型，这群天子门生由研习经史的传统士大夫，逐渐向掌握近代法政学识的知识人过渡。经历晚清变局并接受数年法政教育、派出游学的天子门生，其知识结构开始更新，思想论域得到拓展，论述话语也有所变化。同时，他们也要努力守住两条底线：经典标准与皇朝秩序。留日事竣后，他们仍须带着新学的知识与理念，回到正在尝试革新的原有体制之中。"[1]

○ 南洋劝业

东洋归国后，江孔殷又有南洋之行。南海十三郎回忆，江孔殷中翰林后归粤，"先祖母招氏逝世，故有'徐庶归家'之忏语。时堪舆家池玉臣为觅白云山'美女献花'坟地营葬，该地主发子孙丁财两旺，'美女献花'为广东十大名山之一，先祖母下葬后，清廷旨下，派先父赴东洋参考新政，先父带服赴日，一年归国，又奉派为两洋劝业专使，奉旨赴东洋及

1　李林：《最后的天子门生——晚清进士馆及其进士群体研究》，商务印书馆2017年12月版，第205页。

南洋一带，宣慰华侨"[1]。

江孔殷诗《留馆十日改擢正五品秩旋奉发往南洋大臣衙门学习兼有南洋群岛劝业兼劝赈之命感赋》云：

> 十日迁官数亦稀，本来清秩不嫌卑。
> 行人位望隆三品，劝业班联压两司。
> 青眼相公期早贵，白头供奉叹衰迟。
> 平生不敢援私室，老大师门独见知。[2]

南海十三郎说："先父虽为清朝官员，然对革命并不阻遏，后赴南洋，为清廷募捐，同盟会中人，亦筹资举事。先父在星洲，且与胡汉民联床话旧，不以其为革命中人而耿介生嫌。既为清廷募捐，不能不尽力，先父乃携款归国，上贡清廷，并在杭州开南洋劝业展览会，返粤亦增设造船厂，并扩充士敏土厂，此皆华侨投资，其中华侨子弟，有父母捐助清廷，而子女参加革命者，两代不同思想，先父以己儿子亦有民族自由革命思想，对此不以为怪。惟先父虽不敢言功，亦有微劳，旋清廷派为两广清乡督办，名为清乡剿匪，实则暗防革命党举事，先父与革命党人如黄兴等，亦有来往，故先父在职，两不相犯，先父亦从未捕过同盟会一人以邀功。"[3]

1　南海十三郎著、朱少璋编订：《小兰斋杂记：浮生浪墨》，香港商务印书馆2017年3月版，第7页。
2　江孔殷：《兰斋诗词存》卷一。
3　南海十三郎著、朱少璋编订：《小兰斋杂记：浮生浪墨》，香港商务印书馆2017年3月版，第8页。

庚戌年（公元1910年），江孔殷《庚戌元月初二访袁海观制府座中闻新军变城闭留商善后》诗云：

> 糕盘围坐话艰难，相对丰貂陡觉寒。
> 铤走莫萌原鹿想，网开毋作篆鱼看。
> 盲从九死何曾畏，公论千秋要不刊。
> 戒杀本来仁者事，漫将家数例申韩。[1]

袁树勋（字海观）时任两广总督。庚戌元月，广州革命党人倪炳章（映典）号召新军起义，为水师提督李准所败，炳章死之。是役主持人为黄兴、赵声、胡汉民、朱执信等。

随后，江孔殷登船赴南洋。其诗《新春后五日之星洲同舟多与兵变侨民来见惟痛哭忽慰遣之》云：

> 惘惘离家百感生，鹧鸪声里独行行。
> 前宵烽火今何地，此去沧溟路几程。
> 未烬余灰知有泪，已成孤掌为谁鸣。
> 一春休自伤填海，精卫年年恨未平。[2]

在海船上，江孔殷诗情勃发，《舟中补次晦闻除夕均即寄》云：

1　江孔殷：《兰斋诗词存》卷一。
2　江孔殷：《兰斋诗词存》卷一。

有限年光今夜尽，百忙还作一闲吟。

诗寻险句心偏稳，酒费重斟债又深。

未绽寒花春漠漠，不闻声柝夜沉沉。

无端腊鼓催将去，孤负炉香未烬心。[1]

晦闻，即黄节，在清末诗界已得大名，与江孔殷多有唱和。船上的江孔殷感慨良多，想念老友，遂又有诗《舟行苦热夜起寄怀诏平芰舲晦闻》：

寂寂船窗月已阑，怒涛惊梦太无端。

来时旧雨今何似，才是初春忽不寒。

人自炎凉天复尔，家方离乱客都难。

壮游翻悔成羁旅，海上孤云夜夜看。[2]

江孔殷于上元日到达新加坡，有诗《上元日抵星洲主黄丈莆田山园》：

出门闭置如新妇，得见乡亲当至亲。

爆竹声中来远客，曼陀花里度良辰。

微闻海外纷传捷，不信天涯似隔邻。

为报小斋无恙在，一春如旧坐诗人。[3]

1　江孔殷：《兰斋诗词存》卷一。

2　江孔殷：《兰斋诗词存》卷一。

3　江孔殷：《兰斋诗词存》卷一。

江孔殷此行，乐于结交当地名流。《星洲初晤邱菽园赋赠》云：

孤琴海上不轻弹，检到行囊影倍单。

故国平居多问讯，天涯一见正艰难。

南洲独啸云胡托，东野能诗未是寒。

知有伤心怀抱共，残山如画醉中看。[1]

邱菽园（1874—1941）是当地文坛领袖。学者王润华在《重新幻想：从幻想南洋到南洋幻想》一文中说："其实南洋这地名的中国性也很强。尤其在清朝的时候，通称江苏、浙江、福建、广东沿海一带为南洋，而沿海以北各省为北洋。鲁迅到日本留学时，进入仙台医学专门学校，清朝政府称他为'南洋官费生周树人'。后来东南亚一带也通称南洋。新加坡，以前常常通称为星洲，它出自唐诗卢照邻的诗《晚度渭桥寄示京邑好友》，其中有这一句'长虹掩钓浦，落雁下星洲'，据说星洲作为新加坡的地名，最早被邱菽园用来命名他的星洲寓庐。邱菽园是当时海峡殖民地杰出的华人精英，由于在中国接受教育，他从政治归属感到文化取向，都是以中国人为本。在中西文化的撞击下，他永远以华侨的身份来回应。因此他思考新加坡时，主要从中国出发。"[2]

1　江孔殷：《兰斋诗词存》卷一。

2　王润华：《越界跨国》，广东人民出版社2017年8月版，第102页。

历史学家王赓武研究邱菽园的独特经历与思想：

　　他并非生于国外，而是出生于福建，很小就到新加坡。他父亲是新加坡大商人，并向清政府捐了一个小官。邱菽园最先在澳门读书，往新加坡念书之后，回到家乡应试，考上举人，之后他还到北京和康有为（1858—1927）一起考进士，但没考上。回到新加坡后，他受康有为影响，非常支持戊戌变法。康有为到新加坡时，都由他接待；唐才常（1867—1900）自立军武汉起事，他大概还资助十万元坡币，当时那是个大数目，但他因家境富有，毫不在乎。有意思的是，他是一个传统商界中想模仿士大夫阶级生活的人。清末商人已有机会应考科举，海外华人更可借捐纳任官。在这种情况下，他很想成为士大夫阶级的一员。他回到新加坡，在父亲死后便不再考科举。虽然生意做得很大，但他的生活完全以士大夫、文人为模范，被士大夫阶级文化所吸引，生意慢慢便垮掉，这是相当自然的。他乐于写文章、写诗、宴请朋友，以听戏、书画自娱，不断地写文章支持保皇运动，到最后他完全不接受孙中山民族国家的概念，还保持他的士大夫理想，还是以儒家为主，认为光绪皇帝（1871—1908）是应该继续下去，清朝是应被支持的。虽然后来他对清朝不怎么满意，但总之到最后他还是无法接受孙中山、革命党等新兴政党的那条路。他有很深的民族概念，从对康有为的支持可以看出他对于满汉之间的矛盾，还是站在汉族这一边的。但他没有国家概念。他的民族概念是由汉人来掌权，成为主导力量。他也不那么极端，不完全反对满洲贵族，如满人有改进的意愿，他也可以接受。光绪帝死后，他就放弃了支持清朝。后来他的政论文章中，论及诸如欧战、中国与欧洲的关系等课题；有意思的是，他至死对于中华民国本身不感兴趣。抗日战争时，他已非常贫困，靠着写文、写诗维持生计，却对政治问题不大注意，对抗日没有什么特别的意见，也没有什么爱国或对中华民国认同的表示。[1]

以此观之，在晚清时代，邱菽园与江孔殷的思想上颇有相契之处。

待江孔殷回国后，与邱菽园还有诗词唱和。江孔殷诗《菽园星洲寄诗次均却寄》云：

> 楼台世界几重添，华发依然岁不淹。
> 成佛未应后灵运，辞家宁许步罗炎。
> 羲皇不再生犹疢，儒墨同归爱已兼。

1　王赓武：《天下华人》，广东人民出版社2016年1月版，第147—148页。

一部梨洲遗录在，明夷终竟为谁占。

前度星槎过此三，一回访旧十停骖。
去来何处君休问，哀乐中年我已谙。
归信笑看迟马角，诗情深许比鹅潭。
九洲外辑新游记，邹衍当时不吃谈。[1]

江孔殷在南洋群岛劝业兼劝赈，足迹遍及星洲、吉隆坡、槟榔屿等地。他既与革命党人胡汉民在星洲联床话旧；又到槟榔屿拜谒康有为，且有诗："去国飘零十几春，穷荒犹望诏书频。顾庐空已劳明主，前席何曾访逐臣。避世武陵偏识汉，蹈身东海未忘秦。谁知慧业输灵运，不早生天不谪尘。"

在清末，维新与革命是关乎国运的两大主题。在海外，南洋华侨是维新派与革命派鼓动的主要对象。许多爱国华侨向两派人物都提供了物质和精神的支持。广东南海康有为与广东香山孙中山都在南洋的舞台上有过精彩的表演。

江孔殷赴南洋群岛劝业兼劝赈，正是"清政府不断加强关注海外华人，以赢得海外华人的尊敬，劝使海外华商对国内的贸易和工业投资"。至于"暗中破坏改良主义者的革命者的宣传"，似乎并不符合江孔殷的性格，所以，他可以和胡汉民联床话旧，又会去拜谒康有为。

清末维新派与革命派南洋活动的研究尚有无限空间，康

1　江孔殷：《兰斋诗词存》卷一。

有为与孙中山的支持者之间的论争，在南洋一带也此起彼伏。随着晚清政府的举措一步步令人失望，"革命"的呼声渐渐盖过了"保皇立宪"。

　　"生为唐人，死为汉鬼"之慨叹，在南洋华侨中不乏知音。在1911年之前，华侨渐成支持革命的重要力量。因此，孙中山有言："华侨是革命之母。"

第五章
义葬"黄花岗七十二烈士"

○ 碧血黄花感天地

　　辛亥年（公元1911年），清廷已是风雨飘摇。清王朝之覆亡，固因武昌之首义，但其所以亡，盖有远因与近因。从远因说，自鸦片战争（1839—1842）、甲午中日战争（1894—1895），再到庚子义和团引发的八国联军之祸（1899—1900），清廷丧权辱国，一败再败，一误再误，国已不国，命悬一线。清王朝已失天命人心。从近因说，1911年4月有革命党人黄兴领导的广州黄花岗起义，碧血黄花，革命烈士（如林觉民）虽九死而无悔的精神，感动与震撼了中国的新知识层与市民。是年5月又爆发反对铁路国有化的"保路运动"，声势浩大。就在黄花岗起义的同一月，满洲亲贵还搞出一个"皇族内阁"，清廷这种私心自用的"假立宪"，使得主张君主立宪的改革派寒心失望，不少因之转而投向孙中山的革命党阵营。武昌首义时，十四省响应独立者，许多就是立宪派的人士。辛亥首义之成事，虽似偶发，盖亦绝非偶然。晚清之时，中国救亡图强的精英分子走的两条路线，一是康梁、张之洞、袁世凯等体制内的君主立宪的改革之路；一是孙中山领导的体制外的革命党共和之路。最后，历史选择了革命共和。[1]

在辛亥武昌首义之前，其实孙中山已领导了多次起义，虽皆失败，但一次又一次地震撼了国人，其中以广州黄花岗起义最是感天动地。

此时，江孔殷任两广清乡督办。南海十三郎说：

> 时两广清乡督办署设在海珠，江防舰队归其节制，先父身当武官，而风流自赏，常至东堤唤紫洞艇，征歌买醉，题东园对联"流水是车龙是马，美人如玉剑如虹"，即此时也。会同盟党准备举事，以集得侨胞资财，如不举事，即令侨胞失望，而清廷防范甚严，军械不能运入城里。时两广总督张鸣岐在任，压制革命思想甚剧，先父不以为然，惟不及其势，无可如何也。会黄兴、胡汉民辈决在广州起义，向先父索取两广清乡督办封条，俾得运械入城，先父亦许诺，旋先父驻扎海珠，闲即在珠江设宴，不管城内何事发生，且职责在清剿四乡土匪，省垣治安，非其范围，故三月廿九之役，先父在海珠，即部属亦未与党人接触。三月廿九事败，胡汉民才

1　金耀基：《中国的现代转向》，香港牛津大学出版社2013年版，第233—235页。

抵广州，先父嘱潘达微告知胡事泄，着勿留省，返港再谋。黄花岗一地，亦为先父与潘达微亲葬众烈士，而事为清廷所闻，议论中处先父以通"盗"之罪，先父大骇，乃纳亡母杜氏，即余之生母，清廷谓其通"盗"，先父为辩，并谓与妓杜氏通，故有此误传。而清廷已召先父入京查究，先母杜氏怀孕生余，产后不治，先父在京得讯，坚请回粤处理丧事，清廷卒令先父纳五千两作罚款，责其行为不检，故有通"盗"之嫌，先父惟有遵办。先母杜氏，年只十七即诞余而亡，并感娶她为妾即免通盗之罪，实深哀悼。而此后两广清乡督办，大权旁落，先父亦知宦海浮沉，不如洁身引退也。[1]

任两广清乡督办，江孔殷有诗《就清乡任》云：

> 凤耳知兵儒者贵，何期问道子干盲。
> 纷纷龙虎觑翔步，了了彭殇置死生。
> 杀贼自家能露布，做官还我放风筝。
> 中年投笔寻常事，恨少天山万里行。
>
> 早料从戎悔读书，文章事实不相干。

1　南海十三郎著、朱少璋编订：《小兰斋杂记：浮生浪墨》，香港商务印书馆2017年3月版，第8—9页。

箕燃只合供烹狗，网漏何嫌故纵鱼。

未许申胥同伍子，定教廉颇薄相如。

跳梁那入终军眼，毋躁诸君拭目予。[1]

辛亥年三月廿九日（公元1911年4月27日），黄兴率同志举义于广州，攻两广督署败。死者数不明（一说实数为八十六人），得尸葬黄花岗者七十二人。

江孔殷《粤城三月廿九纪事》诗云：

五羊天半起朱鸢，黯黯危城夜气昏。

好贼无多同李勣，可儿错认是桓温。

未成黄祸先流血，谁使青年竟丧元。

从此神州正多故，不教鱼烂不鲸吞。

居然三户欲图秦，霎地黄巾变白巾。（党人以白巾为臂章。）

结党田横多死士，起家李特尽流人。

便容微服过尼父，谁信无心杀伯仁。

七十二坟他日草，可怜碧血送残春。

仓皇事后逞干戈，只恐兵来贼不梭。

并设议场工碟石，狱成党锢忍推波。

1　江孔殷：《兰斋诗词存》卷一。

钼镬壮士无生理，射虎将军尚雅歌。

邻水故知文武盛，论功格外蜀人多。

荷戈橐笔两匆匆，等是销磨感不同。

谁与安危共诸葛，未容喜怒相桓公。

风流妄附文虾目，露布惭输下马工。

生怕上书逼杀贼，毛锥何事要从戎。[1]

　　邹鲁（字海滨）编著的《中国国民党史稿》，对辛亥广州三月廿九日之役所记甚详。是役为黄兴领导，所率尽是革命党精英。起义前有绝命书，黄兴致南洋同志："本日驰赴阵地，誓身先士卒，努力杀贼，书此以当绝笔，即颂筹安。"

　　诸绝命书中，以林觉民之书最是感动天下。林觉民，字意洞，牺牲时仅二十五岁。其妻陈意映。起义时，林觉民受伤被执，张鸣岐、李准等亲讯之。"烈士侃侃而谈，综论世界大势，各国情事，张、李为之心折。烈士初坐地，至是张、李命去镣扣，延坐堂上，假以笔墨。烈士纵笔一挥，立尽两纸，洋洋数千言；书至激烈处，解衣旁礴，以手捶胸，若不复忍书者；书罢一纸，李持与张阅，更书第二纸；临笔稍为停顿，状似欲呕，犹恐污地，未遽吐；李亲持唾盂近前，始吐；奉以茶烟，犹起鞠躬为礼。供毕，又在堂上演说，至时局悲处，捶胸顿足，劝清吏洗心革面，献身为国，革除暴政，

1　江孔殷：《兰斋诗词存》卷一。

建立共和，始能使国家安强，汉族巩结，则吾死瞑目矣。系数日，勺饮不入口；弃市之时，俯仰自如，色不少变。"[1]林觉民事迹及《与妻书》传于天下，无数人读后为之感动，无异于为革命共和吹响了心灵的号角。

辛亥三月廿九日下午五时三十分钟，黄兴率革命军举义广州。由小东营进攻清两广总督署。党人皆臂缠白巾，足着黑面树胶鞋，手执枪械炸弹，司号者手执螺角。一时呜呜声动，风起云涌，直扑而前。途遇警察，皆枪杀之。疾行入督署，见卫队，即说："我们是为中国人吐气，你们也是中国人，如果赞成请举手。"卫队不悟。革命军枪弹并发，号角大鸣，杀督署卫队管带金振邦，攻入督署，直冲入二门。二门有兵八九，闻声走避，在两庑及大堂互相枪战，且战且进，卫队悉弃枪出降，求为引导。黄兴、林文、朱执信等，分头亲行搜索，渺无一人。其时总督张鸣岐等会司道于署中，正议防范事，闻警穿后壁入某押，转入水师行台。黄兴等攻占督署后即举火，出后火光融融。退出至东辕门，在路上恰逢水师提督李准率领大队亲兵，林文向闻赵声言李部下有同志，遂突前招抚，高呼："我们都是汉人，当同心勠力，共除异族，恢复汉疆，不用打，不用打！"言未毕，弹中脑，立仆。其余死者尚有数，黄兴中枪，右手断两指。黄兴将部下分为三路：以徐维扬率花县数十人，出小北门，拟与新军接应；以川、闽及南洋同志往攻督练公所；黄兴自率方声洞、罗仲

1　邹鲁编著：《中国国民党史稿》，东方出版中心2011年11月版，第808页。

霍、朱执信等十人，出大南门，拟与防营接应。黄兴与方声洞行最先，遇防营数百于双门底，见其无相应的臂号，且举枪相向。方声洞发枪毙其哨官温带雄。黄兴且战且前，四顾所部，不见一人，乃以肩撞破一洋货店门板。入店内，出两枪，左右射击，中防营七八人，防营退却。后来方知此次双门底黄兴等所遇防营，却是来接应的同志，其中哨官温带雄、哨长陈辅臣，其实是党人中最热心者，其哨中党人尤多。约定城内起事，该哨即借拱卫之名，直至水师行台擒李准。因欲达此作用，决定未至水师行台前，不挂白布，以免入城及进提署之碍。不料方声洞见无臂号，且认为举枪相向，于是击毙温带雄，队兵陆续死者十余人，一哄而散。彼此误会，党人自相杀伤。否则，也许可以转败为胜。盖由此役为严密计，各部之事不相问亦不相告所致。

党人因敌众我寡，或牺牲，或受伤，或被捕，或脱险。

举义既败，清吏以党人多伏民居，乃肆行搜索。清吏讯问被捕党人的供词，颇多豪言壮语，如陈可钧："尔以此举为壮士辱耶，事之不成，天也。然以唤醒同胞，继志而起，愿足矣。"李德山："大丈夫为国捐躯，分内事也。我岂不能致富贵者，特不能如汝辈认贼作父，不知羞耻耳。"李雁南："恨我身被二创，不复能战。虽然，今以往，不数年，必亡国；不百年，必亡种，生亦奚益。"喻培伦："学术是杀不了的，革命尤其杀不了。"

黄兴受伤后，脱险到广州河南，寻至溪峡机关，徐宗汉女士为其包裹指伤。四月初一，徐宗汉为黄兴改装，亲送至哈德安轮，相偕赴香港。抵港后，黄兴指伤不减其痛，且有一指将断未断，于是入雅丽氏医院割治，照例割症须有亲族签名负责，徐宗汉从权以黄兴妻子的名义签字，等到黄兴伤愈出院，夫妇虚名竟成事实，成就了一段患难奇缘。[1]

这次起义，党人死者，因事前为缜密计，各自部署不相告问，故事后莫知其确数，而检收遗骸，则得七十二。

清吏对革命党恨之彻骨，对诸烈士尸，不胜其蔑视。自诸烈士之死至四月初三日，始函知广仁、爱育、方便、广济各善堂，收拾遗骸，将其移置谘议局前旷地，分十数堆，折臂断脑，血肉模糊。南海、番禺两县知，拟葬诸烈士骸于狗头山，后又拟葬于东门外臭岗。臭岗者，刑人于市，丛葬于岗之巨穴中，掩以浮土，暴骨扬秽，过者掩鼻，故名。有一位外国教士叹道："诸烈士死义也，皓皓侠骨，使与犯人同葬一处，揆之于理，实不能平。"于是自献一地以葬。善董以为葬烈士而用外人所购地，是国人的羞耻。善董徐树棠也说："善堂收葬各骸，不能与犯人同葬一所。"正在争议未决之际，潘达微挺身而出。[2]

潘达微（1881—1929）生于广州沙河棠东村，其父潘文卿，清末武官，广州广仁善堂创始人之一。潘达微自幼多病，曾两年未离病榻，病中卧游于诗文书画间，求医中认识孙中山，受其影响，立下"一雪国耻，匡时济世"之志，追随孙

---

1 邹鲁编著：《中国国民党史稿》，东方出版中心2011年11月版，第800—814页。

2 邹鲁编著：《中国国民党史稿》，东方出版中心2011年11月版，第825—826页。

中山革命，为父所反对。潘达微与夫人陈伟庄冲破家庭笼牢，欲离家出走，在广州河南龙导尾另居。孙中山得知，劝其利用父亲与朝廷上层的密切关系，以世家子弟身份秘密从事革命。潘达微通过父亲的朋友的关系，一方面周旋于朝廷要员之中，为革命党人制定革命斗争策略提供了重要信息；另一方面，也通过与他们感情的维系，利用他们的地位与权力扭转了不少被动的局面。在那些关系网中，潘达微与两广清乡督办江孔殷的交情最深，而江孔殷对潘达微的帮助也最大。1910年庚戌新军起义失败后，清廷又在某军营搜捕新军病兵一名、伙夫四名，"官军欲将其治罪，各善团不允，时适江孔殷到观，由其保释"；殓葬黄花岗七十二烈士，是潘达微通过江孔殷的周旋和帮助，才得以促成实现的。[1]

辛亥三月廿九日举事失败后，幸存的党人为避免无谓的牺牲，都已纷纷走避各地，唯有潘达微未暴露革命党人的身份。因此，收殓烈士遗骸的重任，便落在潘达微身上。完成这一历史壮举后，潘达微在文章《黄花岗七十二烈士殡葬之情形》中云：

> 辛亥三月廿九日之役，吾党举义于广州，攻督署不克，七十二烈士殉焉，时城中百计搜捕党人，越四月三日，城门仍半启，侦察出入甚严。余以

1　广东省政协文史委员会、广东美术馆编：《魂系黄花：纪念潘达微诞辰一百二十周年》，广东人民出版社2001年10月版，第6页。

《平民报》访员名义，故能于缇骑纵横之际，得往来无阻。是日晨，从南门入，侦知各烈士遗骸，已更续移置谘议局前旷地，遂出南门，折而之东郭，则议局前诸烈士遗骸赫然在也，陈尸场上，逻者洞察尚严，积尸分数垒，折臂断脰，血肉模糊，目不忍睹。余斯时哭不能声，惟有强含酸泪，中心如焚而已。旋离尸场，蹀躞东郊，欲一刺其实况，访诸舁尸者，知掩埋之役属善堂，丛而葬诸臭岗。臭岗者，吾粤刑人于市，丛葬于岗之巨穴中，掩以浮土，暴骨扬秽，过者掩鼻，故名之曰臭岗。余骤聆耗，肝肠欲摧，掩泪去而之广仁善堂，以此事诘善董。善董曰："唯官命。"余以大义痛陈，谓诸义士为国捐躯，纯为国民谋幸福，彼此亦国民一分子，如是蒿葬，良心何以自安？且慈善事业，不计谁是谁非，施棺施地，唯义所应尔！各善董多为过容，转询余以办法。余谓官殓刑尸，指定地址，属善堂殓埋，殆循惯例，若营葬别地，官亦必不深究。余相机复以由某择地殓葬之意，请诸各善董，各善董有难色，盖怵于威，恐事泄株累也。余不得已，遂以电话达此意于江孔殷太史，求太史一助力。太史遂转电告善董，谓此事可力任，纵有不测，彼可负全责。各善董得太史电，乃允余请，余遂去。

顾思何处得一善地，以为诸义士墓所。偶忆某牙医新购一地于东门外沙河，此事或可慨让。遂造医生之庐而请谒焉。告以此事，医生慨然相许诺，且谓地价无急偿，区区数百金，唯公便。余闻而德医生，谓七十二烈士英灵其可妥也，医生旋以地券相付，卒为旁人所尼，遂中止。余此时抚案大恸，医生意良不忍，乃告余曰："余可助君者，舍让地外，唯君欲。"余知此地必不可得，不如别图，遂与医生贷金数十，去而复之广仁。抵座后，余五中欲裂，半晌，哭不成声。善董见余举动失次，欲相慰，顾不省其端绪，余痛少定，起告善董以余父名，乃曰："座中多为父执，讵忍此不为小子助。"并告以顷求让地弗得事。言次，乃泪涔涔下。维时善董徐君诘余曰："本堂有一段地，坐沙河马路旁，名红花岗，殆为本堂义地而未葬者，青草白地，为称干净土，棺殓营葬诸事，并由本堂任之，何如？"余闻徐君言，为之悲感不自胜。奔赴岗视察，岗地势虽非巍壮，无以妥先灵，然于仓卒百难中得此，亦差足自慰。遂以电话与徐君约，星夜属仵执土功，晨起集议局前督葬事。时已昏夜，余乃还家。是日自朝至日晷，余水米迄未沾唇吻，然亦不觉饥苦，终夕伏枕不成寐。

翌晨，即四月四日，见星而起，余妻知余有葬事，潜以帛裹余襟底，以寄哀思，并以辟秽丸数枚置囊中。余匆促出门去，八时抵尸场，仵工未至，秽气触鼻欲呕，遂以丸塞鼻观。十时，仵工更续舁棺至，棺皆薄板制者，余见而心滋痛，以为男儿死国事，虽以马革裹尸还葬幸耳，然桐棺三寸乃不可得，死者已矣，生者何心！欲另市棺易之。时旁有一善董，乃方便医院派来者，谓棺可由院另备，不必求诸市，余深感此君不置，遂易以院所备棺，以次成殓。当时伤心惨目，不可言喻。盖陈尸数日，继以夜雨，尸体霉涨，且各义士多被假发，发去脑裂，中攒无数小虫蠕蠕动，体缚以铁索，多合二三人为一束。呜呼！骈首死义，结局如斯，亦云惨矣！仍属仵工解缚分之，并去枷锁。仵工故难之，予之钱而始允。旋殓旋舁诸葬所，仵约百人，络绎于道。计自上午十一时始，迄下午四时止，乃毕殓事。中有一尸，衣蓝布长衣，不类党中人，先为分置，午后有人领去，知为清吏李某之随仆云。除去此尸体，综计棺殓合七十有二具。是日也，风雨愁云，行人绝迹，马路中幢幢往来者，唯殓尸之仵工，皆若寒蝉，噤不敢声，此情此景，至今犹形梦寐中也。余随最后之一棺，步送到红花岗，岗上圹分四横直列，为先一夕嘱土工照式经营者。惟掘地不深，余遂以医生所贷金予土工，嘱为深掘而后营葬。葬至首列时已薄暮，细雨仍绵绵不止。余以党祸方急，伺人四布，夜行有戒心，乃嘱土工妥为深葬，遂先归。直抵第八甫《平民报》，以是日情形告同事，并至各报嘱勿将此事宣布。……翌日《国事报》首先揭出，并措词有不利于余个人者，余知事难秘隐，是夕乃将此事颠末宣布，其标题曰："谘议局前新鬼录，黄花岗上党人碑"。盖余略嫌"红花"二字软弱，不如"黄花"之雄浑也。各报因沿用黄花二字，迄今遂成定名矣。[1]

潘达微收殓烈士尸体后，结下了黄花情缘。在1911年9月出版的《平民画报》第十一期上，潘达微发表了《黄花岗图》，画面是荒烟蔓草间，竖立着烈士的墓碑，离离宿草，埋恨千古；前景是参天松柏，虽则寥寥，然伟岸挺拔；后景衬以一轮明月，景色悲壮，浩然之气，至刚至大，充塞天地。题句为："七十二坟秋草遍，更无人表汉将军。此陈元孝先生句也，移题黄花岗觉有余味，读者以为如何？"[2]

此后，每年的三月二十九日，潘达微都要去烈士扫墓。1914年的黄花节由于龙济光祸粤，处境险恶，无法亲往，他便让儿女身穿白袍白服，肩披白带，带上写着"黄花岗之子""黄花岗之女"，骑着白马，作为烈士的孝子代表他前往拜祭。复与何剑士、梁培基等三五知己，午夜携酒，至荒郊野冢之中，背负着黄花岗上的雄鬼英魂，张席共饮，放怀悲歌，共唱秋坟。[3]

1　广东省政协文史委员会、广东美术馆编：《魂系黄花：纪念潘达微诞辰一百二十周年》，广东人民出版社2001年10月版，第194—195页。

2　广东省政协文史委员会、广东美术馆编：《魂系黄花：纪念潘达微诞辰一百二十周年》，广东人民出版社2001年10月版，第11页。

3　广东省政协文史委员会、广东美术馆编：《魂系黄花：纪念潘达微诞辰一百二十周年》，广东人民出版社2001年10月版，第15—16页。

黄花岗七十二烈士墓，在民国成立后多次修建，坊墓由孙中山书"浩气长存"四大字。民国八年（1919年）由汪兆铭书诸石，立碑其后；邹鲁为文以纪其事，其文云：

广州辛亥三月二十九日之役，党人死事者，其数不可稽，事后潘君达微收党人尸得七十二，合葬之于黄花冈，由是有黄花冈七十二烈士之称。潘君亦党人，自以未名捕，乃于危疑震撼之际，毅然出收死友之骨，可谓难矣。其明年为中华民国元年，胡君汉民，陈君炯明相继任广东都督，议就当日合葬处修茸而整饰之。省议会通过经费十万圆。二年乱作，遂不果。七年秋，滇军师长方君声涛始募修故墓，规模粗具；参议院议长林君森复募建碑亭及纪功坊，俾不致湮没于后世，然欲举当日死事者姓名籍贯一一泐之于碑，事乃至难，盖举事之际务慎密，凡姓名籍贯，同事者非素识不能知，且亦不愿知之，故今日同事之未死者，其所能举，亦惟素识者而已。夫死事者既不止七十二人，即此七十二人亦不能尽举其姓名籍贯，可不痛欤。鲁与朱君大符，皆同事之未死者也，相与征集事实，胪所得死事者之姓名籍贯，林君森更约当日未死同事之在粤者胡君毅生、何君克夫、吴君永珊、徐君维扬等，以确为之证，计得五十有六人。其中有姓名而无籍贯者尚有三人，先行泐之于碑，而留空白，以俟续有所知。得以补泐焉，颜曰黄花冈七十二烈士之碑，盖埋骨者固七十二人。今日虽有所阙，固望他日能补而足之也，夫马革裹尸，党人之志，埋骨已非所期，遑论留名。今之为此，徒以为后人流连凭吊之资，于死事者固无与也，呜呼！此役所丧失者，不特吾党之精锐而已，盖合国中之俊良以为一炬，其物质之牺牲不可为不大，然精神所激发，使天下皆了然于党人之志节操行，与革命之不可以已。故不逾年而中华民国遂以告成，则其关系宁不重欤。然念国难之无穷，贤才之易尽，执笔作记，又不胜后死之感也。

中华民国八年十二月十八日[1]

此后，邹鲁不断收集起义史料和烈士事略，在民国十年撰成《黄花冈烈士事略》，请孙中山作序。孙中山在序文中云：

满清末造，革命党人，历艰难险巇，以坚毅不挠之精神，与民贼相搏，踬踣者屡。死事之惨，以辛亥三月二十九日，围攻两广督署之役为最。吾党菁华，付之一炬，其损失可谓大矣。然是役也，碧血横飞，浩气四塞；草木为之含悲，风云因而变

1　邹鲁编著：《中国国民党史稿》，东方出版中心2011年11月版，第827—828页。按：邹鲁此书中，黄花岗写为黄花冈，故凡《中国国民党史稿》引文中，照抄为黄花冈。

色；全国久蛰之人心，乃大兴奋；怨愤所积，如怒涛排壑，不可遏抑。不半载而武昌之大革命以成，则斯役之价值，直可惊天地泣鬼神，与武昌革命之役并寿。[1]

而义葬"黄花岗七十二烈士"之壮举，也同样惊天地泣鬼神。甄冠南在《潘达微先生之生平》中说："回忆当年，就不能不感谢潘达微先生之苦心孤诣，忠肝义胆了。对于当时潘先生收拾烈士遗骸，而向清廷当局斡旋邀准者，是江孔殷太史，出钱出力，以支援潘先生……谁都知，在三月二十九日之广州起义，是一次失败的起义，烈士们之牺牲，又何止七十二人呢？即此七十二个烈士之喋血街头，在当时专制环境下，在可怕之乱党罪名下，又谁敢认友认亲呢？更谁敢挺身而出，收拾这批遗骸呢？血迹斑斑！莫不令人悲伤，而叹死事的凄惨！可以说是惊天地而泣鬼神！因为这一幕震惊人寰之壮烈事迹，感人太深了。当时未死的同志们，多已间道潜逃，四方亡命，只有潘达微先生尚伏匿于河南私宅，于是本着大无畏不怕死的精神挺身而起，一方面派人到港，向胡展堂与黄克强报告如何善后这个问题。并特邀其密友谭肇康到穗，助其行动；另一方面，特别把他的这次非常行动，先向江孔殷太史商量，请江氏本着公谊私情，大力帮助，向清廷当局斡旋说项，使这个问题能够解决，幸得江氏也能尽心尽力，得到清廷官方的特

1　邹鲁编著：《中国国民党史稿》，东方出版中心2011年11月版，第771页。

准。……这是黄花岗七十二烈士坟场建立的来由，也是潘达微先生当年对这件大事的丰功伟绩，以及九大善堂、七十二行商、江孔殷氏所经过的艰巨过程。"[1]

陈天机在《珠玑情缘——舌尖上的贵族江献珠与幸运的书呆子》一书中则说潘达微和江孔殷"两人主动请人收尸，殓葬在红花岗（后改名黄花岗）。现在黄花岗大墓后仍存小石碑，记载两人负责殓葬的事实。但官任清乡督办的江孔殷当时怎样去向起义所针对的主要人物两广总督张鸣岐交代呢？便不得而知了。中华民国成立后，孙中山、宋庆龄夫妇也曾亲自登门，拜谢江孔殷的当时的义举。"[2]

值得注意的是，辛亥之后，黄花骷髅的情结，陪伴着潘达微的人生："殓葬黄花岗七十二烈士独特的经历，注定了他必须一生一世背负着他们的英魂去思考生与死这一人类所面临的永恒的课题。对于潘达微来说，烈士的英魂是永远挥之不去的。"

1929年春节，广州中央公园举行菊展会，潘达微以瓷植黄菊一株，旁置一骷髅，题为《碧血黄花》参展。随后，他又创作了以悲歌署名的《黄花寥落》《黄花白骨》和被称为其"得意之作"的《心灯》，这是系列性的摄影作品。潘达微在《黄花寥落》二帧作品的跋中写道：

1　广东省政协文史委员会、广东美术馆编：《魂系黄花：纪念潘达微诞辰一百二十周年》，广东人民出版社2001年10月版，第219页。
2　陈天机：《珠玑情缘——舌尖上的贵族江献珠与幸运的书呆子》，香港天地图书有限公司2019年7月版，第22页。

黄花岗之鬼雄，不少吾故人。呜呼故人逝矣！青磷白骨之丛，留为后人凭吊者，唯荒碑数尺耳。往事不堪回首。今岁东风寒食，鹃啼莺老时，恍惚迷离中，腥风一缕，有故人之鬼，浴血提头，昂藏入我梦，相对恸哭。他说年来到坟前致祭，当日朋侪似寥落无几人，是以黄泉碧落于梦中与故人契阔也。忽又空际闻金戈铁马，余惊寤，案上残灯明灭，冷然照余之茫茫百感，遂为制斯图，以志吾慨。[1]

1929 年 8 月 27 日，潘达微在香港万松坊五号家中病逝。江孔殷作挽联悼念潘达微：

白挺动全城，君是党人，自有交情尽生死；
黄花成昨日，我非健者，也曾无意造英雄。[2]

1930 年 8 月 4 日，潘达微灵柩运回广州，葬黄花岗旁旧模范监狱。1951 年 8 月 20 日，广东省人民政府把潘达微灵柩移葬于黄花岗七十二烈士墓旁。

从历史的长河中回望，义葬"黄花岗七十二烈士"无疑是潘达微、江孔殷的人生历程中最光彩夺目的一页。尽管潘

1　广东省政协文史委员会、广东美术馆编：《魂系黄花：纪念潘达微诞辰一百二十周年》，广东人民出版社 2001 年 10 月版，第 17—18 页。
2　广东省政协文史委员会、广东美术馆编：《魂系黄花：纪念潘达微诞辰一百二十周年》，广东人民出版社 2001 年 10 月版，第 239 页。

达微一生可谓是"多栖"的奇才，在社会、政治、经济、文化、艺术、公益等各个领域都有成就，但最让后人铭记的不朽功勋是："没有潘达微，就没有黄花岗"。而江孔殷一生功业，可道之处颇多，但帮助潘达微完成这一义举，何尝不是江孔殷"立功"方面最浓墨重彩的一笔？

○ 好为大家桑土计

辛亥三月二十九日之役失败后，黄兴愤不欲生，对胡汉民说："此时党人唯有行个人暗杀之事，否则无以对诸烈士。"胡汉民说："此不只为复仇计，亦以寒敌人之胆，而张吾军。"黄兴特在善后费内提出三千元为暗杀费，积极进行。

闰六月十九日（公元1911年8月13日），林冠慈、陈敬岳炸清水师提督李准于广州双门底。李准伤，林冠慈中弹亡，陈敬岳被捕杀。李准被炸后，如惊弓之鸟，深居简出。

九月初四（公元1911年10月25日），李沛基在广州仓边街炸毙清将军凤山。当日李沛基埋伏在凤山一行必经路段的店铺中准备，"既而凤山乘肩舆至店前，沛基即于店后楼割绳，绳断，弹亦随落，轰然一声，凤山与其从者十余人皆毙。店被震塌，邻近多兆焚如。沛基仆于后街，急起行，遇一四五岁小童，指之哗笑，谓：'是人乃满头泥灰也。'沛基

陡悟，则亟抱此小童，笑言：'我买糖果予汝。'而一面自
拂拭，遂偕赴市，市果予小童，从容逸去。沛基是时年才
十六七，临事镇定从容如此，其余同志亦无一伤者"[1]。

而由四川首发的反对铁路国有化的"保路运动"，很快影
响全国。据闻，当时四川名士罗纶登坛，向满场一揖，开口
便说："川汉铁路完了！四川也完了，中国也完了！"言罢大
哭。消息传开，全国哗然。江孔殷《兰斋诗词存》卷一的最
后一首诗《闻川事有感》云：

> 朝事由来画足蛇，眼前冠盖已虫沙。
> 空期白璧归秦国，误认黄袍属赵家。
> 博浪于今椎几见，渔阳何事鼓三挝。
> 九州铁已都成错，全局棋看一着差。
>
> 斜日危舟落漇身，一般厝火意中人。
> 起兵眼见空三蜀，卖国心知匪一秦。
> 地尽米脂偏出贼，天生李耳是愚民。
> 胡麻总有炊成日，谁徙山中曲突薪。[2]

《梁士诒年谱》辛亥年云："自先生去职后，盛宣怀得发
舒其意，与载泽、郑孝胥等相结，欲大有所为，而先从铁路

1　邹鲁编著：《中国国民党史稿》，东方出版中心2011年11月版，第863页。
2　江孔殷：《兰斋诗词存》卷一。

收归国有入手。时清廷当积弱之后，威信久失，革命运动，潜滋暗长，将一触即发。盛氏懵焉不察，欲倚以有成，结果反成亡清之导火线，实亦盛氏所不及料也。"[1]

此际清廷已是风烛残年。武昌革命之役，给了清廷致命一击，各省纷纷响应。"武昌起义后，民军逼近广州，两广总督张鸣岐的至交好友、本为清乡总办的江孔殷逐渐转向革命，劝告张'党人声势浩大，必难取胜，宜早为计，免蹈凤山覆辙'。张鸣岐深知大局难保，同意'和平独立'。民国期间江孔殷多在粤港活动，未见其在政界有重要任职记录。"[2]

九月十九日（公元1911年11月9日），广东独立。邹鲁编著的《中国国民党史稿》对广东光复所记，大略如下：

> 广东辛亥三月二十九日失败后，各省党员，多回各省进行。即本省党员，向在内地者，亦不能立足，纷往海外或港、澳，一时未能为大举进行，乃从事暗杀。迨四川铁路风潮起，党员渐集，及武汉起义，党员乃急进行发难，时分部筹画，期于同归。朱执信、胡汉民等，计画广州起义，另一部，计画省外起义。九月初四，凤山被炸，清吏震动。九月十一日，陈炯明及王和顺等起义于东江，叠与清陆

1　凤冈及门弟子编：《梁士诒年谱》，广东人民出版社2014年8月版，第97—98页。
2　李林：《最后的天子门生——晚清进士馆及其进士群体研究》，商务印书馆2017年12月版，第273页。

路提督秦炳直苦战，嗣附省及省外各属，如何尧夫、黄明堂、高剑父、莫纪彭、任鹤年、陆兰清、李福林、王兴中、周之贞等，亦纷纷举义。绅商各界，集议文澜书院，议独立，并竖旗燃炮。清总督张鸣岐初有允意，后闻武汉方面有小挫讯，乃令龙济光捕人。至是义军范围益广，各地均纷纷起义，李准先通款于本党，而谢良牧等尤力逼李氏投诚。李降，张鸣岐等更无能为力。十八日，绅商集谘议局，再议独立。举张鸣岐为都督，龙济光为副都督，协统蒋尊簋为军事部长。张鸣岐逃匿，龙济光亦拒副都督职。于是再开会，举胡汉民为都督，胡未到省，举蒋尊簋为临时都督。众欢欣鼓舞，即时悬中华民国国旗于谘议局之上。三十日，胡汉民偕港绅十余人至，开大会，胡汉民就都督职。广州定，而惠州及各属亦纷纷光复。[1]

对这段历史，汪希文回忆：

自发生仓前街炸毙凤山之吓人事件后，清吏张鸣岐以下更加惊惶万状。众绅商在文澜书院开会时，同情革命之人，纷纷主张广东宜即宣布独立。江霞公太史是识时务的俊杰，……此时他

1　邹鲁编著:《中国国民党史稿》，东方出版中心2011年11月版，第928—929页。

亦深恨清政府的腐败，料知其亡可立而待。如是，霞公在众绅商之前大言曰："广东者，广东人之广东也。"极力主张独立。其时头脑古旧的绅士尚多，尤其是邓华熙、梁鼎芬诸大老，仍思效忠清廷，大不以独立为然，当场力持反对，议论纷纷，不得解决。后来那些反对独立者自动离去，其主张独立之绅商，遂议决会推代表赴港，与港中社团及革命党协商和平解决方案。即席推举广州十一家报馆，每家派一人为代表，绅士方面则推江霞公为代表，于农历九月初七日由穗赴港。

初八日，广州九大善堂与各行商社团，又在爱育善堂召开大会，由陈惠普主席，提出广东应立即独立。到会者热烈鼓掌，一致拥护，随即议决；又推熊长卿、郭仙舟、冯商岩等为代表，再行赴港洽商。熊长卿等到港后，即会同江霞公等到香港四邑轮船公司，与旅港工商社团，假澄天大酒楼会议，至深夜始散。

翌日，各代表联袂到革命党机关部接洽，此时在香港机关部负责领导革命大计者为胡汉民。胡氏看见人心思汉，众志成城，大喜，当即电令张鸣岐立即投降，将保证其生命安全。张鸣岐接电后，首鼠两端，犹豫不决。此时朱执信所策动各江绿林豪杰，组织民军，已经风起云涌，革命空气弥漫半边天。附近广州各县之民军，逐渐向广州进迫。广州水师提督李准，两个月之前，已与革命党通款。至是，遂勒兵于虎门，电促张鸣岐下野。

农历九月十八日下午二时，广州绅、商、学、报各界人士千余人，再在广东谘议局开会，一致主张克日独立。初仍推张鸣岐为广东大都督，此时霞公太史已由港返穗，亦有到谘议局参加开会，张鸣岐竟于是夜宵遁，挟公款潜逃去了。

翌日，广州全城悬挂革命新旗，并燃放爆竹，至午不息。唯张鸣岐已遁，新任大都督胡汉民又未到，首善之区，不能无主，众推新军标统蒋尊簋暂代都督一天。

广东水师提督李准，则派汪宗洙（字道源）代表赴港，于农历九月二十日迎接胡汉民到穗接任，大都督府初设在谘议局。二十一日，我亦由港返穗，登岸即径到谘议局。有顷，遇着江霞公太史亦到，这是我第三次与他见面，而是第一次交谈。他是我的父执辈，我自当对他执礼恭敬。我尚记得他对我第一次说话，是说明"我是在省城第一个剪辫之人"云云。此时他是决心要向革命党靠拢，向我们看齐了，不能不说他是识时务者。[1]

1　汪希文著、蔡登山编：《我与江霞公太史父女：汪希文回忆录》，台北独立作家2014年10月版，第51—53页。

南海十三郎则回忆辛亥革命时期的江孔殷家事：

　　三月廿九之役失败，先父被调赴京查询，久未回粤。而道路谣传，清廷有将先父革职查办，并没收资产。先兄誉汉，以身许国族，而牵累老父，且没收家产，众母及弟妹何以为活，故决一死，免至牵累家庭，乃服毒自裁。时二兄在日，三兄在美，虽加入同盟会，然以身在外，不至加罪，遂有"申生在内而亡，重耳在外而生"之喻。同时，七母曾氏，以先父在京久未返粤，忧劳成疾，旋亦病终，因三月廿九之役，先母杜氏曾氏、先兄誉汉，相继去世，先父恸极，葬先母及先兄等于白云先祖母"美女献花"坟挂榜。而先兄誉汉生前，先父为聘吴氏为妇，且过文定，择日迎娶，而先兄遽亡，吴氏女矢志守节，仍归我家，终身独守，有济阳家妇之誉。盖当时尚论贞节，既配亡夫，亦以名份既定，例应守孝尽节，始为妇女美德，固不论终身痛苦也。余在外诞生，早失所恃，与先父幼年境况相同，先父乃接余返家，由众母抚养。而二兄仲雅，三兄叔颖，相继自日美返国，革命思潮澎湃，广东卒于辛亥年反正，先父由胡汉民以电船相送至港轮，携眷避港，故民国元年举家迁港，卜居坚道，而省中旧寓，由二兄仲雅夫妇守居。三兄叔颖为国会议员，当时国会北迁，先兄亦随国会迁寓故都。先父居港，无所经营，当时港地，米珠薪桂，先父早觉长安非久居之所，然以时势迫使，而广东政局未安，旧部邓尧光率所属降胡汉民，归陈景华节制，调广东警察厅任事，维持省垣治安。二兄仲雅，亦在警厅任职。先父既居港，亦随遇而安，然个性风流，不甘在家中困守，乃常宴塘西，夜夜笙歌，偎红倚翠，并作周郎，为梨园捧台。时有某女伶自南洋归港演唱，先父与两绅商，均征逐裙下，咸欲纳之为妾，而某女伶诚恐顺此失彼，有伤感情，乃三人均不事，另嫔一南洋商人为妻，重返星洲。先父余情未了，为赋一诗曰："新声初度按红牙，客岁春城未落花。法曲飘零金缕尽，断肠明日又天涯。"先父居港，风流韵事颇多，然皆花榭流连，浪饮为欢，且以身作遗民，寄居海角，无所事事，惟近女色，时塘西有校书二人，均为先父欢爱，一名柳絮，一名如冰，适有友人亦甚爱柳絮，恳先父相让，先父亦以让美为韵事，慨然允诺，而己则纳如冰为八妾，即余之八母，原姓郭，故当年有郭冰随护之语，旋先父即偕四八两母北上，以觇政潮。[1]

在穗港正处天翻地覆革新之际，江孔殷诗《胡都督展堂

---

1 南海十三郎著、朱少璋编订：《小兰斋杂记：浮生浪墨》，香港商务印书馆2017年3月版，第10—11页。

书来却寄》云：

脱巾亲见万人呼，都督归来手有符。

谤我无端成薏苡，还君依样画葫芦。

宁为饿死羞臣朔，未定深藏善贾胡。

好为大家桑土计，不愁风雨蔽吾庐。[1]

1　江孔殷：《兰斋诗词存》卷二。

第六章
民初风云

○ 可待河清见太平

江孔殷《兰斋诗词存》卷二的第一首为《壬子开春袁项城电邀入都》：

此去班生莫羡仙，姑从舜日见尧天。
负心多是书生辈，看透新官不值钱。

为信共和不用兵，国无周召负慈名。
纵然留得沧桑命，可待河清见太平。

将门种子不寻常，和会能无定万方。
旋转自关翻覆手，认清白帽莫加王。

两戒京华有旧人，相逢隔世更相亲。

故乡遍地椎埋侣，来傍天阍作幸民。[1]

壬子（公元1912年）中华民国元年，孙文创制，宣统退位，袁氏当国。

孙中山在1911年12月21日抵香港。时任广东都督的胡汉民，偕廖仲恺赶到香港相晤，并以北方情形复杂难料为由，劝孙中山留粤。孙中山反劝胡汉民同去上海，二人于12月25日抵沪。四天之后，孙中山遂以17票中的16票的绝大多数，当选为即将成立的中华民国第一任临时大总统。

《梁士诒年谱》中华民国元年记录了一个细节：京师风云至急，梁士诒等人入朝行礼后，隆裕皇太后掩面泣道："梁士诒啊！赵秉钧啊！胡惟德啊！我母子二人性命，都在你三人手中，你们回去好好对袁世凯说，务要保全我们母子二人性命！"[2]

东山再起的袁世凯，对隆裕太后的策略，第一步便是以军费无着为借口，把这对寡妇母子的私房钱一举花光。等到寡妇自觉前途茫茫，衣食堪虞，乞怜于袁世凯之时，袁又可以告诉她，兵凶战危，胜败难卜，太后如赞成共和，将来的民国政府会优待皇室，优待费可多至一年400万两，足可安度晚年。这么一来太后就彻底动摇了，一切也就以袁世凯的意旨为意旨了。后来小皇帝溥仪长大了，回忆起这时的情况，他记得太后在哭，跪在她面前的一个老头子也泪流满面。这

1　江孔殷：《兰斋诗词存》卷二。
2　凤冈及门弟子编：《梁士诒年谱》，广东人民出版社2014年8月版，第111页。

时太后的确在哭；老头子泪流满面，就是在演戏了。据说老头子这时就告诉太后，革命军无孔不入，是如何的厉害；孙文三头六臂，是如何的有钱，这次他带回海外华侨的捐款数千百万。官军粮饷皆缺，何能和孙文打仗？寡妇太后一听，怎能不哭？[1]

　　宣统皇帝溥仪下诏退位。1912年2月14日，孙文大总统向参议院正式辞职。第二天，中华民国临时参议院在南京全票选出袁世凯为中华民国第二任临时大总统。袁世凯就职后，孙中山翌日公布采行法国式责任内阁制的《中华民国临时约法》，袁世凯依法于3月13日任命唐绍仪为民国第一任国务总理，并负责组阁。3月29日，唐绍仪向南京参议院提出新阁人选。完成一切法律程序之后，袁、唐新政府正式确立，南北一统。

　　江孔殷有诗"将门种子不寻常，和会能无定万方。"可见，"和会"是当时颇为重要之举，人心思安，天下皆然。

　　1912年8月25日，国民党在北京开成立大会，与会者数千人，极一时之盛。这时孙中山应袁世凯之约，于前一日刚抵北京。于当日出席大会作主题演说，并以1130票占绝大多数当选为理事长。孙中山力辞不就，国民党中央乃决定由宋教仁代理。宋教仁成为当时中国第一大政党的党魁。正当国民党成立，锣鼓喧天之时，孙中山正与袁世凯日夜盘桓。孙中山留京一月，与袁世凯晤面达13次之多，且多为二人密谈，有时只有总统府秘书长、有财神诨名的梁士诒在座。《梁

1　唐德刚：《袁氏当国》，广西师范大学出版社2004年11月版，第27—28页。

士诒年谱》记录：

　　二十四日，前临时大总统孙文入北京。中山先生自南京解临时大总统职后，周历各省，宣传主义。袁总统迭电邀晋京，晤商要政。至是抵北京。政府及市民为盛大之欢迎。留约一月，与袁会晤共十三次。每次谈话时间自下午四时至晚十时或十二时。更有三四次谈至二时后者。每次会晤，只孙、袁及先生（按：梁士诒）三人，屏退侍从。所谈皆国家大政，中外情形。论事最为畅洽。一夕孙语袁，请袁练成陆军一百万，自任经营铁路，延长二十万里。袁微笑曰："办路事君自有把握，若练精兵，百万恐非易易耳。"某夕夜深，先生送回行馆，中山要先生叙谈，问曰："我与项城谈话，所见略同。我之政见，彼亦多能领会。惟有一事我至今尚疑，君为我释之！"先生问："何也？"中山曰："中国以农立国，倘不能于农民自身求彻底解决，则革新匪易。欲求解决农民自身问题，非耕者有其田不可。我说及此项政见时，意以为项城必反对。孰知彼不特不反对，且肯定以为事所当然，此我所不解也。"先生曰："公环游各国，目睹大地主之剥削，又生长南方，亲见佃田者之痛苦，故主张耕者有其田。项城生长北方，足迹未尝越大江以南，而北方多属自耕农，佃农少之又少；故项城以为耕者有其田系当然之事理也。"中山大笑。嗣复语先生曰："曩夕府中谈及改革全国经济，闻君伟论，极佩荩筹。我以为硬币与纸币均为价格代表，易重以轻，有何不可？苟以政治力量推动之似尚非难事。而君谓必先信于民，方法如何？愿闻明教！"先生曰："币制为物价代表，饥不可食，夫人知之，惟中国数千年来币制之由重而轻，由粗而细，皆以硬币为本位；若一旦尽易以纸，终恐形隔势禁，未易奉行，故必先筹其所以取信于民之方法。夫以中国之大，人民之众，发行四十万万纸币似不为多。今者卑无高论，先从政府组织一健全之中央银行，试行统一币制方策，如发行纸币五千万，先将现金一千五百万熔化，制成银山，置于中华门外之丹墀，以示人民曰，此国家准备库也。所发行之纸币日多，所积之银山愈大。信用既著，习惯自然，假以时日，以一纸风行全国，又何难哉？愚见所谓必先取信于民者以此。"中山称善。

孙、袁会晤，在当时关系国家前途甚重大。十三次谈话，所语为何，唯先生知之最详，但二十年间，未尝语人。民国二十一年，先生欲将自己经历编成政书，曾语其秘书某曰："孙、袁会晤，可勒成一部专书，容吾暇时述之。"乃先说以上两事。未几，先生竟归道山，孙、袁谈话竟成天上曲矣，惜哉！[1]

1　凤冈及门弟子编：《梁士诒年谱》，广东人民出版社2014年8月版，第122—124页。

梁士诒所记，是国民元年极其重要的史料。袁世凯是传统的"治世之能臣，乱世之奸雄"，才大心细，做事扎扎实实，有板有眼，是极有效率的行政专才和标准的法家。此时，袁世凯按中国传统的"周公吐哺，天下归心"之风，不仅邀请孙中山北上晤谈，还邀请了像江孔殷一类的社会名流入京。故此年江孔殷有《壬子开春袁项城电邀入都》之诗，且诗中有"认清白帽莫加王"之句。

这一年，江孔殷在北京见闻颇多，有《感事》长诗，又有《抵都时曾晤汪精卫项城座上顷闻已出国》："尘土功名云月路，男儿三十志中原。"而且游历甚广，他游明陵，感慨："怕听兴亡哭又歌，眼前人吊旧山河。"他重过颐和园，亦有所思："盛时圆明鹤能语，挽叶颐和风已微。"江孔殷此番赴京前后，南海十三郎所述甚为生动：

当时故都，尽为逊清大臣，即参加革命之伍廷芳、唐绍仪，亦在北方活动。伍廷芳曾为清季外交大臣，奉派使美，美国人以中国为弱国，对中国大员，不加注意，伍廷芳抵美，设宴招待各国使节，而报章亦不刊登，伍乃设法，务使美邦人知有中国大使，乃在华盛顿城内，乘脚踏单车，疾驰市上，时中国人有辫，伍之辫子，随风吹直，美国人睹此怪状，报章乃刊登中国大使伍廷芳乘单车吹直辫子，于是伍乃为人注意。后先父偕四八两母北上，时伍廷芳返国又准备南返，告先父以袁世凯野心勃勃，民国恐再有政变。先父以决意不向政海活动，此行不过访探故旧，并无出山之意相告，伍乃归粤。而袁世凯以先父北来，殷勤招待，与先父同抽大烟，一灯相对，袁氏谓中国人未有民主思想，非帝制无以治中国，先父闻语大惊，竟张惶失措，将烟灯打烂。后出总统府，知故都不可久留，决偕三兄叔颖南返。时唐绍仪亦反对袁氏，为袁氏所忌，欲除之而后心甘，适唐绍仪与先父同时出京，至天津趁日轮新明丸南下，而袁世凯已派刺客追至，当先父等抵轮上时，突有刺客，拔枪指向唐绍仪，先兄叔颖以手按刺客之手，枪向船旁响弹，幸无伤人。先父大急，忙上岸走至法巡捕房，操不咸不淡之英语向巡捕头曰："辣厘窟，砰、砰、砰、唐绍仪、新明麻捞、缉缉高威。"法巡捕会意，即拉大队至码头擒刺客，无奈此船为日船，法巡捕不能越权捕人，刺客由日轮派人员看管，待轮抵沪然后发落。翌日，天津报纸，纷载江孔殷说英语新闻，友好皆以为奇。先父偕四八两母归港，益知宦途险恶，无意政海浮沉，并赋诗见志，有"林木自苍闲着笔，夕阳虽好不登楼"句，然在港一无所谋，徒然坐食，终非久计，乃将港中屋宇，以五万元售与人，举家复返广州并集资营磁矿业，着先兄率旧属伍棉等至韶关开磁矿，磁泥本质甚佳，惟苦无销路，适有日商拟在台湾设瓷窑，遣人邀先父合作，由先父之裕泰公司出磁泥，由日人制新式瓷器，运国内及海外发售，初时微有薄利，先父得资，购左邻李氏屋宇，及拆旧寓重建，即今日之太史第。然日人心计甚工，后竟谓开支过巨，因而亏折，先父血本无归，省寓亦由台湾银行抵押，得资结束矿业，而一家二十余口，给养不易，而乡中田铺，均由兼祧母冼氏管理，又不许变卖，先父靠收租项过活，拮据非常。[1]

同船南下的前国务总理唐绍仪（1862—1938），字少川，广东香山人，与江孔殷属广东同乡。江孔殷《兰斋诗词存》中，日后有二诗涉及唐绍仪，其一为《唐少川约晤沪上属备蛇餐》：

> 海上相酬各一筐，蛇肥偏值蟹多黄。
> 行厨南北鱼徐共，当道东西赤白妨。
> 青竹毒须防妇口，白花木不入儿肠。
> 胆尝只合疗风疾，莫误容成作秘方。[2]

江孔殷《兰斋诗词存》并不多写美食，这一首已属难得。另一首诗则是江孔殷在唐绍仪逝世周年（1939年）所作的《唐公少川逝已周年同人为诵经居士林赋悼》：

1　南海十三郎著、朱少璋编订：《小兰斋杂记：浮生浪墨》，香港商务印书馆2017年3月版，第12—13页。
2　江孔殷：《兰斋诗词存》卷三。

生死一年经万变，是非两字付千秋。

在天莫问今何世，此事翻成快者仇。

逝水方东宁鼓枻，夕阳将下肯登楼。

丈夫性命胡能惜，不信供人去沐猴。[1]

○ 便许纵声蝉上树

梁士诒，字翼夫，号燕孙，是清末民初政界重要人物。身后有《梁士诒年谱》，原名《三水梁燕孙先生年谱》，1939年由上海商务印书馆出版。叶恭绰（1881—1968），字誉虎，号遐庵，作为梁士诒生前的第一助手，是《梁士诒年谱》编纂的主导者和财力支持者。胡适一生提倡传记文学，对《梁士诒年谱》颇为欣赏。1953年1月12日，胡适在台北省立师范学院演讲《传记文学》，开头便说：

> 今天我想讲讲中国最缺乏的一类文学——传记文学。
>
> 这并不是因为我对传记文学有特别研究，而是因为我这二三十年来都在提倡传记文学。以前，我

---

1 江孔殷：《兰斋诗词存》卷五。

在北平、上海曾演讲过几次，提倡传记文学，并且在平常谈话的时候，也曾劝老一辈的朋友们多保留传记的材料，如梁任公先生、蔡孑民先生，和绰号财神菩萨的梁士诒先生等，我都劝过。梁士诒先生有一个时期很受社会的毁谤。有一次，他来看我，我就劝他多留一点传记材料，把自己在袁世凯时代所经过的事，宣布出来，作成自传，不一定要人家相信，但可以借这个机会把自己做事的立场动机赤裸裸地写出来，给历史添些材料。可是这三位先生过去了，都没有留下自传。蔡先生去世十多年，还没有人替他作一部很详细的传记。梁任公先生五十多年的生活，是生龙活虎般的；他的学说，影响了中国数十年，我们觉得应该替他作一部好的传记。那时丁文江先生出来担任搜集梁任公传记的材料，发出许多信并到处登广告，征求梁任公与朋友来往的书札以及其他的记述。丁先生将所得到的几万件材料，委托一位可靠并有素养的学者整理，后来写了一个长篇的初稿，油印几十份交给朋友们校阅。不幸国家多故，主办的丁文江先生很忙，未及定稿他本人也死了。所以，梁任公先生传记到现在还没有定稿。梁士诒先生死后，他的学生叶誉虎先生根据他生前所经手做的事情的许多原始材料，编了两本《梁燕孙先生年谱》。这虽然不是梁先生的自传，但是内容完备详细，我看了很高兴。这个年谱的刊行，可以说是我宣传传记文学偶然的收获。今天借这个机会我又要来宣传传记文学了！我希望大家就各人范围之内来写传记，养成搜集传记材料和爱读传记材料的习惯。[1]

三水梁士诒与南海江孔殷谊属同乡，交情颇深。早年经历相似，都是用功科举、上京赴考。光绪二十九年（公元1903年），梁士诒在北京应考经济特科，闰五月十五日在保和殿皇帝亲临御试。梁士诒对策，洞彻古今，对于币制之整理，尤多所阐明，成为一等第一名。榜既发，未复试，某军机大臣对慈禧太后说："一等第一名梁士诒，系广东人，为梁启超之弟；其名末字又与康祖诒相同，梁头康尾，其人可知。"太后益不悦，梁士诒落第。这一年十月，直隶总督袁世凯慕梁士诒之名，致意天津海关道唐绍仪为介，聘梁士诒至天津，为北洋编书局总办。北洋兵书（又名袁世凯兵书）多出自梁士诒之手。梁士诒成为袁世凯倚重的幕僚。[2]至民国元年，袁世凯任中华民国第二任临时大总统，梁士诒任总统府秘书长。

江孔殷携二姬上京，与梁士诒关系最亲密。其诗《同素纨湘纨二姬入都僦寓大外郎营名伶果宅梁燕荪前辈高夫人来迎同游新华宫》云：

1　胡适：《胡适的声音——1919—1960：胡适演讲集》，广西师范大学出版社2005年8月版，第225—226页。
2　凤冈及门弟子编：《梁士诒年谱》，广东人民出版社2014年8月版，第42—43页。

八衢灯火最繁华，老去何来此作家。

客至抱琴调绿绮，人来教曲按红牙。

旧居芥子无多路，此去瀛台别有槎。（燕老所居。）

容得兰斋双姊妹，僦邻同听断肠花。

中有啼鹃帝子魂，相逢凝碧月黄昏。（候燕老退值
相晤夜始归。）

十年眠食悲薪蒘，再世居游笑鹤猿。

便许纵声蝉上树，怕难归去鸟罹藩。

葛灯麻拂由来俭，推戴由他一宋袁。[1]

　　江孔殷随后又有《癸丑都门杂感》长诗，颇有借古讽今
意味。其中有"陈桥以后无杯酒，再见黄袍未可知"等句。
癸丑年为1913年，这一年的国家多事。

　　历史学家李吉奎的《梁士诒》中记录1913年9月18日，
梁士诒将议员同志会、潜社、集益社三个小政党组织起来，
成立了公民党。议员同志会的头目是李庆芳，原民主党山西
议员，因反对民主党与共和、统一两党合并，遂脱党并组织
此会。潜社与集益社是从国民党分化出来的。潜社主要由广
东人组成，司徒颖为头目，成员有十人，包括黄霄九、陈垣、
马小进、温雄飞、黄锡铨等人，由江孔殷联络，这些人每月
由梁士诒提供两百元津贴，加上唐绍仪替他们从广东政府弄

<hr>

1　江孔殷：《兰斋诗词存》卷二。

来的每人二百元，生活阔绰，秦楼楚馆，酒食徵逐，它是梁氏私党。[1]

梁士诒在广东的事务多委托江孔殷联络。江孔殷属于乐天交游型的性格，和各派关系都不错，可以说是和谁都好的那种人，是从事联络感情工作的最佳人选。

《梁士诒年谱》载，民国二年癸丑二月，梁士诒南归三水县冈头乡，为父亲梁知鉴（字沃臣，号保三）贺七十大寿。三月二十日，前农林总长宋教仁在上海被刺，受伤过重，于二十二日逝世。此时梁士诒在广州，与胡汉民诸公商议整理粤币及筹开辟商埠各事，得上海来宋教仁被刺电，梁士诒怃然曰："天下从此多事矣！"即电港探赴沪船期。旋接江少荃（孔殷）复电云：

> 广州胡都督速转梁燕老：遯竟及难，以党死，殆无疑。此何时？有爱于项城者不为，共和与统一必无是。杀遯者可以弱国民，危总统，必有尸之者，险矣哉！公向日调停心苦，遭此得无大沮丧？蒙古轮二十三开沪，午车须来！[2]

此条史料极为重要。而李吉奎的《梁士诒》对此有一注："按年谱记梁氏于23日乘蒙古轮北上，而各报记梁24日上

1　李吉奎：《梁士诒》，广东人民出版社2005年8月版，第121—122页。
2　凤冈及门弟子编：《梁士诒年谱》，广东人民出版社2014年8月版，第130—131页。

午仍在广州。时间似有矛盾。轮期不能改，应以23日北上较为合理。各报所记日期，容有误记。另据《北洋军阀史话》，22日江孔殷有电致袁，当是报告梁行踪及北上行期。"[1]

以此观之，则当时江孔殷是袁氏、梁氏在广东重要的联络人。广结人缘正是江孔殷一生的长处。他的《兰斋诗词存》五卷很大一部分是和朋友诗词唱和，和旧新派人物都交好。他的人生哲学基本上是顺天和人、与人为善。

宋教仁在上海被刺一案，成了一个历史谜团。黄兴于4月13日所撰的挽宋联云：

前年杀吴禄贞，去年杀张振武，今年又杀宋教仁；

你说是应桂馨，他说是洪述祖，我说确是袁世凯。[2]

正当袁世凯连电邀请宋教仁入都，磋商军国大事，显然他还是在"重用之"或"除之"的两极之间徘徊不定。宋教仁本人似乎也有此感觉。因此他在奉召入都之前，对自己的政治前途甚为乐观，甚至在被刺之后，自知不起之时，也没有怀疑是袁氏对他下此毒手，所以他还要上书总统做最后诤谏。其书曰：

---

1 李吉奎：《梁士诒》，广东人民出版社2005年8月版，第129页。

2 唐德刚：《袁氏当国》，广西师范大学出版社2004年11月版，第70页。

北京袁大总统鉴：仁本夜乘沪宁车赴京，敬谒钧座。10时45分在车站突被奸人自背后施枪弹，由腰上部入腹下部，势必至死。穷思仁自受教以来，即束身自爱，虽寡过之未获，从未结怨于私人。清政不良，起任改革，亦重人道，守公理，不敢有毫权之见存。今国基未固，民福不增，遽尔撒手，死有余恨。伏冀大总统开诚心，布公道，竭力保障民权；俾国家得确定不拔之宪法，则虽死之日，犹生之年。临死哀言，尚祈见纳。

（载1913年3月22日《民立报》）

袁世凯当时通令自辩：

共和国家以道德为基础，以法律为范围。就司法方面言之，非推究全案本末，又经法庭公开者，不得轻加论断。就行政方面言之，非考求此案原委，实与法律违反者，不宜信口雌黄……须知刑事案件应候司法机关判决……岂容散布浮言，坐贻实祸？

（见1913年5月4日《政府公报》）[1]

宋案发生时，孙中山正在日本访问。3月21日，孙中山得报，便中止访问，立刻回国，于3月25日返抵上海，当晚

1　唐德刚：《袁氏当国》，广西师范大学出版社2004年11月版，第72—73页。

便在黄兴寓所开国民党高级干部会议以商讨对策。在众人极度悲愤的情绪之下，孙中山便力主起兵讨袁。但是与会高干，除戴季陶一人随声附和之外，其余多力主用法律方法解决，黄兴尤其主张慎重。因此，国民党中逐渐形成孙、黄两派，反袁之目的相同，而手段互异。孙中山主动武，并说"若有两师兵力，当亲率问罪"。但是国民党那时连两师军队也没有，纵有，亦绝非袁之对手。袁世凯此时兵多将广，哪是两师军队就可打得倒的呢？国民党此时虽号称拥有皖、赣、粤三省地盘，然而孙中山用武的号召一出，三省都督柏文蔚、李烈钧、胡汉民立有回电，皆以绝无实力可以宣布独立。

此时，袁、孙两方的对峙已剑拔弩张。这第一次内战，强弱势殊。邹鲁编著《中国国民党史稿》中"讨袁之役"云："民国二年讨袁。七月十二日，李烈钧兴师湖口；十五日，黄兴独立于南京；十七日，柏文蔚独立于安徽；十八日，陈炯明独立于广东；二十日，许崇智、孙道仁独立于福建；二十三日，陈其美攻上海制造局，旋均败。"[1]

江孔殷诗"便许纵声蝉上树，怕难归去鸟罹藩。葛灯麻拂由来俭，推戴由他一宋袁。"事后看来，何尝不是当时看透世情之叹？

1　邹鲁编著：《中国国民党史稿》，东方出版中心2011年11月版，第1006页。

○ 吾言其验亦寻常

江孔殷诗《项城称制会社纷起拥立赋感》云：

> 思想由来是帝王，吾言其验亦寻常。
> 莘民芹曝都无分，换柱亏他巧有梁。
>
> 何必筹安又集思，诸君见好自为之。
> 不关兵变陈桥事，错认王敦是可儿。
>
> 功臣家已有云台，多事愚民选举开。
> 不早两年蝉上树，今番背后有螳来。
>
> 赵璧能完定不居，吴门有眼抉灵胥。
> 看来烹狗何非福，不与从龙劝进书。[1]

　　1913年春夏之交，由孙中山亲自发动和领导的二次革命，时不旋踵，便一败涂地。1914年12月29日参政院修正通过

1　江孔殷：《兰斋诗词存》卷二。

的《修正大总统选举法》曰：“第一条、有中华民国国籍之男子，完全享有公权。年满四十以上，并居住国内二十年以上者，有被选举为大总统资格。第二条、大总统任期十年，得连任。第三条、每届行大总统选举时，大总统代表民意，依第一条所定，敬谨推荐有被选举为大总统资格者三人。前项被推荐者之姓名，由大总统先期敬谨亲书于嘉禾金简，钤盖国玺，密储金匮于大总统府，特设尊藏金匮石室尊藏之。前项金匮之管钥，大总统掌之。石室之管钥，大总统及参政院院长、国务卿分掌之，非奉大总统之命令，不得开启。”[1]江孔殷诗“思想由来是帝王，吾言其验亦寻常”，一语中的。

　　1915年6月22日，袁世凯的第一号心腹爱将、时任江苏将军的冯国璋觐见袁氏，问及帝制计划时，袁世凯说：“我绝对无皇帝思想，袁家没有过60岁的人。我今年58，就做皇帝能有几年？况且皇帝传子。我的大儿子克定残废，二儿子克文假名士，三儿子克良土匪。哪一个能承继大业？你尽管放心。”

　　江孔殷诗“何必筹安又集思，诸君见好自为之”。1915年8月23日，筹安会正式挂牌，随即发布启事，在全国征求会员，并宣布宗旨：研究君主国体与共和国体何者更适于中国之国情，专谈学理之是非，此外各事概不涉及。最早露面的筹安会成员只有六人，时称筹安会“六君子”。六人公推杨度、孙毓筠为正副理事长。严复、刘师培、李燮和、胡瑛为

1　唐德刚：《袁氏当国》，广西师范大学出版社2004年11月版，第112—113页。

理事，杨度的《君宪救国论》也于同年8月26日正式见报。

杨度（1875—1931）是筹安会的主力。历史学家张玉法的《杨度的政治行为及其转折》，对杨氏一生所述甚详。杨度的《君宪救国论》一文中认为如不废共和、立君主，则强国无望、富国无望、立宪无望，倡言"欲求富国，先求立宪；欲求立宪，先求君主"。杨度所拟的君宪，兼采普、日制之长，宪法由君主提出，议会议决；君主有紧急处分权。[1]

筹安会成员中严复与刘师培，在当年望重士林。"袁本对做皇帝没信心，且曾一再表白无称帝野心，然袁氏最后还是购买龙袍违誓下海者，可能是受了严复、刘师培等一级的文化大师们也参加劝进的影响。据袁的心腹传言，袁闻严复亦参加筹安会，表示极为欢悦云云。"[2]

江孔殷诗"看来烹狗何非福，不与从龙劝进书"。民间团体的劝进电报，更是无数。公民请愿团的组织，如雨后春笋，连人力车夫请愿团、乞丐请愿团、妇女请愿团，乃至妓女请愿团，均纷然杂陈。"一致向参政院代立法院请愿国体改制，由共和改君主，并拥戴袁大总统为中华帝国皇帝。参政院所收请愿书既然盈箱累箧，乃票决组织国民会议，以顺从民意，而帝制派又深恐旷日持久，诸多不便，乃由财神梁士诒拨款补贴，建议组织全国各界请愿联合会以代之。梁之建议，的确是神来之笔，自此筹安会历史任务已了，乃于10月中旬易

1　张玉法：《近代变局中的历史人物》，九州出版社2019年7月版，第184页。

2　唐德刚：《袁氏当国》，广西师范大学出版社2004年11月版，第169—170页。

名为宪政协进会，渐次隐没，退出历史。请愿改制的大任遂由经费充足、人才鼎盛的全国请愿联合会一肩挑之矣。"[1]

《梁士诒年谱》1915年中有自辩：

> 此请愿联合会发起人中，某巨公竟代先生（按：梁士诒）署名。其他文件因亦如之，在当时环境自无由自白，世遂谓先生为主动人之一，不知其时言动，且极不自由，他更无论矣。[2]

当年的反帝文章，以梁启超的《异哉，所谓国体问题者》最是掷地有声。此宏文于1915年9月3日在北京《京报》汉文版刊发之后，北京《国民公报》随即全文转载，全国各报闻风响应。梁启超早年为君主立宪的鼓吹者，但认为杨度于此时推动君主宪，使国家变动太遽，于国家无益。

《梁士诒年谱》载1916年3月17日记梁士诒奉袁世凯电召入府。袁氏以形势日蹙，顿萌悔意为由，召梁士诒商撤销帝制。见面后，袁世凯以案上文电交梁士诒阅看。其一为康有为劝袁撤销帝制，世所称"慰庭总统老弟大鉴"之详函。[3]

康有为和梁启超当年都是君主立宪的鼓吹者。至此，康、梁皆公开反对袁世凯称帝。

1 唐德刚：《袁氏当国》，广西师范大学出版社2004年11月版，第172—173页。
2 凤冈及门弟子编：《梁士诒年谱》，广东人民出版社2014年8月版，第280页。
3 凤冈及门弟子编：《梁士诒年谱》，广东人民出版社2014年8月版，第319—328页。

袁世凯的洪宪皇帝一共只做了八十三天。其帝制之失败，是蔡锷（1882—1916）所领导的云南起义，给了他当头一棒。更深层的原因是，袁世凯的班底此时出现窝里反，故袁世凯一死，北洋乱象层出不穷。对于班底，唐德刚有一妙论："政治舞台和戏剧舞台原是一样的，大家都要有个班底。记得有一次我曾问过李宗仁先生，在国共内战最紧要的关头，为何突然飞离重庆？李说：'在重庆全是蒋先生的班底，我怎能留在那里？'后来我又问他：'你为什么不回台湾？你是那里的总统嘛！不回去，任人家弹劾你失职。'李说：'我在台湾没有班底嘛！'没有班底，就不能登台唱戏，只好待在美国做寓公了。"[1]

　　当年给袁世凯当头一棒的蔡锷，是梁启超在长沙时务学堂的学生。梁启超、蔡锷师生皆非池中物。梁启超以一篇《异哉，所谓国体问题者》文攻，蔡锷则逃出京师在云南起义。蔡锷留京三年，当了个他一窍不通的经界局督办，怨声叹气，最后还要找妓女小凤仙来打掩护才潜出藩篱。谁知这美色的掩护，对英俊多情的青年将军亦非幸事。他后来丧命于喉疾，竟被误诊为花柳，而患者亦深信不疑。[2]

　　1916年3月22日，袁世凯撤销帝制。6月6日，袁世凯自知不起，昏厥复苏之后，微息微叹之间，向榻畔侍疾的徐世昌说："他害了我。"但"他"是谁呢？

1　唐德刚：《袁氏当国》，广西师范大学出版社2004年11月版，第192页。

2　唐德刚：《袁氏当国》，广西师范大学出版社2004年11月版，第201页。

江孔殷有诗《书愤》云：

再见黄袍事不虚，乍闻此信一惊呼。

诸君靡靡吾何责，天道蓍蓍世所无。

儿戏江山成骗局，公开谶纬附当涂。

倾城真为当垆惜，最负心人是读书。[1]

蔡锷在挥军打垮洪宪帝制后，喉疾加剧，赴日本就医，1916年11月8日死于日本，遗体运回国内；时黄兴先蔡锷八天逝世上海，因此黄、蔡同时举行国葬，均归葬长沙岳麓山。官民哀悼，极一时之荣。在北京举行的追悼会中，据说小凤仙曾亲临祭奠，有哀悼蔡锷的挽联：

万里南天鹏翼，直上扶摇，那堪忧患余生，萍水因缘成一梦；

几年北地燕支，自悲零落，赢得英雄夫婿，桃花颜色亦千秋。[2]

1　江孔殷：《兰斋诗词存》卷二。

2　陈旭麓：《近代中国人物论》，九州出版社2019年3月版，第367—368页。

第七章
五十经商

○ 经商最好是平民

民国初年，江孔殷在北京、广州、香港三地皆有活动，然而在政界并无重大建树。五十岁以后，他决定不再用心政界，而转向商界，担任英美烟草公司广州全权代理，获利颇丰。

江孔殷诗《就英美烟草公司广州全权代理席》云：

> 已过亭林五十春，经商最好是平民。
> 估卢不惯斜行字，彼美榛苓有替人。
>
> 年来商战正萌芽，萁豆煎宁出一家。
> 同是肉身须噉饭，不容旁视虎磨牙。[1]

1　江孔殷：《兰斋诗词存》卷二。

关于江孔殷担任英美烟草公司广州全权代理之事，汪希文所记颇为传奇：

> 霞公太史诸公子之中，以第三子叔颖为最能干，人品漂亮，八面风光，父执辈咸称其有父风。民初，叔颖被推为众议院议员，在国会中颇露头角。因霞公与梁士诒友好，叔颖自然隶属于交通系。国务总理唐少川（绍仪）之女公子，有艳名，少川欲择快婿，适霞公到北京，少川托梁士诒为媒，欲以女妻叔颖。霞公知其子已有爱人，婉词谢之。唐女后适顾维钧，短命死已！民二，国会被袁世凯非法解散，梁士诒本欲以某海关监督位置叔颖。叔颖时年二十七，志大言大，意欲得各部次长，或外省厅长，一时未有相当缺出，未获如愿。叔颖竟薄海关监督而不为，买舟乘风破浪，往游新大陆，遍历各大埠。
>
> 据叔颖自言，无意中在纽约邂逅英美烟草公司的烟草大王某（已忘其名）。那时粤人有简照南者，创办南洋兄弟烟草公司，以提倡国货为号召，至民初，已在华中、华南大行其道，业务一日千里，尤其是英美烟草公司在广东地区的销路，几乎完全被南洋烟草公司所夺去。英美公司的卷烟，减低价格，在粤亦无人过问，业务一落千丈。纽约的烟草大王闻叔颖是广东的名门子弟，乃虚心请教于叔颖，问有何善法可以扭转过来。

叔颖答曰："家父江霞公太史，是广东有权威的绅士，不论政、军、绅、商、学、报各界人士，均与家父有深厚交谊，贵公司倘以广东销售卷烟的总代理权委托家父，谅家父必能为贵公司旋转乾坤，不特可望恢复原状，业务并可望比前更胜。倘阁下不信，不妨试办一两年，见有成效，然后继续下去。未审阁下以为何如？"烟草大王信其言，竟发电至香港英美烟草公司，电文大意谓："本公司广东总代理一席，可委托粤绅邝洪恩接办。"云云。香港英美烟草公司接获纽约总公司拍来的电文，翻译出来，的的确确是这样的。

主持香港英美烟草公司的西人，看见这电文，四处访问，皆不知邝洪恩是何人，搞得"一头雾水"，莫名其妙。方欲发电往纽约再问，忽有某君告之曰："此必是翻译电稿之人的笔误，广东绅士之有鼎鼎大名者，有江孔殷太史其人，必是此人无疑矣。"主持香港英美烟草公司之西人，亦素来闻得霞公太史之盛名，乃专诚赴穗拜访，霞公与之接洽，果然十分投机，一言为定。霞公接受了英美烟公司的广东全权总代理，签订合约，此事约在民三秋冬间。

……英美烟草公司借重霞公太史之大力支持，不特将其华南卷烟业务完全恢复，且比之从前更胜一筹，此不能白劳的，论功酬谢，应得之佣金，相当可观。计霞公担任英美烟草公司的广东总代理任务，约有十年之久，依照签订之合约，应得之利润，每年多则达到五十万元，至少亦有三十余万元，乃是昔日港币本位计算，以今日港币与之比拟，相差应为十位或八倍。以时期言，当在霞老五十岁至六十岁之间，此可称为霞老一生之黄金时期。[1]

而南海十三郎所记，则平实得多，且将江孔殷经商的来龙去脉讲清：

先父自经营矿业失败，损失十余万元，经济能力不支，无能兴办实业，然靠祖田屋铺，月有千余元租项收入，本足以自给。惟先父流连宴客月非三数千元不敷所需，性亦豪放，故常宴请政要及旧属，如程璧光、朱庆澜、杨永泰等，均为我家贵宾，又以先兄叔颖曾任外交官员，结识各国领事，乃广宴外宾，以示交广豪绰，其诗句有"千金赠剑豪犹昔，一镜看花老觉羞"语。但经济日益感拮据矣。时广州禁赌，河南独有山铺票厂（按："山铺票"，由士绅筹办之彩票，以店铺、商号为发行单位。），先父豪于博，每会下注百余元，且买通卷，幸而得中首奖，得数万元，以供酬酢之用。先父喜

1　汪希文著、蔡登山编：《我与江霞公太史父女：汪希文回忆录》，台北独立作家2014年10月版，第104—107页。

中菜宴客，嘉馔如红烧熊掌、清燉象拔、百花鸡、夜香虾等菜，均为太史名厨特制，别处不得一尝。且为适应外宾习俗，讲究卫生，特设公筋公筷，其后各家酒楼，亦仿效我家，设公筋公筷，然不知始自宴外宾也。先父旧属众多，遍布两广，皆已解甲从商，时相联系，时适有英美烟草公司购买烟叶专员史宾莎，得先父介绍，采购南雄鹤山烟叶，莲沪制烟，因与广州经理裴治商，以先父交游素广，正好作两广总代理，乃函呈上海英美烟草公司总经理魏思佛庇利商，与先父订合约，月佣百分之五，如销货月超五十万元以上另给花红，先父慨然允诺。即以各处旧属为二代理，广西南宁梧州，均设办处，广东韶关南雄，亦有二代理。时某烟公司，方与日人合资经营，制烟工程师亦尽用日人，适日本向我国提廿一条件，国人公愤，抵制日货，先父以此宣传，英美烟草公司货品，乃极得畅销，只两广销货，月在七八十万元以上，给先父月佣三四万元，先父经济能力，因此复苏。乃设公益行于西堤二马路，除为英美烟草公司售烟外，并重公益事业，如公医院、红十字会、方便医院、仁济善院，先父均为董事。每年冬季，施赠棉衣与贫民外，复施粥施饭，广施济众，时吴道镕太史，赠先父句有"季世陶朱常乐善，林泉美誉重舆情"语。盖先父以在野之身，而与政要来往，百姓舆情，亦由先父转达，故先父已成名望最重之绅耆。[1]

南海十三郎谓江孔殷鼎盛时期月佣三四万元，与汪希文所谓江孔殷利润"每年多则达到五十万元，至少亦有三十余万元"，颇为吻合。

○ 年来商战正萌芽

江孔殷诗中云"年来商战正萌芽，萁豆煎宁出一家。"商战的对手是南洋兄弟烟草公司。关于英美烟草公司与南洋兄弟烟草公司的商战，掌故家高贞白的《江太史之"古"》一文有述，大略如下：

南洋兄弟烟草公司是南海人简照南、简玉阶兄弟创办的，民国后，国人的爱国心提高了许多，同胞尤其是南洋一带的华侨都爱用国货。南洋烟草公司的制成品，销路日好一日，英美烟草公司的制成品，销路大受影响。1915年，日本政府向中国政府施压，强迫袁世凯政府签署二十一条，全国人民反日情绪高涨，各地展开抵制日货运动。江孔殷此时担

1　南海十三郎著、朱少璋编订：《小兰斋杂记：浮生浪墨》，香港商务印书馆2017年3月版，第14—15页。

任英美烟草公司广州全权代理，便动用一切关系，在报纸上指南洋兄弟烟草公司是日本人的资本，由已入日籍的简照南出面经营，在香港鹅颈桥的工厂里，所有技工和技师都是由日本人充任。这一招果然大为收效，广州市内和附近各乡镇立即有人拒用南洋兄弟的制成品，不到一个月，香港地区之外，新加坡、泰国等地都发生同样情形，南洋兄弟的生意一落千丈。新加坡华侨陈则山给简照南的信中说："日本领事在《国民日报》布告南洋公司状况，读后不胜骇异，原来阁下乃是日本人，现在希望阁下早日脱离日籍，做番个堂堂正正的中国人。"简照南初时还想掩饰事实，对于自己是日本籍一事不敢公开承认，后来风潮闹得大了，他就请求香港华商总会派人到他的工厂调查，证明没有日本技师、工人。据调查报告：全部工人都是中国人，烟叶皆采用鹤山、新会产品，少数购自美国。

到1919年五四运动，全国又展开抵制日货的行动，这次规模之大，响应之众，较之前尤为壮烈。英美烟草公司利用关系请政府取消南洋的注册，并发动众议院议员诘问农商部：简照南既入日籍，现在要恢复中国国籍，就应该取消南洋烟草公司的注册。简照南不得不在1919年5月28日上海《新闻报》刊登"简照南启事"告白一段，说："照南……往者营商东瀛，因取得内地航行权，例必列名彼国国籍。抑以历来欧美南洋各埠华侨，亦多重复国籍之例，应祖国之招，回国兴办实业者，比比皆是。照南归国亦十有余年。……此次青岛问题发生，有人利用机会，以照南复籍之故，蒙国货以不洁之名。国人既未许以欧美华侨之惯例待照南，照南益憬然于复籍之未惬。用特依照中华民国国籍法规定，脱离彼籍，已呈奉地方长官核准在案。……"英美烟草公司则由江孔殷策划，通过全国国货征查会上海办事处，于6月6日刊《新闻报》告白，题为《证明南洋公司简照南虚伪之铁证》，称："阅六月一日《北京日报》载南洋公司创办于前清光绪三十一年（1905年），由简氏兄弟发起招股十万元，不数年亏耗净尽，搀入日股。今与日人订有条件：一、总理简照南须入日籍；二、须购日本原料；三、用日本人作技师。简氏因于明治二十五年（1902年）四月二日，归化日本，改姓松本照南子，简日鹏改为松本协鹏，皆不愿为中国人民，而随同归化，以履行第一条件。所有烟叶、纸张、竹嘴、月份牌纸、日历表、大小画片、锡纸、油纸、洋铁罐等物，以及各种材料，俱购自神户海岸通三丁目、三十四番、东盛泰号经手代办，以履行其第二条件。每年由上海香港汇款约六七百万云云。由是以观，铁证凿凿？简照南尚得为华人，南洋烟草公司尚得谓之国货哉。……"这一年10月27日，简照南奉到农商部第一二九〇号批，略说内务部已准其复籍，故此亦即日恢复南洋烟草公司的注册权。简照南确曾入日本籍，他未创办南洋烟草公司时，本在香港经营进出口生意，泰国也设有分号。同时他又经营船务，置有"广东丸"货轮一艘。他为了便于领得公海航行执照，就加入日本籍，取名松本照南。不久后，"广东丸"遇事沉没，他就结束商业，和玉阶、英甫二弟合办南洋兄弟烟草公司。不意在后来的商战中，他曾入日本籍之事被英美烟草公司公开宣传，造成了不小的经济损失。1923年，简照南逝世，江孔殷送挽联云：

> 蔺相如与廉颇交，方之古人，实无愧色？
> 诸葛亮哭周公瑾，从此天下，更少知音。[1]

朱少璋的《南海十三郎传略》中说，南海十三郎在香港大学退学，拟转往北平协和大学医学院继续学习，取道上海赴北平，途次上海即闻女友陈马利死讯。南海十三郎万念俱灰，无意北上亦不作南返之计，只身淹留上海约两年。在上海期间，南海十三郎先后住在四川路东南小旅舍及法租界的旅馆，并曾任职于烟酒统税署，又曾在一画报社工作，又曾任教员，惟月入不多，其父江孔殷则每月汇款二百元到上海接济，并嘱南海十三郎拜谒上海世交。其间，南海十三郎任简照南之女的英语导师。朱少璋在文章中说：

> 盖简氏为南洋兄弟烟草公司创办人，江孔殷为英美烟草公司代理，在商为敌，私下却为友好，戏称为廉蔺之交。[2]

1　高贞白：《江太史之"古"》，刊《大成》第二十四期，1975年11月1日出版。
2　南海十三郎著、朱少璋编订：《小兰斋杂记：小兰斋主随笔》，香港商务印书馆2017年3月版，第37—38页。

朱少璋的这段描述，可与江孔殷送简照南的挽联互为佐证。

○ 季世陶朱常乐善

黄大德的《魂系黄花——潘达微评传》中说，1914年春，潘达微从上海回到香港后，受聘于南洋兄弟烟草公司广告部主任。在潘达微的努力下，南洋公司业务又攀上了一个新的高峰。简氏兄弟赠送了跑马地万松坊五号的一幢楼给他，请他出任工务长，公司的一切策划由他负责，并担任上海分厂的筹备工作。1918年5月，潘达微创办了由南洋烟草公司独资的《天声日报》，请昔日同盟会的老战友廖平子、冯百励出任社长及总编辑，一则大做舆论，以国货相号召，并借十多年来在报界的经验与威望，与各报达成协议，拒登英美烟草公司的广告，以示抵制外国货，振兴民族工业。二则经常发表各界名人如胡汉民、蔡元培等的文章，同时还出版图画附刊，随报赠送，大受读者欢迎。"然而，就在这一时候，原先曾协助潘达微收殓黄花岗七十二烈士的江孔殷，民国后因两次想做大官而不遂，只好在商业上谋求出路。当他嗅到香烟市场的火药味时，便敏感地觉察到这里有他大施拳脚的地方，于是向英美烟草公司放出风声：若由他出任总代理，不仅能使英美烟草公司扭转乾坤，而且可以转败为胜。英美烟草公司查知江孔殷乃广东鼎鼎大名的太史公，遂以年薪三十至五十万再论功酬谢的条件委任为总代理。从此，江与南洋烟草公司针锋相对。首先为挽回颓势，江孔殷让儿子仲雅、叔颖创办《广东日报》，进行反宣传，并通过各种手段软化报业同人，企图平息风潮。1919年'五四'运动爆发前夕，举国上下抵制日货的呼声铺天盖地，南洋烟草公司本正值此大好时机扩展业务，谁料江孔殷抓住简照南当年开设轮船公司时，因中国公民在国际上没有地位，不能领取公海航行执照，便加入日本籍，以'松本照南'的名向日本政府注册一事，通过食客放出风声，说南洋烟草公司是日本人的资本，技师是日本人，所用原料也全是东洋货。江孔殷夸下海口：'掩着半边咀巴，也能斗赢南洋。'尽管人所共知南洋烟草公司是如假包换的地道的国产土货，但在江孔殷有组织的强势宣传下，在抵制日货的声浪中，人们天经地义地对南洋烟草公司的香烟进行抵制，民众出于民族义愤，弃之如遗，商店中所存南洋香烟，一样被稽查队勒令缴出焚烧。简氏及潘达微虽然急急辩白，但江孔殷亦为商战'奇才'，他让手下以'此地无银三百两'、'欲盖弥彰'等简单几句话便令潘达微无以对之；尚有人为南洋烟草公司辩白，他们就说辩白之人乃受日本人利用，甚至冠以'汉奸'之名；潘达微针对江孔殷的谣言，请新闻记者到厂参观，江孔殷便出版不具名的小册子《鸣呼南洋兄弟烟草公司之黑幕》，到处散发。……简照南于5月28日赴日本办理脱离日本国籍手续，从而彻底击败了英美烟草公司的阴谋。同年10月，南洋烟草公司申请恢复注册，并把总部迁到上海，并进行了资本扩大改组，向社会招股，于是连续四年盈利400万元以上，年销售额达3 500万元。从此，南洋烟草公司成为'国烟地位之首席'，英美烟草公司再也无法撼动它了。潘达微也因此被称为'商战奇才'。"[1]

《魂系黄花——潘达微评传》中认为，经过近十年的商战的演练，当潘达微投身南洋烟草公司时，他不仅成为了一名资深的广告家，而且已是商战中的老手。"烟草有毒，金钱有毒。"这是潘达微进南洋烟草公司时的名言。但在经营策略上，潘达微则力劝简照南本着"钱取诸社会，还诸社会"的原则。所谓"还诸社会"者，即把部分利润用于社会公益、慈善事业。首先是潘达微情系的孤儿院重建，是南洋烟草公司赞助的第一个项目。他说服简照南先生捐赠孤儿院建筑费用三万元，另每年经费八九千元；另每销售一箱香烟再捐出五元钱给孤儿院作为经费。为此，潘达微在孤儿院内高悬陈景华、简照南的照片，并亲题"每饭不忘"四字，以表纪念。潘达微为南洋烟草公司策划的活动中，影响更为深远的是赈灾工作。1915年7月和1918年6月，珠江及西、北江先后两次因暴雨堤围闹决，造成广州空前大水灾，西关、河南低洼之地水深至门楣及没顶，死人塌屋，灾情惨重；番禺、南海、顺德、佛山各地均受灾惨重。而当时的国民政府救灾不力，潘达微便组

1　广东省政协文史委员会、广东美术馆编：《魂系黄花：纪念潘达微诞辰一百二十周年》，广东人民出版社2001年10月版，第28—30页。

织人力物力，派船到西江赈灾，把衣服、被褥、粮食运去赈济灾民，船上插上南洋烟草公司的大旗，所到之处，大受欢迎，其他灾区也纷纷打电报向南洋烟草公司求助。此外，南洋烟草公司还捐建方便医院留医部、光华医院建筑费二万元，赞助剧团的演出经费。通过这一系列的慈善、公益活动，使南洋烟草公司的名声远播，比在报刊上做一千次广告的收效还要好。[1]

在南洋与英美两家烟草公司的商战中，潘达微与江孔殷这对辛亥年并肩义葬"黄花岗七十二烈士"的"战友"，如今成为各出奇谋、针锋相对的"奇才"。在商言商，各为其主，此乃商战常事也。但在商战之外的慈善事业上，潘达微与江孔殷倒是殊途同归，如前南海十三郎所述："乃设公益行于西堤二马路，除为英美烟公司售烟外，并重公益事业，如公医院、红十字会、方便医院、仁济善院，先父均为董事。每年冬季，施赠棉衣与贫民外，复施粥施饭，广施济众，时吴道镕太史，赠先父句有'季世陶朱常乐善，林泉美誉重舆情'语。"则江孔殷于获利颇丰之际，也重慈善。

潘达微尽心赈灾的1915年（乙卯年）7月大水灾，江孔殷则有长诗《乙卯大水》云：

> 岭南非地卑，水患迄无已。
> 胡为数千年，不补水经志。

1　广东省政协文史委员会、广东美术馆编：《魂系黄花：纪念潘达微诞辰一百二十周年》，广东人民出版社2001年10月版，第31页。

此源经夜郎，一泻万千里。

漓江会浔梧，统名曰郁水。

羚羊峡束之，南下成饱死。

史禄灵渠筑，文渊石塘积。

加以浈江流，清远峡中汇。

东南两海潮，虎厓二门峙。

积潦西北倾，倒灌撑持退。

石角围已崩，峡下堤尽圮。

蓄潴珠海中，尾闾变涡底。

中宵来撼床，房栊履浮起。

四邻纷号呶，卷席上楼避。

侵晓目街衢，门前小船舣。

三城一汪洋，浮家此同慨。

日食炊两餐，泛舟买鱼菜。

吾庐独处高，水深仅三咫。

游目江以南，鳌洲地脊比。

独怜稿百篇，诗簏忘收庋。

片纸都浸淫，只字苦寻识。

流入咸海归，冲淡意良美。

西关观察苏，河帅之犹子。

风流蝎浦称，水大羊城逝。

梁悬七日棺，呫呫道奇事。

吾生不工泅，厉揭无所施。

乡老惊创见，纷来问所以。

厥居泥屋无，妇子山头庇。

赈米船偶过，上水行不利。

十日苟不下，吾民其鱼矣。

痛定乃思痛，惩前后宜毖。

吾闻东印度，所患亦复尔。

荷兰向同病，治之有奇技。

粤民多脂膏，晋用楚材易。

治河官亦专，不当秦越视。[1]

1　江孔殷：《兰斋诗词存》卷二。

第八章
鼎盛时期

○ 同年谭延闿

　　江孔殷与谭延闿为甲辰科同年，在1904年会试时，两人在北京已相识。但那一年科举后，谭延闿回湖南，江孔殷回广东，并未有更深一层的交往。民国后，谭延闿成为湖南政界重要人物；江孔殷则经过努力却无缘政界，但担任英美烟草公司广州全权代理以后，在不到十年的时间里达到经济上的黄金时代，因此，在美食、诗词、书法等方面都玩得相当漂亮，尤其以美食家的身份名扬广州。谭延闿在政界成就斐然以外，在美食、诗词、书法上也造诣不凡，因此，在功业以外的余事，谭、江的爱好相近。两人颇有缘分，在甲辰科近二十年后，重逢于广州。此时正是谭延闿政治上与江孔殷经济上的鼎盛时期，巧好谭延闿有记日记的习惯，他日记里与江孔殷的交往记录，见证了那个时代生龙活虎的气象。

　　谭延闿（1880—1930），字祖安、组庵（祖庵），号无畏、畏三、非庵、慈卫、切斋等，湖南茶陵人，生于浙江杭州。其父谭钟麟在晚清同光年间历任陕西、浙江巡抚，陕甘总督，工部尚书，闽浙、两广总督等职。

谭延闿在中甲辰科会试会元、朝考为一等第一名后，名重湖南，时与陈三立、谭嗣同并称为"湖湘三公子"。1906年，清廷预备立宪，谭延闿积极响应，于次年组织成立"湖南宪政公会"，率领湘省绅士，上书朝廷请开议院和国会，筹设湖南谘议局。1909年湖南谘议局成立，谭被举为议长。此后他以谘议局为平台，领导湖南保路运动、国会请愿运动和地方自治运动。1911年10月湖南光复后，任省军政府参议院议长、民政部长。未几，湖南省都督焦达峰被杀，他继任都督。

从1911年10月至1920年11月，谭延闿先后三次督湘。第一次督湘，湖南光复不久，他一方面坚持革命派与立宪派联合执政，以维护地方稳定；另一方面出师增援武昌，策动别省独立。民国成立后，他在政治、经济、军事、文化教育及外交方面都颇有建树。1913年10月，因在二次革命中曾宣布湖南独立，被袁世凯免去都督之职。1916年8月，他第二次督湘，次年张勋复辟，他通电反对，准备出师讨逆。段祺瑞在张勋失败后重掌大权，推行武力统一全国政策。谭延闿提出"湘人治湘"，以抵制北军进入。1917年8月，他被段祺瑞免去湖南督军之职，结束了第二次督湘。护国战争爆发后，他坐镇永州，统一湘南，被广州护法军政府任命为湖南督军，与北军湖南都督张敬尧形成对峙局面。张敬尧因在湖南作恶多端，引发了湖南人民的"驱张运动"。他在驱张后，于1920年6月第三次督湘，但此次督湘仅数月，于同年11月解职赴上海。他在第三次督湘期间，大力推行湖南的"地方自治"，奠定了民初湖南地方自治之基。

1923年春，谭延闿受孙中山之邀赴广州大元帅府任职，从此追随孙中山从事国民革命。历任大本营内政部长、建设部长、大本营秘书长、湖南讨贼军总司令、国民党第一届中央执行委员、建国湘军总司令、军事委员会委员、北伐联军总司令等职，对广东革命政权的巩固、发展和壮大贡献颇丰。[1]

1923年农历正月，谭延闿在广州，其1923年3月4日记：

> 正月十七日晨七时醒，坐三十分起，昨睡甚酣，为近所未有。呼人来薤发。沧白来，同食面。下楼，至沧白室，约萧绂秋同出，至登云阁书店，了无可观书。贾年六十余，自云曾开翰墨林书坊，方柳桥书皆其所刻，颇能言旧事。周问得伍叔葆、江韶选住处。至黄花冈礼七十二烈士墓，建筑颇宏壮，但未竣工耳。入大本营，料理公事，与颂云一谈，饭后遂归。偕宏群、曙村登天台花园，如上海之乐园天韵楼，看武技粤剧。登绝顶，有诸葛镬，镬铜制，甚新，有两耳，以掌摩之，则水濯起如沸，疑震动

1　谭延闿：《谭延闿集》，湖南人民出版社2013年1月版，前言第1—2页。

力为之，莫能明也。又看骷髅及芭蕉美人，则共舞台所优为矣。下后，为人作联幅久之。闻周淮生往东堤，以人力车往，费二毫，粤中惟人力车有定价，非他埠所及。至东坡酒楼，朱卓文招饮，主人尚未至，云须九时乃集，留片谢之而归。就餐于二层，亦颇可食。至张石侯室久谈。月色甚佳，恨不泛舟。归室中，小坐即睡，正十一时后也。濯足，用砥青传洗药方。[1]

这一天，谭延闿到黄花岗七十二烈士墓行礼，斯役已成为国民革命重要的精神源泉，正合孙中山之言："斯役之价值，直可惊天地泣鬼神，与武昌革命之役并寿。"而义葬黄花岗七十二烈士的幕后功臣便是谭延闿的甲辰科同年江孔殷（韶选）。既有同年之谊，又有革命之情，相问自在情理之中。

谭延闿1923年3月24日记：

二月初八日七时醒，坐三十分起。剪发。……至街口，周淮生呼汽车来，乘之至大本营，已十时矣。治事后，沧白邀商沪电，不能赞一辞也。午饭后，伍岳来，速客，又见陈少白，立谈而别。五时，与廪丞步出，乘车至登云阁看书，书贾骆姓名灏荃，花县亦横通之类，以足本《历代名臣奏议》见

1　谭延闿：1923年南征日记第一，第101—103页。

视，云须卖七百元。又明本《文献通考》三百五十元，宋本《文选》、元本姓氏分类皆不全，更不能问价矣。与廪丞步循惠爱路，至维新路而别。余步入西园，应伍叔葆之约。同座有江韶选孔殷、陈春轩启辉，皆甲辰同年。……西园有连理木棉，大合抱，高参天，信为奇特。叔葆云此旧为……宅，粤中名迹，又云芒果树巷旧名眼井，井始赵陀时，今不当废其名云。韶选自云两来访我，我竟不知也。菜殊平平，殆寒伧之故，叔葆其殆穷乎。……就浴后，十二时始寝。

江韶选言以三人环立，各伸十指，指作扇相连，置小桌上，呼一死人名，至二、三十分，桌即自动，可卜休咎，如世俗之降紫姑，无论何人皆可为之，有效，其法传之美洲。彼等作卜，广东有变乱否。答云，无也。[1]

谭延闿与江孔殷重逢，同食当年的名园——西园。而"韶选自云两来访我，我竟不知也"。可见谭延闿初到广州大元帅府，公务繁忙，江孔殷急于重会同年的情形也跃然纸上。谭延闿不愧是著名的美食家，对西园"菜殊平平"之品评，足见其品味之高，这也为日后江孔殷时常宴请谭延闿埋下伏笔。

谭延闿1923年3月25日记：

---

1 谭延闿：1923年南征日记第一，第140—143页。

二月初九日晨七时醒，坐三十分起。李馥、罗毅、首惟一来。午饭后，李特生、于科生自梧州来。偕彭德尊、岳宏群、曙邨，以汽船至花埭游两花园，皆所谓南方地瘴蕃草木者，无可观也。欲访荔枝湾，潮落水浅，不能去，而邀至河南。彭德尊去，余与岳、曙步登岸，历漱珠桥至同德里，访江霞公，相见大喜。以挐破仑之勃兰地见饷，又遍览所蓄兰，金丝鸟尾者最胜，云能避疫。又见其如夫人之学画者，自云令妾各习一艺，以收放心，亦邓元侯教子之意，然而何苦来哉。坐至晡，携酒及酱油归。……小划渡江不异汽船，此又洋务害人也。稍憩，偕沧白至西园，赴杨广笙、萧炳章之招，颂云、益之、杨熙绩、周贯虹、黄蕛秋、程砰金同座。饮数巡，散归。至七楼，应陈中孚之约，凡三席。余与罗益群、萧绖秋、朱一民、宋伟先同席，又见罗迈、周况。散后，见钟启宇，由衡州来者。又与罗迈、周况谈顷之，十二时乃睡。[1]

谭延闿造访广州河南同德里太史第，相见甚欢。两人对饮食有同好，江孔殷既赠拿破仑白兰地，又赠酱油，热情无比。此时正是河南同德里太史第的鼎盛时代，南海十三郎回忆，江孔殷在担任英美烟草公司广州全权代理之后，"乃将太

1　谭延闿：1923年南征日记第一，第143—145页。

史第扩建，并以花园号'百二兰斋'，以新寓定名为'霞楼'，太史第内，所有窗户，尽用药水玻璃，配制古代名画，而所有灯饰，尽用玻璃制品，绕栏河尽挂宫灯数十，可称为近代最豪华之居寓焉"[1]。

谭延闿1923年3月28日记：

> 晨七时醒，坐三十分醒。王怀宣来，求书赴汕头。至沧白处，黄镇盘来，言司法事久之去。与沧白入大本营。沈鸿英有电来，与颂云商，决先以五万与之。朱廷燎来，罗德勤来，李镇球来。今日大本营各部均搬移士敏土工厂，而内政部殊不乐此，乃令别觅住处。至军政部，与颂云商事，举目皆湖南人，吾亦何为不如此耶。（见杨大实，奉天议员党人也。）

> 晡，与沧白同访杨肇基，遂偕乘车至天字码头，渡河至江霞公家，范石生先在，杨以迷道后来。顷之，宏群、曙村来，张镜澄、李知事、徐省长、李福林、吴铁城皆至。登楼，看席。下楼，入席。江自命烹调为广东第一，诚为不谬，然翅不如曹府，鲍不如福胜，蛇肉虽鲜美，以火锅法食之，亦不为异。又云新会有鳝王，出则群鳝，今得一五十斤者。

---

1 南海十三郎著、朱少璋编订：《小兰斋杂记：浮生浪墨》，香港商务印书馆2017年3月版，第15页。

烹过火，烂如木屑，不知其佳，转不如鲜鳁柱蒸火方之餍饫。若鸽蛋、木耳、燕菜则仅足夸示浅学矣。饮食之道诚不易也。出拿破仑勃兰地及蛇胆酒，吾为饮满至十余杯。（火方但肥无瘦肉，食之如冬瓜，无油腻气，故自佳。）

归，以汽划抵岸。作书，洗足，十一时睡。今日大热，只能单衣。[1]

此时谭延闿已是名满天下的美食家，因此，他日记里所记广东第一美食家的家宴，高论甚妙。先赞"江自命烹调为广东第一，诚为不谬"，而后对诸菜一一点评，又叹"饮食之道诚不易"，入情入理。

谭延闿1923年3月29日记：

晨七时醒，坐二十分起。安甫诸人来谈至八时，往沧白室，偕至大本营，治事如平日。热甚，蝇多，亦感苦痛。与诸人饭楼上，见黄镇盘、伍汝康。朱廷燎来。今日决迁士敏土厂，乃遣人往看财厅屋，计划移居。晡，同罗翼群至双门底下，欲往登云，行未数武，忽有倦意，遂以人力车归。复邀钟仙庄、王小芹、唐心涤、张廪丞、姜润洪、彭德尊、罗香汀、李特生、安父、岳宏群、曙邨往南园，请诸人

1　谭延闿：1923年南征日记第一，第150—153页。

饮江虾所赠酒也。十九元菜，虽不精，然颇丰满，胜大新楼上也。散归，与曙村诸人看相片于大新，贵而不佳，远不如自晒。归寓，与曙村、特生登楼看影戏，亦颇有洞心骇目之观，十时三十分散。下楼，就浴，十一时寝。[1]

此前谭延闿的日记中就表露过他对上等洋酒的喜欢，江孔殷也有同好。当时广州得地利之便，洋酒进口较易，故在清末民初的广州商界上流，以喝洋酒为时尚。南海十三郎回忆："先父当年迷于花月，其时陈塘花事，盛极一时，先父夜夜笙歌，偎红倚翠，备极豪放不羁。方其事业全盛时期，夜夜作东道主，宴请名流政要，闻人绅商。其可纪者为先父纳十二姣之时，大开全厅，所有陈塘妓女，尽包起呼来伴客，寨里张灯结彩，尽用绫罗绸缎，凡数十匹，宴后尽赠妓女制衣，花三数千元不吝。又每个客人来宴，奉送三炮台香烟一简，或如力烟十罐，而所饮洋酒，尽为拿破仑白兰地，备极奢华。"[2]

谭延闿1923年4月2日记：

晨七时三十分醒，昨夜为蚊扰，时起卧也。坐三十分起。偕心涤、廪丞与沧白、绍先、纫秋乘车

1　谭延闿：1923年南征日记第一，第153—155页。
2　南海十三郎著、朱少璋编订：《小兰斋杂记：浮生浪墨》，香港商务印书馆2017年3月版，第158页。

至新码头，待船久之，乃渡过。心涤为洪湘丞有所请谒，为介绍之。午饭，秘书厅书记朱为鼎来辞职，盖与廪丞架气。询刘公潜，乃知无可架者，仍慰留之。人方谓我不用湖南人，今复有隙可乘，浮言必满矣，然吾终不倒行逆施也。中山先生因特赦电车伤人案与沧白大争，吾甚愧无以助之，然不能不服沧白之敢言也。五时后，与杨、朱、萧、宋之流同渡，偕朱同车，与杨、萧至高等审判厅，赴伍孚廷、黄石安之约。凡两席，余与杨、萧及藤田、萱野、徐固卿、陈少白、赵士北同席。未终即起，同杨、萧返亚洲。江霞公来，邀同杨、萧、岳，乘舆至陈塘燕春台素馨厅，云西堤最有名酒馆也。有梁斗南之子及土商梅六，余皆银行界人，凡十二人。呼伎弹唱，牛鬼蛇神，传芭代舞，忆廿六年前香港时事，正与此同，所谓开厅也。麻雀、鼓钲叠为应和，至十二时后乃入席。有江所携燕菜、翅、鲍及木耳、猪肺，余亦不恶。散已一时后，江以舆送归，可谓实行吃人主义者矣。濯足，就寝，正二时矣。[1]

杨庶堪，字沧白，是孙中山的忠实追随者，也是他革命事业最重要的助手之一。当日杨沧白因公事与孙中山大争，连谭延闿都佩服其敢言，足见当年革命阵营的民主风气。当

1　谭延闿：1923 年南征日记第二，第 164—167 页。

晚，谭延闿又见证了广州西堤风月，而江孔殷从家携带到酒楼的菜式，得谭之欣赏，极有可能是江氏家菜比酒家菜更佳。

谭延闿1923年4月4日记：

> 晨七时三十分起，坐二十分。与夏、周诸人一谈。至八时后，偕杨、萧诸人至大本营。廖仲恺由沪来，谈甚久，同饭后，与孙哲生谈久之。集陈后山诗已数百联，殆将罄矣。吕祖真来，携刘伯远书，亦有所见。晚，偕杨、萧诸人渡海。归寓，江霞公来，邀同杨、萧、岳、曙赴西关梅普之约，梅于三年间发三千万之财，一阔人也。房屋颇精美，有广气，无洋气。菜亦颇精洁，翅、鲼皆过江虾，入粤以来第一次佳肴也。饮十余杯即止。散归后，周鳌山、李安甫来谈，至二时乃去。濯足后寝。始食芒果，颇甘美。[1]

此则日记甚妙，当下流行语所谓"没有比较就没有伤害"，而资深的美食家常用来品评美食的原则就是"比较"，这是一个活生生的例子。

谭延闿1923年4月5日记：

> 七时三十分醒，坐十五分起。偕沧白诸人渡河

1　谭延闿：1923年南征日记第二，第169—170页。

至大本营，风雨总至，忽然凉生。金华林来谈，杨啸天继至。午饭后，治事久之。周鳌山、钟仙庄来，今日约见者也，客纷纷至，吾遂不待。与萧、杨、宋归，已六时，同人方饭，亦饭二盂。七时后，纫秋来，邀同步至日本领事馆，赴藤田之招。座有徐固卿、江霞公、孙科、陈少白、树人、吴铁城、马某及数日人，萱野与焉。日本料理凡十四种，未能果腹也。饮酒十余巡。散后遂归，十一时，濯足寝。

滇军追悼会联

为公理正谊而战，虽死犹生，后有千秋视今日。

竟护法戡乱之功，尽人有责，好从百粤奠中原。

挽顾品珍

勋劳在国家，只今看万灶貔貅，犹是临淮新壁垒。

精神留部曲，待尽扫九关虎豹，还为鄂国奠松楸。

挽赵又新

百胜转艰难，老决身歼，靴刀不负男儿愿。

三军同涕泪，人亡事往，鼙鼓远兴将帅思。

为朱培德撰追悼会联刻墓上

百战几人存，我望故乡惭父老。

九原千古事，长留浩气壮河山。[1]

1　谭延闿：1923年南征日记第二，第170—173页。

谭延闿精力旺盛，又极勤奋，每日办公务、赴宴会、写挽联、写诗词。这一天下午治事久矣，晚上因外交需要而品日本料理凡十四种，未能果腹；尚能写挽联书法。其日记中，常常在白天公务、晚上饮宴之后，回家写书法还字债，颇见其毅力。

谭延闿1923年4月11日记：

晨七时醒，坐三十分起。上河盐商二人来。至沧白处，闻醉六、霍晋来，复还见之，略谈复去。入大本营，雨甚，治事，作书。今日始各处午饭皆由各人自理，特餐亦撤消矣。与沧白诸人更组一吃饭团体，选菜食之，不佳，然不贵。午后，海军水手代表来，今日有军事会议，诸烟客至四时乃无至者，余乃辞列席，然中山先生亦遂更见日本人。六时半，余辈出门，诸杨已坐待，而会议尚未开，亦足以示薄惩矣。昔有笑话云，汝吓我一跳，我亦吓汝一跳，此之谓也。以汽船冒雨与杨、宋、萧、张至漱珠桥下，水浅，不得入，改乘小划，亦胶不进，俄延甚久，仍中途登岸。至江霞公家，黄晦闻、孙科、陈少白、陈澍人、吴铁城先在。入席，饮勃兰地十二杯。菜皆如尔日，燕菜微不如鱼翅，作白汁，亦不如吾家，仍以玫瑰糖蒸火腿为佳耳。散后，俟诸客去，乃与沧白、绍曾、纫秋、廪丞同乘汽船归。大雨如注，冒雨至寓。岳胡来谈，今日潮汕换防事已决，东江其可无事乎。濯足就寝，十二时半矣。[1]

谭延闿自己的家宴，以治燕、翅、鲍极精而闻名天下，则江家不如吾家之叹，此乃意料中事也。

谭延闿1923年4月15日记：

晨八时三十分醒，坐二十分起。唐先凯来。与同人谈久之。午饭后，韦叔明来。为人书屏联十余。胡学藩、徐友三来。至醉六室中一坐。胡八、唐心涤来。至沧白室，遇陈少白、张启荣，谈顷之。江虾来，邀同杨、宋、萧、李乘电船至陈塘，入味腴馆吃点心，唐少川推为广州第一者也。梅某、梁某先在，分两室坐。凡吃粉果、烧买、虾饺、酥合、炒河粉五种，要自胜寻常饭馆，亦未甚佳也。云主人为何碧流成浩之弟，家中落，乃率妾女为此，点心皆手制，以此中兴，未能尽信也。江虾导同人步至燕春台，复邀数客，马伯年外皆似曾相识者。呼伎来清唱，虽无开厅之嘈杂，然声皆一调，人皆一声，亦索然也。有名大头有者，能官话，云曾见我，询之，则在高田司，盖唐绍慧之妾，唐于前年死矣，为之怃然。今日菜殊不佳，酒亦平平，视前数

1 谭延闿：1923年南征日记第二，第185—187页。

次远逊。十时后散，以舆归。濯足，就寝，十一时
后矣。[1]

其时广州的点心日渐名动天下，而唐绍仪推为广州第一
的味腴馆点心，在谭延闿吃来，比寻常饭馆好，亦未甚佳，可
见其品味之高。当年家道中落的富贵人物，以率姜女手制点心
为"噱头"引吸食客，倒是一时风气，不止一家如此。唐绍慧
之姜重入风尘，也不止一家如此，仅南海十三郎所记，便无孤
例。唐绍慧，号伯珊，广西人，陆荣廷曾派唐伯珊为代表赴上
海，迎梁启超至桂组织讨袁。唐绍慧英年而在船上被人杀害，
是当年的新闻，死后其姜重执风月业，难怪谭延闿为之怃然。

○ 极尽地主之谊

1923年4月下旬，谭延闿连续三天牙痛，饮食不爽。江
孔殷极尽地主之谊，或者可以说，简直就成了谭延闿在广州
生活起居的"保姆"，特别是带谭去治牙一则，可见江孔殷
极重生活品质的细节。而同为美食家，江孔殷的牙齿也不好。
据江献珠回忆："在祖父的年代，牙科医学不发达，一患上牙

1　谭延闿：1923年南征日记第二，第193—195页。

周病便得全部牙齿拔去，镶回假牙，而且手术也不像今日到家。自我有记忆起，祖父已经完全没有自己的牙齿，吃入口的东西，都以软糯为前提。"[1]

谭延闿1923年4月21日记：

> 晨七时醒，坐十五分。以夏布送江虾，报纸烟之赠也。至沧白处，与仲恺同渡至大本营。得左翼电，今明日可下肇庆。（二杨师长来。）午，同介石、仲恺、沧白出，至杨绍基处送行，今日出师也。刘显丞亦来，谈顷之。出至南园小酌，仲恺作主人。散后，仲恺别去。余三人至省公署见范小泉，杨映波、杨冀阶皆在座。范有去意，譬说久之。出，已六时，至渡口，船为二杨骑去，以小艇渡至大本营，见中山先生，陈说甚久。七时后，乃与沧白归。今日以西餐宴石醉六、丁岳云、蒋慎先、王亨五，以周鳌山、钟仙庄、胡八、谢霍晋、张廪丞作陪。余忽牙痛，不复饮，酒菜亦甚劣，费六十五元余也。心涤来谈。偃卧顷之，痛不减，乃濯足，就寝，十一时矣。[2]

谭延闿1923年4月22日记：

1　江献珠：《小食》，广东教育出版社2010年9月版，第87页。
2　谭延闿：1923年南征日记第二，第209—211页。

晨七时三十分起，坐至十三分。钟来。醉六来谈，九时始去，颇有见地，惜不能尽行也。偕沧白渡河，将登岸矣，正遇见元帅，遂同往东山公医院、韬美真光协济医院看伤兵，较吾衡州所省视已为幸福也。归，拟电久之。六时，偕沧白至六榕寺，赴孙科约，陈少白、吴铁城、邓泽民、黄骚诸人咸在。介石、益之先去，吾辈小酌乃散。归寓，为人作书久之。李伯恺来，为余主方，牙痛甚也。江虾来，邀同沧白、映波至燕春台，梅、萧请客，菜亦平平。十时散，归来，十一时就寝。[1]

谭延闿1923年4月23日记：

晨六时醒，起旋复睡，七时乃起，坐二十分。牙痛少愈，大便仍不畅，服补丸五枚，无效，何也。伍岳来。至沧白处，同印波渡海至大本营，肇庆复在围攻中，中路前锋至银盏坳、军田，未遇敌也。丁岳云、蒋慎先来，谒大元帅。午饭后，泻一次，腹部大不适，往时服补丸皆得快泻，今乃枝枝节节，岂药力逊耶。代大元帅见胡霖，胡说而去。四时，同廪丞渡海，以人力车归。复大泻一次。欲就浴，而霞公来，邀同乘舆至刘子威牙医处，陈设甚

1 谭延闿：1923年南征日记第二，第211—213页。

备，望而知为行家。其父为江诊，而子诊余，云余牙大坏，应拔去者十枚，复诊察痛处，云龈肉与齿根接处将成脓，非速治不可，治之法则拔去牙而已，踌躇顷之。江虾复极力怂恿，遂令拔去，此左辅第二白齿也。去年何瑞生为吾镶牙，即以此齿为根据，今其已矣。更前一齿亦松，渠亦劝拔之，初尚不觉，继乃大痛。归寓后，委顿殊甚，记吾最初拔齿时如此，后皆不然，今复尔，何也。江虾送梁财信活血除痰止痛散来，以水和勃兰地冲服一包，痛立止，亦奇剂也。江云李准受炸弹亦服此，乃堪割治，其药统治诸痛云。买面一盂食之，客来皆谢不见。十时，濯足，就寝。[1]

如前所述，李准受炸弹事，在1911年8月13日，革命人林冠慈、陈敬岳炸清水师提督李准于广州双门底。李准伤，林冠慈中弹亡，陈敬岳被捕杀。李准后来投诚革命，对广东光复颇有助功。据云李准有一印"上马击贼，下马作露布"，晚年以研习书法、撰写剧本度日，一生武而能文，弃武而文，堪为传奇。

谭延闿1923年4月29日记：

六时三十分醒，坐三十分起。作书顷之。柏兴

---

1 谭延闿：1923年南征日记第二，第213—216页。

尧之弟式诺及席楚琳来见。至沧白处，遇洪慈、董福开，数语去。偕沧白入大本营，消息沉寂，而同人皆有怏怏之意。杨映波至，欲辞职，为譬解之。朱益之约密谈，渠所闻见自又一方面，伏笔甚多，可叹也。与画策而去。今日介石移居秘书室，所计划亦嫌太易，凡事学问须与经验并重，信然。午后，闻中山先生论西江事，颇有王仪对司马昭之意。又欲用礼堂，吾商沧白以正论止之，颇合古人以直报怨之义。徐干字子俊来，将往协和处，作书与道胰。晚，同沧白、介石至江霞公家，陈少白、梅普之及一南洋商在座。仲恺、哲生、铁城、益群、叶竞生来，乃入席。菜乃阿光者，非家庖，鳆鱼诚为第一（按：鳆鱼即鲍鱼），核桃羹次之，燕翅、烧猪又其次，精洁不如南堤，丰美过之，究为大家数也。饮白兰地三盅止。霞公呼其二女来，与一客同演按手桌动之法。初为哲生请伍博士，桌动，问以是否秩老，动五下，更问他，则不答。易以翼群，请邓仲元，问座中熟人有几，动九次，数之果，吾与梅六及南洋商人不识彼也。问死至今得几月，动十三次，亦不误。问是否陈炯明所杀，动一次。问凶手可获否，则不动。吴铁城问前获何某是否，亦动一次。介石问死后安否，答一次。江霞书两条于纸而焚之，仅吾得与观，其一问中山将来可得正式总统则动，乃连动两次。又一条问去今尚几月，月动一次，连动四次又半而止。介石问陈炯明阴谋乱粤，将发见否，动一次。又问能否成功，则不动。又问汝为何时至省，每日动一次，凡动廿次。后事验否不可知，然问仲元熟识及死去年月，皆座中人所不及构思，而答不误，亦一奇也。盖吾不识仲元，沧白亦不及料也。散后，蒋乘船去，吾与杨、廖、叶同船归。廖言去年陈叛前占一牙牌数云，鸡雌谈其翼，低头啄江鲤。一叶忽打来，忍饥遂惊起。心甚恶之，未几，叶举作乱。江霞公亦言，陈某者居香港，携有北京人乌师也，忽有鬼附其身，作粤语索命，狂不可制。陈有守贞侄女奉佛，归，诵大悲咒，以水噀之，三噀，鬼长跪，遂去。

霞公又言渠为白猿后身，其尊翁由蜀买一白猿，畜之十余年，忽逸去。一日，其太夫人独坐，忽见之，遂孕，其日为九月廿一日也。孕十五月不育，人皆以为疾，至正月五日，复见白猿来，遂诞。霞公每睡，熟人视之，似有白毛。又通臂类猿，小时时试为之，一方手缩至肩，一方则及足，二十后则不能常作。今惟梦中时一为之，同卧起者见手垂床下皆大惊云。因袒而相视，了无异人处，但能以手背抵背，而肱交于胸前，又能从后自扪其耳或额，臂视吾辈为长也。

吃流连膏，流连南洋果名，土人极珍之，有奇

154

臭，人或以为香，制为膏，初食颇不耐，后乃类无花果。

霞公壁上有何贞翁书李太夫人寿序，陈璞撰，辛未所书，作小横幅，甚精。又为潘德舆书陶诗立幅，癸亥书，亦佳品。晚，濯足后，十二时睡。[1]

此则日记信息量极为丰富，江孔殷家宴上，尽是大人物。而座上提及陈炯明事，在此日记的前一年，即1922年"六·一六"兵变，是孙中山与陈炯明矛盾尖锐化的产物。1922年6月16日，陈炯明发动兵变，进攻并炮击总统府。发难时陈炯明并不在广州，执行者为其部属。此事已成国民党历史上的一个重要事件，所论者甚众。兵变发生后，国内一些报刊纷纷刊登各界人士声讨陈炯明的函电和文章，但是，胡适在6月25日出版的《努力周报》著文评论兵变时则持异调，认为"孙文与陈炯明的冲突是一种主张上的冲突。陈氏主张广东自治，造成一个模范的新广东；孙氏主张用广东做根据，做到统一的中华民国。这两个主张都是可以成立的。但孙氏使他的主张，迷了他的眼光，不惜倒行逆施以求达他的目的，于是有八年联安福派的政策，于是有十一年联张作霖的政策。远处失了全国的人心，近处失了广东的人心。孙氏还要依靠海军，用炮击广州城的话来威吓广州的人民，遂不能免这一次的失败。……一方面是他不能使多数

1　谭延闿：1923年南征日记第二，第230—236页。

人了解他的主张，一方面是他自己不幸采用了一种短见的手段。但我们平心而论，孙氏的失败不应该使我们埋没他的成功"。当时谴责陈炯明为叛徒者不绝于耳。胡适于7月23日在《努力周报》上著文称："陈炯明一派这一次推翻孙文在广东的势力，这本是一种革命；然而有许多孙派的人，极力攻击陈炯明，说他悖主，说他叛逆，说他犯上。……我们并不是替陈炯明辩护，陈派的军人这一次赶走孙文的行为，也许有可以攻击的地方，但我们反对那些抬出悖主、犯上、叛逆等等旧道德的死尸，来做攻击陈炯明的武器。"当时上海《民国日报》对胡适上述评论进行了连续一个月的驳论。8月22日，胡适又在《努力周报》第16期发表《述孙陈之争》和《评秘密会社与组织政党》二文，认为"在一个公开的政党里，党员政见的结合，合则留，不合则散，本是常事；在变态的社会里，政治上不曾上轨道，政见上冲突也许酿成武装的革命，这也是意中的事"。对这次兵变，"我们旁观的人只看见一个实力派与一个实力派决裂了，故认做一种革命的行动。而在孙氏一派人眼里，只见得一个宣过誓的党员攻击他应该服从的党魁，故指出'叛逆'、'叛弑'等等旧名词来打他"[1]。

至于江孔殷在酒席上所言，又转由谭延闿所记"一日，其太夫人独坐，忽见之，遂孕，其日为九月廿一日也。孕十五月不育，人皆以为疾，至正月五日，复见白猿来，遂诞"。

1　段云章、倪俊明著：《陈炯明》，广东人民出版社2009年12月版，第320—322页。

不知是江孔殷酒后之言，还是谭延闿转记之故，本书开头就考证江孔殷的出生时间，而他的儿媳吴绮媛所记江孔殷"生辰在九月廿一日，生时年份不详"遂成谜，还有待进一步的史料发现，揭开这一谜团。

○ "此真乐人也"

在广州生活了一段时间后，谭延闿似乎产生了一个生活习惯：在公务繁忙之余，每想精美饮食，即到江孔殷家，"咄嗟之办，甚颇精洁"，至少在品质上有所保障，虽不及"吾家"，但比外面酒楼高出太多了。接下来的日记可证。

谭延闿1923年5月4日记：

> 晨七时起，坐三十分。今日先公百有二岁冥诞也，默坐顷之，乃起。与廪丞至沧白处，偕仲恺同至大本营。闻中山先生昨夜三时后始归，无食未睡，殊困顿，坐久之，乃登楼。各方了无异状，滇军惟钱是求，令人有茫然之感。午饭后，同廖、蒋、杨于用人行政有所陈说，辞未毕，而日本领事至，遂止。晚，偕唐、蒋、杨、萧、张至霞公家索饮，咄嗟之办，甚颇精洁。饮数杯起。蒋、萧还府，吾辈

归亚洲。周鳌山来问书谱，吾甚愧，少不努力，老大徒伤，书特一事耳。写日记至十一时睡。[1]

谭延闿1923年5月6日记：

七时醒，坐二十分起。就浴。得大武书，知丁岳云二号始到。十时，偕沧白入大本营，为财政事陈说甚久，得篆嘉纳。颂云自前故归，牢骚满口。噫，不学无术不可医矣。午饭后，大元帅往三水劳军。与诸人谈久之。我军已过琶江。得无线电，韶关败军群集，意者荡平之日不远矣。晚，至江虾家，同人推仲恺、沧白、纫秋、李老师，外人则梅佛堂、马伯年、邹殿邦，皆包造币厂蚀本者，怨望之词甚多，吾以不了了之。今日蒸鳠鱼为第一，江厨欲赛沙光也。散归，已十一时。濯足，作书，十二时睡。[2]

谭延闿日记中，饮食交际只是配角，更为重要的主角乃是军国大事。1923年5月18日记：

晨七时五十分醒，坐三十分起。岳胡、心涤来谈。旧马弁纷纷由湘至，此等人真无以处之，如何，

1　谭延闿：1923年南征日记第二，第248—249页。
2　谭延闿：1923年南征日记第二，第252—253页。

如何。至沧白处，展堂来谈甚久。梅县少却，士气不振，可忧之至。与沧白入府，顷之，展堂来。得肇庆电，今晨以地雷轰破城，敌人歼灭殆尽，亦一快事。大元帅往视范石生军，今日开赴石龙也。午饭后，大雨。蒋介石请书《正气歌》一通，尚有入处。晚，赴孙科、吴铁城、罗翼群之约，杨绍基、朱益之、仲恺、颂云之流咸在，江虾亦来。席散，有郑科员者邀往永汉路看屋，凡二层七十元，视沧白所佃为廉，然不成门面也。归，与仲恺久谈，沧白述绍基语甚多，知挑拨者众也。三人同归至寓。就浴，十二时寝。[1]

此则日记"挑拨者众"一语，点出当时国民党内部的矛盾复杂，似乎也为廖仲恺两年后被暗杀埋下伏笔。

据江沛扬《沧桑太史第》一书，廖仲恺与江孔殷交谊如此："廖仲恺、何香凝夫妇于1897年间曾住广州河南（今海珠区）龙溪新约一座两层砖木结构的楼房，原为廖仲恺哥哥廖恩焘的私邸，他俩在二楼左侧屋顶晒台搭一小屋居住，每当皓月当空，何香凝就有'人月双清'之感，于是他们把这楼台取名叫'双清楼'。此楼与'太史第'毗邻，近在咫尺。两人经常在一起，赏月、谈心、唱和。何香凝也别称'双清楼主'。"民国后，廖何夫妇回广州旧居"双清楼"，与江孔殷

1　谭延闿：1923年南征日记第三，第287—289页。

"太史第"邻近。"江、廖两个人本是街坊邻里，心仪敬佩，自然也很想谋面认识，后来还是由潘达微穿针引线，把廖仲恺、何香凝带到'太史第'，登门拜访。江孔殷也亲自拜访过'双清楼'，廖仲恺很谦虚，送上他的诗词集《双清诗草》和何香凝的《双清诗画集》，说是'以文会友'，向江孔殷请教。江孔殷自然也客气一番，有一次在'太史第'设筵大宴廖仲恺夫妇，席间廖仲恺特别提到安葬七十二烈士的事，表示代表国民党，向江孔殷致以深切谢意。他们还在'太史第'合影留念。"[1]

谭延闿1923年6月6日记：

晨七时半醒，坐二十分起。心涤来，谈北行事，相羁过久，财窘事空，不复能留矣。戴国瑞持曾九书，此刘雨人所卵翼者也。谭新者偕罗瑞侯来，谭，贵州人，云朱世贵之书记，罗则剑仇弟也，周旋久之去。与石侯、醉六谈。偕张廪丞、罗香汀至建设部。伍次所荐科员书记来见，摇头晃脑，尽广东老也。有一邓远耀，云光绪二十二年曾为督署戈什哈，应对尚中规矩，曾入官场即非野老矣，坐一小时起去。伍学熀两日未来，云赴港也。以汽车至南堤，觅舟无有，遂乘小艇渡，姑妇荡舟，行急湍中，颇为惴惴，历二十分乃达大本营，展堂宿此已数日，

1 江沛扬：《沧桑太史第》，花城出版社2016年5月版，第61—62页。

沧白则未来也。闻大元帅今日往博罗，初都不谋，殆决心速平东江耶。又知北江兵已退乌石，且有至河头者。粤军陈旅未至马坝，已见退兵，尚能为掩护也。梁鸿楷来，卓仁机亦至，往见之，湘中尚为李思广团长也，吾已不识彼矣。问其众，云四营千余人，促令速行，索饷弹而去。午饭后，海军来索饷，舰长毕至，云水兵颇不逊。此等妆饰品何必由赤湾纳之省河，徒令多所挟制而已，吾言不用，今始知之。古湘芹来，云西江之敌无战斗力，第三师足以了之，因促魏丽堂去。颂云来言所经过，言外亦多感慨，知吾所处尚为从容也。杨绍基今日赴前敌去，自云前以前方索饷索弹索援，开口太大，故不去，今则可去矣。态度镇定若无事，且欲观其妙才也。杨映波言在叙州时，滇中数大将相对吸鸦片，部下来告敌近，献策者纷纷，一不置答，但云已有办法。复有问者，辄曰，汝不去，群谓其必有奇计。及报敌相去已八里，则曰，八里何遽报，群服其镇静。及敌至城，乃从容起，呼马弁，携烟枪、烟灯，从容竟去，一军皆惊。后有人问之，曰，本不能守，何战为。然是时公私损失数十万云。今日石龙至省电不通，云为匪所断，恐敌计矣。晚，同沧白至南堤小憩，觅廖、孙、吴商饷事，盖王棠不归，借款无着，不欲失信彼等也。陈少白、杨西岩之流毕至。丹斧同饭，沧白归去。饭后，食芒果二枚，惜未食所谓下茅芒耳。……复同映波至南堤，余觅吴铁城，与言款事，乃以舟往访江霞公，则已出赴陈塘矣，此真乐人也。归寓，有送钱南园大幅来者，纸色黯蔽，似有做作，字则神采奕奕，妙品也。又一何联何屏，皆晚年作。一册叶自查二瞻至康圣人书札具焉，惟何贞翁致杨石泉丈书为佳，余皆非合书，但知杜仲丹与张樵野倡和耳。罗伯苍母寿正五月四日，好材料也，撰联语寿之，久久不能成，草率写去，其才尽耶。濯足，就睡，已一时矣。

《罗伯苍母曾七十生日》端午前一日

称觞令节先重五，教子成名今半千。

《尚友轩杂忆诗》

深院闲庭熟荔枝，阑干步步耐寻思。
书声未歇炉烟热，廿七年前听雨时。

小年兄弟记联床，复室重帘隔电光。
憨语痴怀同绝倒，祇余今日一回肠。

红墙银汉浑闲事，脉脉盈盈两不知。
天上女牛应一笑，人间原不解相思。

谈诗说鬼兴无穷，裹碧居然一秃翁。
更漏向残僮仆怨，笼灯常在角门东。

162

复道高垣别有门，河流挟弹遂王孙。

弟兄各有穿杨技，坏壁砖留旧的痕。

去日妆楼有废墙，旧经行处最堪伤。

当年已觉欢如梦，何况今来梦已忘。[1]

此则日记说谭延闿访江霞公不遇，原来江氏已出赴陈塘风月之地。谭氏一语中的："此真乐人也！"南海十三郎回忆江孔殷"常在陈塘征歌买醉，先父赴宴，每作响局，一夕千金，亦不吝惜"[2]。

○ 太史第最好吃的荔枝菌

转眼之间，已到夏天，此时正是广州人吃荔枝的季节。对美食家而言，荔枝菌更是时令美味，所谓"不时不食"，时节稍一过，即无缘品尝此等妙绝时菜。江孔殷一生对荔枝情有独钟，后来在萝岗洞兴办占地一千多亩的"江兰斋农场"，广种荔枝、李、桃、杏、梅、橄榄、夏茅芒果、吕宋菠萝、

1　谭延闿：1923 年南征日记第三，第 339—347 页。

2　南海十三郎著、朱少璋编订：《小兰斋杂记：浮生浪墨》，香港商务印书馆 2017 年 3 月版，第 15 页。

檀香山木瓜等。对这些岭南佳果，江孔殷多有诗词吟咏，其中又以荔枝尤多。

江孔殷的孙女江献珠回忆："一别数十年，聚旧时免不了大谈儿时往事。问及什么是江太史第最好吃的，大家异口同声大喊：'荔枝菌！'……荔枝树每年必定要施肥，方法是在树之四周挖几个洞，把兽肥倒下去，再把泥土覆上。很奇怪，就在这些肥土上，经过了春雨的滋润，受了阳光的温暖，会冒出一堆堆的野菌。采菌要及时，不能等它长高，要往泥土下面挖，所以菌底往往沾满了泥土。为了掌握时间，村中的女孩子都被雇来帮忙挖菌。清早采了菌，午后方能送到广州。一抵达，家中顿时忙乱起来，上下动员去清刮荔枝菌。荔枝菌若不及时处理，菌伞很快张开。若伞底的颜色由粉红变黑，便不能吃了。经过运送，搁了半天尚是紧合的荔枝菌只占很少数，宜放汤，宜快炒，既嫩滑又清甜，统统留给祖父奉客。菌柄长高了而菌伞又张开的，便用大火炸香，连炸油一瓶瓶储存起来，好让茹素的祖母们用来送粥或下饭。炸香了的菌，味道颇浓，质感非常特别，软中带韧。菌油有幽香，拌面是一绝。……美食的定义并非绝对。在江家，微不足道的野生荔枝菌，是家馔，足与珍馐百味等量齐观。难得的是，市上罕有出售而我家却因种植荔枝，每年有啖荔枝菌的盛事，也可算只此一家了。"[1]

1　江献珠：《钟鸣鼎食之家——兰斋旧事与南海十三郎》，广东教育出版社2010年9月版，第53—54页。

谭延闿 1923 年 6 月 17 日记特别提到"荔枝菌尚新"：

晨七时起，坐二十分。浴后，见吴贞襻，鲁咏安所使也。又见蒋海青，蒋慎先所介也。与醉六谈顷之，遂过叶誉虎谈，遇伍梯云。及出，遂至大本营，中山先生昨夜半始归，云前敌情况甚好，我军亦非不能战，但敌兵众耳。汪精卫来谈明日行事。午饭后，得杨绍基电，今日与敌接触战正烈，亟望援，然援兵尚无开拔讯也。徐清和、刘麻子来谈国会事。仲恺来，以二十元交之，属转其夫人作慈善团捐款。卢子嘉电，云孙传芳十四乘新济赴杭，或者有益于闽事也。晚，同杨沧白、蒋介石至亚洲，以舆至燕春台，赴江孔殷约，江为吾辈别设一席，不厕市估中。誉虎、郑鸿年、路丹父、邹殿邦、马伯年、梅普之同座。菜不如曩日，（荔枝菌尚新，）酒亦平平，遂不多饮。散后归，与沧白至介石室一坐，乃还寓。周鳌山来言洪包子，以正辞告，理直气壮，亦自觉其言之可听也。一时乃濯足，寝。[1]

谭延闿 1923 年 6 月 19 日记：

晨七时三十分醒，坐三十分起。浴。与同人

1　谭延闿：1923 年南征日记第四，第 383—385 页。

略谈，偕廪丞以人力车至建设部，坐可一小时起出。以人力车至南堤，乘曲江至大本营，展堂先在，颂云以查得刘中林致夷午书见示，未知为陷害否也。杨绍基电来，云反攻正得力，第一师忽退，英德危险万分，请速制止。甫发电，而连江口电忽不通，未知是何变异也。东江情况尚稳，范师亦已拔队归赴援，今明可到，或无虞也。午饭，有廪丞所馈肉及鱼，已馁败矣。徐清和者以条陈来，中山先生畀吾核之，凡万余言，实欲设一部以办官纸局事，谓可筹款，然印花税且不能通行，况此等耶。为作十许语正之，因明白矣。刘麻子辞别，云今晚赴上海。古湘芹、邓演达赴北江去。与介石谈军事久之。晚，偕沧白、鹤卿以舟至陈塘燕春台，江虾、梅普之请客。遇路丹父于门，萧纫秋亦继至。客甚多，特为吾辈先开一席，梯云、玉父、路、杨、萧、邓、邹殿邦、郑韶觉同席。吾立志不更饮勃兰地，尽啤酒一瓶。今日菜则普通酒馆菜，无可称矣。食荔枝，细核厚肉，号为桂味，胜平时食多矣。散后，与杨、邓、萧舆至亚洲。诸人去，余乃登楼，啜豆汁，濯足，睡一时矣。[1]

1　谭延闿：1923年南征日记第四，第388—391页。

谭延闿1923年6月22日记：

晨八时醒，坐三十分起。浴后，偕廪丞至建设部，陈润棠请开部务会议，尚是有心作事者。出至刘子威牙医处，见其子，问牙须改配否，期以二月乃出。渡海至大本营，知滇军已集连江口，望援甚切。又得惠州电，地道尚未成也。颂云忽告我，唐铸窃军政部电纸，发电反对我，亦一奇也。午饭后，杨映波来，言发见三杨引军他去，密谋谋所以对之，恐其误大局，力止之而去。园中荔熟，摘取食之，乃桂味也，仲恺……诸人皆同食，大称美。晚，同胡、廖渡海，同车至德宣路二十八号胡宅小坐，生活亦殊简单也。复同廖至亚洲，同人多出游荔枝湾，与岳闿、王亨、吴子丞、钟仙庄、张廪丞同食，有江霞公所送荔枝菌，饮玫瑰酒一杯。石醉六、周鳌山来谈，以碑帖见示。今日热极，赤膊当风而坐。为中山先生草祭伍秩庸文，虽不古雅，尚能真切也。以书送沧白，复录入日记。十二时濯足，及寝已一时矣。

《祭伍秩庸文》代

天步方艰，孰奠康庄。国有老成，实为元良。胡不少留，俾我无相。呜呼哀哉。繄我与公，终始相合。白首论交，青年负笈。情亲迹疏，心同志协。

民国之兴，实肇武昌。我之庆心，钟阜之阳。惟公凝然，南北是耳。天已亡胡，人思自帝。谋之不臧，乱靡有既。市虎相疑，城狐自肆。公之畟畟，爰秉国钧。孱王尸位，畀命愈壬。毅然投笔，天下归仁。我起沪壖，昌言护法。公与程公，左右相答。百粤从风，三军擐甲。天不悔祸，谋夫孔多。我则去之，公独奈何。乃修戈矛，奠此山河。自此欢然，戮力耆定。我以乐推，寅受大任。公瘅其诚，是匡是正。爰张北伐，遂始南征。隶也不力，旋师于京。谁知蛇虺，乃在干城。乱之起矣，若或使之。人人无良，莫或止之。我寔不德，而公死之。呜呼哀哉。维公生平，守志秉正。疾恶不回，卫道以殉。愤此奸回，授以躯命。我时播迁，越在楼船。躬执枹鼓，与贼周旋。闻公之丧，心摧涕涟。呜呼哀哉。天佑善人，胜残去酷。言旋言归，复我邦族。珠海恬然，公胡不复。呜呼哀哉。人世几何，日月如流。自公之逝，岁星已周。国人哀思，况在同仇。呜呼哀哉。人之云亡，邦国殄瘁。天不慭遗，遗我百厉。惮往有穷，悲来何既。呜呼哀哉。我徂东江，逋寇是征。知公俨然，遗像在庭。虽虚礼敬，尚想平生。公昔有言，知生知死。灵爽不殊，精诚犹是。陈此一辞，傥公来视。呜呼哀哉。尚飨。[1]

---

1 谭延闿：1923年南征日记第四，第396—402页。

伍秩庸即伍廷芳，前述南海十三郎所记："当先父至东洋，曾与伍廷芳同行，先兄叔颖亦为伍随员。盖伍方出使美国也。在日本时，与国父孙中山先生遇，孙以粤人关系，亦与伍廷芳及先父交，并言提倡革命，志在必成，故组同盟会，先兄叔颖，早已加入，二兄仲雅，曾留东瀛，亦同时参加。"而祭文中"繄我与公，终始相合。白首论交，青年负笈。情亲迹疏，心同志协。"可见孙中山与伍廷芳的交谊。

谭延闿1923年6月26日记：

晨八时醒，坐二十分起。浴后，见军官新毕业三学生，谈顷之。邀和卿、誉虎、韶觉同渡海至大本营，徐、伍之流已至，待胡汉民至十一时乃开会。中山先生以军事将告结束，欲得一刷新政治办法，诸人各以臆对，吾则默然，结果亦与不开会等。小伍报告西文宣言，辞颇正大，亦未知绿眼人视为如何也。午饭后，映波来电，云前方已接触，绍基电亦云，已下令今早反攻。李师不能调，调杨旅，然杨锦龙来电，云去英德十余里，须下英德乃归，则北江当易得手也。蒋伯器来，魏礼堂来。蒋介石出示汝为致仲恺书，词甚谬妄，败将乃能向挚友作恶语，胜当何如，粤将其终不振矣。介石复书乃殊婉妙，大异寻常拙劣之作。晚，同沧白渡海至范石生，范今日上书大元帅求江固舰，大被批斥，故往慰之。其人对部下作谩语，亦非纯臣也。食荔枝久之，桂味已空，黑叶终非佳品。别沧白，以舟归。餐于大厅，遇王棠，近殊窘迫。有白发华侨来，坐谈，亦但作希望语耳。归室，作书与汪九，得彼二书未复也，遂复吕满、曾九书及作家书。廪丞来谈所计划。得蒂焘邮电，仍七号前事也。江虾送糯米糍来，黄盘亦致桂味，参互食之，仍以桂味为佳，甜而不腻，脆而不靡，味近龙眼而腴厚过之，特不知视挂绿如何耳。濯足后，至十二时乃寝。[1]

谭延闿1923年6月27日记：

晨八时起，坐二十分起。倦甚，何也。与醉六、蒋慎先略谈，遂至大本营。顷之，大元帅出发北江，沧白偕行，介石乃不去。与胡、蒋谈沪电事，唐少川诸人乃欲此间向陈炯明乞和耶。为诸将拟一电复之，寄沧白决定用否。午饭后，张廪丞来。杨虎来。代沧白决事甚多。冯启明来。邹海滨来。启民约同介石乘大西洋电船往游黄浦。四时往，五时半乃到，以小艇登岸。行邨落中，虽非繁庶，而房舍精坚，非湘中所有。至启民家，聚族而居，然各为堂室，如俗之三开间，与他室似离似合。亦有楼

1 谭延闿：1923年南征日记第四，第411—414页。

可登，虽小，颇井然。其妻出见，憔悴可怖。饮武夷茶而出，行町畦间，越陌度阡，终乃渡一木桥。桥在溪上，去水丈余，长及数寻，宽乃七寸，横木叉上，摇曳作态，鼓勇悚神乃得过，平生未经，如体操之天桥矣。至则在荔子林中，累累万实，听人摘食。云有桂味、黑叶两种，仍桂味佳。糯米糍尚未尽熟，至槐荔出则荔事尽矣。云黄浦有香荔一株，在增城挂绿上，惜今已罄，为之怅然。饱啖既终，并携数器，兢兢过桥，匆匆上道，行数里，乃达水滨。仍上小艇，艇布佳席，客皆趺坐，仅二榜人妇能具数人食，所谓黄浦菜也。办具无声，今乃见之。冯启民云往昔盛时，艇菜名闻一省，泊舟步上几满，有以食艇菜倾其家者，盖不仅饮食之美也。然舟如叶子，无笙歌灯烛之观，柁楼篷窗之广，仅乃容膝，入则折腰，而人乐趋之，已亦不改，其故何耶。余乃建议泊艇于电船傍，传菜上食。明月初上，群山欲瞑，海风冷然，知潮至矣。饮三蒸酒数巡，饭二盌，菜惟数事，蒸鸡、炒鸡皆有真味。有所谓蒜子鸡，以蒜瓣煨鸡，绝香美，不知有蒜也。惟著名之黄浦蛋，则在溜黄菜、焗蛋之间，殊不契之。冯、蒋外，冯之侄亦同食。食罢去，已九时矣，乃命启椗归。冯、蒋皆昏然睡，余独坐望月，惟闻机声水声，感而作诗，不能工也。到步，已十一时，乃步行还亚洲。江霞公送李福林园中荔枝三种来，所谓

171

挂绿了无佳处，既非增城而窃佳号，宜其不似。又所谓阿娘鞋者，桂味之类，甜岩脆者糯米糍之伦，皆以异名为高，实亦同味。与曙邨诸人分啖久之。作书告大武。今日得粟界珍书，来讨账者，此等人故宜如此，属宏群复之。濯足，服李荃浦方，以晨起多痰也。一时始睡。

《泛舟游黄浦夜乘月归作》

黄浦珠江水，当年迹屡经。少年如过梦，暇日又扬舲。树并人家古，云随主客停。欲知尘外赏，来看远山青。近水斜阳好，群山渐悄然。潮生知海气，月上见村烟。烽火怀前事，风流话昔贤。谁云多难日，翻胜太平年。香荔何年种，今来已恨迟。惟怜名籍籍，惟见实离离。佳树千行得，危桥一木支。不辞衣履湿，林下坐移时。小艇行厨便，维舟断港西。无声看办具，趺坐各依栖。夏水鱼生粥，春盘蒜子鸡。吴姬应未识，船菜莫相齐。月好浑如昼，香浓亦胜花。远镫知市近，微浪逐船斜。坐觉凉生袂，翻疑客是家。吾生本无恋，何处有天涯。[1]

此则日记中提到的李福林，与江孔殷关系甚为亲密。陈天机说："江孔殷为人豪迈好客，朋友之中当然不乏以诗书酬

1　谭延闿：1923年南征日记第四，第414—422页。

唱的骚人雅士，但他更广交高官、武将、殷商、外国官贾，甚至三教九流，四海豪杰。座上常宾李福林将军便是一位如假包换、绿林出身的好汉。他早年是胆大包天的劫匪。在清末民初，夜间照明多用油灯，油灯的玻璃灯筒末端直径约有一英寸，略似枪头。李福林曾以灯筒挺着豪强腰背，喝令交出财物，对方以为挺着腰背的是手枪，只好乖乖遵命。他因此得到'李灯筒'的绰号，他也索性自号'李登同'。李登同逃避清廷通缉，远遁南洋，在新加坡蒙受孙中山感召，毅然洗心革面，加入反清的同盟会，参与过多次革命战役，卓立军功。1912年民国成立后，李登同当过广州市市长。后来他任军长多年，驻守在广州南郊的河南岛，离江孔殷的太史第不远；两人经常过从，而且义结金兰，成为把兄弟。"[1]

"李灯筒"之为"李登同"，如同"江虾"之为"江霞"。

南海十三郎以《乱世英雄知报国，息兵解甲乐田园》为题回忆："先父以一介文人，清末厕身军旅，名为清乡，实则绥抚，如有地方英雄为民请命者，先父亦不剿伐，只重招安，编为官军，以维地方安宁。其最著者为'福字营'与'禄字营'，'福字营'为李福林部，自河南大塘及五村乡镇压地方，'禄字营'为梁禄田部，驻番禺洋塘乡。'禄字营'已随满清消灭，惟'福字营'则因辛亥革命，李福林组民军，因大塘五村一带起义，开出河南，驻扎海幢寺，易徽号为'福

1　陈天机：《珠玑情缘——舌尖上的贵族江献珠与幸运的书呆子》，香港天地图书有限公司2019年7月版，第24页。

军'，以响应革命为号召，保持地方治安，故历来广东政变，'福军'则独立于河南，不参加任何军阀组织，贯彻革命主义，河南一带，鸡犬安宁，亦'福军'之功绩也。当年李福林对先父甚为尊敬，遇事辄与先父商，先父献议，'福军'扩编，如遇政变，各方军队，有不及撤退者，渡河投诚，即编为部曲，故'福军'当时编为三队，后改三师，声势浩大，而以到四乡肃静匪患为实，而不参内战，只为桑梓造福，故军誉甚佳。惟好事者以李福林为行伍出身，不敢与正规军作战，只常吓走各贼匪，讥为天九牌之'三武鹅五'，无人打即大，遇人打即细；李福林耻之，常与先父言，欲洗脱此耻辱。先父谓李出身为民军，为革命一分子，如思立功革命，必须追随革命首脑，固守河南，虽可保存实力，然于国家实无建树，李福林亦以先父之言为然，故当孙总理就大总统时即请缨北伐，乃与许崇智、黄大伟共同出兵粤北，转赣南趋福建，李福林亦身先士卒，屡立战功，会陈炯明叛变，炮轰大总统府，孙总理蒙难永丰舰，北伐军乃改道入闽，李福林攻入福州城，与许崇智、黄大伟驻闽两年，而'福军'之后方部队师长李群，亦不降陈炯明，退入大塘乡独立。及粤军回粤，李福林率部重返河南，曾经在外省作战胜利，已非吴下阿蒙矣。其时陈炯明煽动商团起事于广州，李福林率军渡河救乱，复奏凯还。及北伐军兴，李福林之福军改编为第五军，以两师出兵北伐，一师留河南驻守，庐山会战，第五军亦立战功，屡次报捷，洗脱人称'三武鹅五'之辱。……李福林亦以已实非军长才，无心再扩大兵旅，只以留南部队调往补充北伐兵源，己则退隐务农，在大塘建厚德园，以种蔗、荔枝、甜橙、黄皮、沙榄出品为大宗，收成足以自给，又在香港大埔辟地为康乐园，谋退休之计。李福林一生，有足道者，即乐善好施，岭南大学李氏亦捐款甚巨，且捐建康乐医院，造福乡民。"[1]

谭延闿1923年6月28日记：

八时醒，坐二十分起。张石来谈。张练之来，为黄大伟游说，久之去。余至大本营，闻昨日江防司令部枪毙十余人。遣人问之，则侦缉队也。此辈为恶多矣，今犹嫌其迟也。携荔枝饷同人，顷刻尽一篮。午饭后，读《说文部首》久之。赵梯昆、胡文溶来，明日赵赴西江，率永翔、楚豫两舰去也，周旋顷之。刘显丞电，云地道以大雨崩陷，已为敌觉，今须另择地，又迟数日矣。英德尚未下，谢文炳部有缴枪者，已征实。廖仲恺来。罗翼群来，与展堂同去。得连江口电，帅座已于二时返省城，因与介石待之，八时乃归，沧白亦至，略谈而别。与介石、丹父、纫秋乘江枫访江虾，少坐，偕出，乘所备电船至燕春台。将夜半乃入席，杨锦龙、王铁珊及魏邦平俱同座。小饮，食铁扒烧鸡及鱼，尚佳。

1　南海十三郎著、朱少璋编订：《小兰斋杂记：浮生浪墨》，香港商务印书馆2017年3月版，第32—33页。

十二时后，仍乘船还亚洲。濯足，就睡，已一时半矣。

江虾言其所制粤讴，意谓余得把待我的恩情去待别人，愁没有人与你恩到绝顶。云唱者皆泪下，然非粤语不能传此句之神，知凡翻译皆失真也。又食鹰嘴桃，有深州桃之风，惜稍小耳。[1]

江孔殷言其所制粤讴者，诗词集中也有所收，但不知令人泪下者为哪一首？盖粤讴之妙处，有时非粤语不能传神也。粤讴的爱好者与研究者，宜更深一层探讨。

谭延闿1923年6月30日记：

晨八时醒，坐二十分起。浴后，与石、岳诸人谈。偕廪丞至建设部，了无一事，书扇而出。至大本营，与胡、杨诸人谈，以官产局、沙田局易人事，元首颇有反汗之嫌。然海滨必欲以易人为贵，亦非也。午饭后，得前方电，英德已复，杨锦棠团长战死，中路亦破花桥之敌，惟右翼无消息，冀印波以奇功告我也。四时，开政务会议，亦为财政问题，海滨喋喋，殊非大体。玉父尚能从容。展堂颇肯尽言，亦有正色立朝之风，惜非所施耳。散后，偕沧白访范小泉，至则方病卧，呻吟不

1　谭延闿：1923年南征日记第四，第422—424页。

已，殆中暑也，滇人纷纷以刮痧刺血之术进。待其稍愈，乃能去，竟不交一言。其副官李和生尚明白。沧白为言调宝璧事及保释田蔚事，田乃以侦缉队牵连被捕者，浙人也，介石为之请，故沧白言之。有顷，田来，一荒唐人耳，挥之使去。李言侦缉队无恶不作，已毙五十余人。田与其曹六、七人已奉立决之令，李拟明早行刑，今田以请得释，莫非命也。偕沧白以车至亚洲，介石、江虾、丹父、萧萱及一粤人先在。同乘江虾船至燕春台，介石作主人，吴铁城后至。菜殊平平，介石有所图故为此。吾辈席散即归，到寓，已一时。濯足，少坐，二时始寝。[1]

谭延闿1923年7月2日记：

晨八时醒，坐二十分起。浴。醉六告我昨夜海关悬警告灯，两绿中红者，飓风将至。仰视天空，果沉阴欲雨，遂乘曲江电船行，中途浪涌，已有风雨。至大本营顷之，伍梯云、邹海滨来，皆以前日会议，故如期至也。李济深师长由前敌归，发长面黑，讷于语言，云英德克复，敌不能归队者千余人，皆逃窜山谷，北人不通粤语，必为土人擒矣。杨希

1 谭延闿：1923年南征日记第四，第427—429页。

闽电亦云俘虏数百，获枪千余，方穷进，将近乌石云。看来北江不久又可肃清。谢文炳部已散，大半沉逃，连江亦不行矣。东江敌援，有在淡水击破说，尚未征实。西江退禄步后，望援甚切，邓团长将率所部先往云。沧白来，遍身湿透，云小船行巨浪中如浮海，然风雨总至，无避处也。连声海为其父幼道求书，云曾相见，其祖与先公同年也。为作真书，书湘绮三诗。大风怒号，骤雨如箭，颇似上海去年飓风，外间人言已断渡矣。午饭，有烧茄炒丝，颇似吾家风味，为之加餐。而蒋介石大骂厨子不好，主吃南堤小憩，实则南堤小憩之菜但堪供赏鉴耳，实无真味，渠辈正坐不知也。读湘绮诗顷之。电线为风阻，来电频稀。闻潮水大涨，庭中已深数寸，庶务处乃催小轮渡人，他船未堪行也。五时，与介石、沧白、纫秋同出，以版渡中庭，水已至门。乘小汽船渡至小轮，王棠在焉，比至南堤，则水漫矣。三跳乃至岸，以汽车渡人至南堤小憩，食雪糕。仍同车至亚洲，入介石房，食荔枝。西堤视东为高，水不没者三寸，江中乃无一船，风声水声相唱和而已。介石留饭，饮三杯。同至六楼访和卿，室仄多热，闷殊甚，吾乃下至吾外一室，窗皆不可开，以风雨也。与醉六略谈。李特生明往湘西，为作书致蔡、田、陈、刘，且与大武、吕满书。宏群来，云作书吴、谢、谭、成，因兼致吉光、谦谷。曹伯晋者明往常德，因复与书。孟潇检点既毕，遂已十一时。风声愈紧，似穷各塞上，忘其为长夏南中矣。脚痒且肿，殊不耐。今日香港渡未至，殆风阻也。江虾昨送下茅芒果来，三枚两种，直钱五万。虽作银楝子香，然肉薄味不厚，不如吕宋产也。濯足，遂睡。[1]

江孔殷的朋友六榕寺铁禅曾送家乡名产夏茅芒树苗给他。江孔殷在江兰斋农场特辟一个山坡全种夏茅芒。江献珠称"这种芒果细小精致，只有猪腰芒一半的大小，绿色的皮上有一块红斑，悦目可爱。因为皮也可食而带仁面味，又称仁面芒，果肉香甜，就算当时十分名贵的吕宋芒也望尘莫及"。而谭延闿则说"不如吕宋产也"，可见美食之论，各有品味。

谭延闿1923年7月3日记：

晨八时醒，坐三十分起。浴后，着布衣，尚有寒意。刘劲西来谈，今日与特生偕行也。周鳌山请作联寄湘西，为书数幅。与韵洪、廪丞同车出，遂入建设部，与伍学熿译谈甚久。梯云来谈。十二时，渡海至大本营。得电，知前线至马埧敌人已退出韶州。北兵向始兴，沈部向翁源，已选士追击，北江或可肃清矣。罗逸群来。廿七之战熊略、李云复损

---

1 谭延闿：1923年南征日记第四，第432—437页。

亡极大，已退海丰，不成军。陈炯明亲往梅县，速林虎出师，一号始抵梅，尚不知如何，则东江亦可乐观。西江以海军至，主以军舰攻德庆，断敌后防，看来亦可无虞。粤事其有乎。午饭后，海滨来。林警魂者为保全位置，以万金赠滇军守沙田局，商人颠倒错乱，可恶亦可叹也。四时会议，徐、叶、伍、程、杨、廖、邹、孙、吴之伦皆至。伍首言昨日捕关景星之不当，吴铁城为之解，用兵时期固不言法律，此在欧洲亦有先例，不能尽咎人也。散后，余出登舟，大元帅与沧白来，无舟可趁，遂登余舟，至江防司令部，看范石生。余遂至南堤小憩，饭。饭后，同廖仲恺、蒋介石至廖家屋，在农业试验场首，昔所美而未能入者也。坐谈久之。偕蒋归亚洲。江虾送荔枝来，云增城挂绿，食之，觉在桂味、黑叶之间。核大而圆，内脆而嫩，然壳无绿痕，与午前在大本营所食同，未必真老树也。仲恺言挂绿者，荔枝接龙眼树所产，核圆皮薄，及蒂有小枝，皆其证，殆近之矣。咏鸿来谈。廪丞与周雍能来，谈香山事久之。周已作朱卓文旅长矣。今日足指大肿，昨夜大痛之果也，濯药乃不效矣。十一时半睡。[1]

江孔殷用增城的挂绿老树，折枝嫁接到几棵桂味树上，

1　谭延闿：1923年南征日记第四，第437—440页。

结出了果，每年都有收获，但产量不多。江献珠称"挂绿荔枝红绿相参，当中有一条绿线经荔枝蒂围绕果身，故有挂绿之称。所以与别的品种不同，在其兼有桂味之清爽、糯米糍之香甜，而肉质特别脆口，是荔枝中的极品。"谭延闿与廖仲恺谈论荔枝，颇有妙处。

谭延闿1923年7月8日记：

晨八时醒，坐二十分起。浴。脚肿稍愈，胯生疖殊剧也。与诸人谈。周雍能来，坐甚久。蒋慎先来。与廪丞商款事。出遇胡霖于门，此真烂崽矣。至大本营，以护芳消息告大元帅，谈进行计划久之。蒋介石来谈。午饭后，闻许汝为今晚将至。沧白以久不放礼拜假，今始予假半日，遂邀同宋绍曾、萧纫秋至江虾家。水浅不能入港，舣舟大河干，步行里许，足痛殊苦也。至，则主人方起，留食荔枝、水角、下茅芒果。水角乃南派。下茅芒亦不如吕宋产（下茅或作夏茅，番禺地名），云连皮食则有银楝子香，亦殊未契。将晚，江邀饮燕春台，同人皆不欲，乃辞出。渡河至吾寓，呼菜及啤酒，饮食谈论甚欢，听留音机而散。萧养晦来言行事。石、岳诸人亦来谈，驿马动耶？沧白向以江虾为饮食之人，今读其诗乃大佩服。诗曰：弱羽巢林惜旧枝，白头供奉未衰迟。三年视突真怜汝，五岭无家更恋谁。当道豺狼宁可向，故山猿鹤莫相思。闻歌重入岐王宅，肠断龟年正此时。盖送温毅夫之作。诗实婉约，然江遂写诗不已，佳句渐稀，又不使人增重，可谓蛇足矣。沧白论诗盖犹未入大雅之室，信解人之不易。为人书扇八柄，临朱书，尚有可者。十一时后睡。[1]

谭延闿亦为诗家，其论"诗实婉约，然江遂写诗不已，佳句渐稀，又不使人增重，可谓蛇足矣"。则谭氏之品食与论诗，异曲同工。

谭延闿 1923 年 7 月 10 日记：

晨八时醒，坐三十分起。就浴。石、张、周、钟、吴诸人来谈，皆计行事者，商榷甚久。十时后，始偕周鳌山同至大本营。范石生来，报告杨池生与吕团长者皆擒至，杨如轩亦逃香港，事当已了，然杨绍基尚无电也。见孙先生，言湘西事，遂决行事。与展堂谈顷之。午饭后，梅培来，同见孙先生。以横磨剑见畀，足壮行色。海滨从旁乞段贷，以十之二与之，云数日当还也。遂与海滨之财政科员同渡海畔。宏群来。至广东银行，交割已了，仍至南堤。下车，正遇沧白来，云与汝为周旋至顷乃得赵公。又云见小泉，知杨、吕皆已纵之往香港，亦奇事也。至大本营，正会议时间，诸部长及胡、廖、邹、蒋

1　谭延闿：1923 年南征日记第五，第 455—457 页。

皆在。谈韶关事，议论纷纷，皆搔不着痒处。而介石所见尤左，亦有憾于映波，故甚其词也。乃决遣颂云往视察而散。至秘书室，食蒸饺，沧白家制也。邓和卿来谈久之。与杨、廖、伍同乘江枫，渡海至南堤，王棠、孙科、吴铁城、傅秉常请客，许汝为以下凡三席，江虾亦来。忽言及诗钟，江虾诵其东望、黄独两联。自东微雨来彭泽，既望临皋步雪堂。苍天已死黄当立，大厦将倾独不支。余遂以山查首唱为期，誉虎诸人无应者。江虾成一联，亦不佳。（山子本为天子马，查家犹有朱家风。）偕沧白、仲恺同车还亚洲。醉六诸人来，谈久之。萧养晦来辞行，明赴衡州也。为人书联数十副，墨罄乃止。已十二时，以苦参洗足，足向愈，胯肿亦消矣。睡已一时。[1]

此日两位老翰林忽言及诗钟，此乃科举之流风遗韵。如前所述，诗钟产生于福建，后流播于广东、两湖、江浙、京师等地，晚清时期已在文人士大夫中颇为流行，至民初尤盛。诗钟又分闽、粤二派，互相争衡。"诗钟作法，大概分为闽、粤两派，湘派与粤派相近。"谭延闿属湘，江孔殷属粤，则风格相近。

谭延闿1923年7月11日记：

1　谭延闿：1923年南征日记第五，第460—463页。

晨八时醒，坐三十分起。浴。偕廪丞至建设部。伍次长来，言新宁铁路借款事，恐其黄矣。（丁象益来。）至大本营，知韶关无事。又闻西江军将退，东江亦无办法，有赴闽图发展说，未知确否，然松矣。（午饭后，伍次长来，同陈新宁铁路事。）大元帅招同各部长、各处长陪，许总司令至八时乃至，客皆饥饿，饱啖而散。余与展堂、海滨作主人，请许展堂家。吾将行而帅令唤商湘事，奏对久之。与沧白渡河，呼车至胡宅，汝为、海滨、伍、叶、胡兄弟、邹海滨、殿邦、郑韶觉等同席。初谓佳肴，乃燕春台耳，不如江虾远兹。散后，同廖出至亚洲，入小坐。濯足，就寝，已一时矣。[1]

此际谭延闿已尝粤菜多时，"初谓佳肴，乃燕春台耳，不如江虾远兹"之感叹，是一个美食家经过多次比较之后得出的公允之评。在谭延闿心目中，江太史家宴已成为品评粤菜之典范。

谭延闿1923年7月15日记：

晨八时醒，坐三十分。就浴。腿膀大肿矣。周重嵩、杨思义自湘西来，云事有把握，为之一慰。宋菊生、刘杲来辞行，明日行改今日矣，谈顷之。

1　谭延闿：1923年南征日记第五，第464—465页。

毛泽东来。陈钟烈来，遂令看骸病，云将买药来敷。十二时始出，至大本营。汉民外无人知滇军有公电诋谋映波勾引军队，此亦数人所为耳。午饭后，伍、叶两部长来谈。沧白来。邓和卿、郭云楼来。杨印波来。拟电计事至八时，乃与沧白、纫秋、印波同出，印别去。余等诣江虾，至则已入席矣。孙科、伍梯云、陈少白、黄芸苏、邹殿邦、梅老亦均在。菜以火腿蒸东瓜鸡为佳，燕翅鲍皆不如往日，然胜市楼远矣。吾所送之石耳、玉兰片皆登盘。既散，食冰吉林，想去年自制时，为之不怡。渡海，归寓。陈钟丞来敷脚，以药水温绵布，复浸沸水中，以覆患处，云可减热，所未经也。为人作屏联书一小时，乃就睡。[1]

谭延闿日记中，美食等余事之外，风流人物不断出场，实则饱含丰富的史学材料，值得细品和挖掘。

谭延闿1923年7月22日记：

晨七时，坐三十分起。跛而入浴室。浴后，跛倚而盥。与介石谈。日医来视创，云后日当大愈，今已无脓矣。德尊来谈行事，今日行也。刘景丞、谭鸿任两科员来。叶玉父来，胡展堂亦至，谈甚久。展

---

1 谭延闿：1923年南征日记第五，第473—475页。

堂颇有深识者，不能不服其聪明也。朱益之来，偕一团附谢欣然，云率兵百余来护卫我，可感也。呼宏群与周旋。今日仍食西餐，然不甚适。王继武来，平江人，滇军参谋，言奉使英德见谢文炳事甚悉。詹西园来，石侯主张往使萧安国者也。作书与沪，并寄席子、何屏、刘卷、钱对、茄楠末去，交德尊携去。风狂如吼，遂已断渡，视前数旬尤为烈也。为展堂写诗一幅，又了字债。顷之，鳌山来谈，力举易可权者之才，与之饯而慰之。胡八、霍晋来谈。杨虎来，陈润棠、谭鸿任来。熊宝慈来，刘公潜来。晚，呼西餐食之，甚饱。斗室中闻风声如孤舟荒岸，使人栗然。作书与大生，明日发去。大武信来，云四十号之华生与其妇离婚，夫妇皆他徙，大武乃登门而索其虎纹狗，获之，此吾所结想而不得者，为之一喜。蔡章成来言买枪事，无钱奈何，太息而已。夜风转遽。为人作书顷之，复成两诗，至一时，遂寝。

《和沧白见赠》

一时才地更无兄，老我犹能作从兵。

偕隐未成他日计，将离还惜此时情。

相思风雨应无歇（寐），坐阅升沉意已平。

感惠徇知为此别，肯令狐兔城中行。

《结交诗赠别杨庶堪》

弱龄涉世务，结交慕贤豪。常恐志量隳，不得参俊髦。夫子龙鸾姿，声闻凤相高。经国历艰屯，求友思嘤乔。投分尊俎间，追随幕府要。语合襟怀开，言清神理超。会合固有时，离别岂云劳。敢念相见难，恐惧非所遭（操）。时危多慨慷，道在常消摇。启处诚不遑，感激从征轺。

《别江孔殷》

不见霞公二十年，相逢犹未恨（惜）华颠。

桑田阅世情如昨，海月如家意（影）共圆。

别久不辞欢宴数，梦回还忆革除前。

与君更约重来日（有重来约），莫为临歧意黯然。

夜大风，窗棂动摇，玻璃破碎，数醒，如在海舟也。[1]

《别江孔殷》一诗后来收入《谭延闿集》时，改题为《别江霞公》："别久不辞欢宴数，梦回还忆革除前。"欢宴杯酒之间，古今多少事，都付笑谈中。这次在广州重逢，谭、江两位同年相见甚欢。不过，这只是暂别，接下来还有不少交往。

谭延闿1923年7月24日记：

晨七时醒，坐三十分起。（浴后，）始着袜，翦

1　谭延闿：1923年南征日记第五，第494—499页。

发。下电梯，乘车至南堤，乘船渡海，水与步平。从墙侧入，至丹父室小憩。乃至秘书室，尚无人至。与温良伯润谈顷之。登楼，见喻毓西。沧白、展堂先后至，同见大元帅请训。大元帅若曰今日当以革命手段挽救国家，一切法理论皆用不着。即如湘事，实奉大元帅令精神，奉党魁命，譬如对满清宣战，岂有退转，应一切不顾不理，以服从命令，达到任务为归。又云颂云此后不当生意见，并可助之。其辞甚长。复于大局、粤局有所讨论，乃辞而下。颂云来谈，吾自以为开心见诚，不知人如何耳。饭后，与胡、杨（杨映波）、李禄超、萧、宋、温良、汪潇泾握手为别，遂出门。下船，连声海者送印同行。余径至江防司令部访范小泉，谈颇深。以舟迎胡展堂、杨沧白、映波来，同至先施照像，合照一，独照一，乃出，别诸人归。抬生送手机关二至，惜弹少耳。同人来谈。日医来视疾，其名乃原季五郎。请作书，并介绍一鲍姓医士偕行，为写字顷之。江霞公来，略谈去。余偕同人赴王棠、陈兴汉之招，固卿、玉父、仲恺、梯云先后至，凡两席。将半，与伍、叶、徐、廖至南堤公饯之局，主人十八人，客惟余与礼堂。同人毕至，颂云最后来。已九时，乃辞出。乘车，诣沧白，则映波、萧、宋、丹父、锡卿、新尼先在。以烫面饺、梢子面见享。饺各十五，面亦两盌。及入席，有太平馆鸽及鸡，不敢饮，惟食菜耳。散后，谈至一时，乃与丹父、纫秋同归亚洲。……为江霞书一联，与路、萧至三时乃去，各就寝。[1]

此则日记所记"大元帅若曰今日当以革命手段挽救国家，一切法理论皆用不着。即如湘事，实奉大元帅令精神，奉党魁命，譬如对满清宣战，岂有退转，应一切不顾不理，以服从命令，达到任务为归"，当时孙中山之革命精神跃然纸上。

谭延闿1923年7月25日记：

晨七时醒，坐二十分起。李伯恺来，为余改方、诊脉，云三仁汤可常服也。送行，客大至，一一周旋。与萧、李、姚禔昌早餐于西餐厅，遇刘文锦、梁醉生，遂呼廪丞来。与萧纫秋、李荃浦同上七楼摄景。江霞公来，亦同撮影。将下，遇伍瑞南偕伍大光、陈润棠诸人来。又邀至二楼撮影。徐固卿、郑韶觉、叶誉虎、朱益之来，王棠亦至。九时四十分乃出，登小轮，送者毕集。宋绍曾来，云沧白妻病，不克送吾。及至车站，孙哲生、陈兴汉之流皆在。从黄沙步至车站，陈新制花车，虽草创而〔熨帖〕（慰帖），同行者毕上。纫秋忽欲送至韶关，乃亦登车，孙哲生、萧、郑、江虾之流俟车行

1　谭延闿：1923年南征日记第五，第502—505页。

乃去，正十时十分也。检点人数，乃知张典钦未来，停车西村站待之，及以专车至，云廖仲恺亦至车站也。车过军田、银盏坳，皆月前激战地，已了无遗踪可观。惟黎洞有坏车横路隔耳。陈兴汉办饭，饭客两遍四菜乃得。周复出龙眼饷客，尚未佳也。车中郁热，困卧甚久，不暇观风景。过连江口，车沿江行，尚时有雅致。车中人同行者石醉六、岳宏群、张石侯、唐心涤、姜咏洪、胡醒迟、谢霍晋、周鳌山、蒋慎先、周重嵩、姚褆昌、容景芳、孔献璋、史民、陈飞龙、张典钦、首惟一、曙村等二十余人。送行者陈兴汉、萧纫秋、伍大光、张廪丞四人。五时复饭。饭后，腹大泻。六时抵韶州，刘南荪来，滇军司令部及湖南同乡皆来迎。以舆入城，过浮桥，行街衢，迂回甚久。城中繁富如湘潭也。至第二中学憩焉。与来迎诸人略周旋。谢陈、萧、伍三人，令今夜行。乃呼鲍医来视创，创口日浅矣。换药后，出与同人谈。同乡两代表设席宴客，谈近事甚悉，九时乃散。……十二时散，乃舆归。舟泊南门外，大舟十五、小者三十。余独踞一舟，有几案、床、椅，殊宽适也。热极，三易衣。与廪丞谈久之。余东璠者忽至，述滇军诸人意欲明早来送，坚留七时乃启行，谢之不可而去。就浴后，以缩带松呼医易之。少坐就寝，已二时矣。五年不卧行军床，今乃复为，此令人慨想永州时事。韶州蚊乃绝少，可怪。

《赠别萧纫秋》

惜别意何重，相从惘惘行。炎风横石渡，斜日曲江城。去住元无定，关山空复情。明朝各挥手，应共（为）数归程。[1]

谭延闿此行北上，皆因局势所致，"五年不卧行军床，今乃复为，此令人慨想永州时事"。如前所述，谭延闿先后三次督湘。1917年8月，他被段祺瑞免去湖南督军之职，结束了第二次督湘。护国战争爆发后，他坐镇永州，统一湘南，被广州护法军政府任命为湖南督军，与北军湖南都督张敬尧形成对峙局面。谭延闿虽然是翰林出身，却与江孔殷大不相同，是真正打过硬仗，见过腥风血雨，这也正是他的日记中极其珍贵的史料价值所在。

○ 座上客常满，樽中酒不空

北上征战数月后，谭延闿再次回到广州。此时正值秋冬

1　谭延闿：1923年南征日记第五，第505—510页。

之际，江孔殷家的拿手好菜正好登场。

谭延闿1923年11月21日记：

晨七时五十分醒，坐三十分起。易吟邺、咏洪、剑帆诸人来，建设部诸人亦来。唐铎、林凤游、郭庆藩来。张藻林来，遂偕出。同坐小划，渡海，至大本营参军处一坐。遂至秘书处，知南雄警信。登楼，谒帅，谈御敌事，仍主先东江后北江。下，与协和谈，意则反是。遇誉虎，谈顷之。同沧白、纫秋饭。与贵州代表王度谈洪江黔军事。旋出，渡海归寓。与宏群商改组事。今日醉六偕胡星池去，胡为我针左手背及臂各一针，云将愈矣。步至江干，以小划渡访江虾，相见欢然，正烹蛇，乃留饮蛇胆酒，以数盘蛇肉下之，诚为鲜美，然煮以大锅，未知冷食如何耳。张某来，滇人，足恭之士。八时后，乃偕江、张同渡，径至南堤小憩，孙哲生、吴铁城、廖仲恺、陈兴汉、罗翼群公请，凡二席，伍、萧诸人毕至。散后，同萧纫秋至亚洲访沧白，不遇，乃至杨熨阶处，正遇沧白，云顷有人携东坡墨迹、李太白诗卷来，惜未见也。十二时始归。周雍能来谈，刘劲西亦至。濯足，就睡，已一时矣。[1]

1　谭延闿：1923年南征日记第八，第757—759页。

广州秋风已起，谭延闿在江孔殷家吃到的正是时令的拿手好菜。"诚为鲜美"之叹，正合时宜。

谭延闿1923年11月22日记：

八时醒，坐二十分起。与岳商韶事。同人来者纷纷，遂议迁居以太花园，而以今住屋为寄宿舍。廪丞诸人来，谈久之。饭后，至大本营，帅座及协和皆已变计，令湘军援南雄，吾与性初同往。遂令其先归，吾亦旋至寓，作书发令，令性初赴韶传达。湘军疲困，又无补充，今当大敌，殊为惴惴。萧纫秋、詹大悲、何雪竹、路丹甫来。萧、何于援韶有疑义，来谈甚久，意极可感。遂偕萧渡海见帅，谈顷之。以事势论，湘军如不加入，则北江不可问，惟有努力耳。偕萧至杨绍箕家，沧白先在，闻范小泉与杨蓂陔顷尚在此，乃为兵所劫持去，亦可怪矣。今日江虾送蛇肉来，杨留同其部属共享，饮蛇胆酒数杯。散后，余至南堤小憩，徐固卿、陈其瑗、傅秉常请客。座有廖行超，乃美秀而文，宜其摇笔成诗矣。散后，归寓。张石侯由韶来，言诸将决加入北江战事，已与滇军接洽妥贴，明日开赴前方，士气尚可用也。与张、岳谈委任部员事，至二时乃就寝。[1]

1　谭延闿：1923年南征日记第八，第759—761页。

谭延闿1923年11月27日记：

八时醒，颇觉困顿。吕满自上海来，宝球亦至。得种种书，卧而读之。起，坐二十分。人觉惝恍，不饭而粥，终日偃卧。与吕满谈久之。晡时稍愈。与吕满、宏群、石侯、宝球步至河干，登轮至江虾家。有顷，杨沧白、萧纫秋来。张廪丞来。吃蛇，饮酒，佐以他肴，皆乏味矣。既散，与杨、萧渡江，欲访仲恺，闻其出，遂入亚洲，看沧白移居。谈杨蓂阶事，行监坐守无异杨囚，视沙河又不同日语。纫秋往，未得见，但为兵所胁云。十二时后归，一时始睡。[1]

谭延闿1923年11月29日记：

八时醒，坐三十分起。欧阳豪来见。又数寻常客。张鲁璠、孙雪庵来。黄本溥来，同饭。颂云来，谈久之。步青偕成谷采来。得杨沧白书，约往谈，遂出。先至牙医处，老刘方病，小刘又出，不得治而出。至大本营，则沧白以纫秋劝退，须吾为决之，丹父亦在坐。吾与诸人开说，所见颇有陈纳。沧白曰故有主宰者，本不因人言为缓急也。赵金台来。

1　谭延闿：1923年南征日记第八，第768页。

偕诸人出，与萧、路偕至以太花园，适江虾送蟹来，留两人同食。既罢，偕出，二人去，余访范小泉谈杨蕢阶，此亦一是非，不能谓其无理。留食馄饨，至一时乃归。得咏安电，感日已接触，昨进至江口，今日战甚烈，调飞机，为之忧悬。二时乃睡。[1]

江孔殷给谭延闿送蟹，此时蟹正肥美。古今美食家于中秋后好食蟹者无数，李渔、袁枚亦然。江献珠后来有一个关于"蟹"的菜的记录，名为"笼仔蒸蟹饭"，颇具广东特色："广东师傅用荷叶包住糯米饭来蒸，米饭尽吸蟹肉和蟹膏的精华，入口甘香丰腴，加上荷叶的清香，又不觉腻滞。"[2]

谭延闿1923年12月9日记：

八时起，坐二十分。吴子承来。与张性初谈。饭后，得咏安电，中站之敌于阳晚完全击溃，正拟商办善后，北江战事或可告一段落矣。闻彭谦谷又风，可怜也。步至西濠访谢、吴，遇陈阆良、张浴昆、郭步青、李隆建、龙磊、熊爵一之流。出，偕谢、吴、陈、张至大新买物事，又至屋顶看影戏及粤剧。散后，至六榕寺一游，见铁禅和尚，云寺产被提，塔已不能重修矣。出观诸藏物，如前时，有

1　谭延闿：1923年南征日记第八，第770—771页。
2　江献珠：《矜贵家肴》，香港万里机构·饮食天地出版社2013年9月版，第151页。

燕草新苗及罗浮仙蝶，径三寸，则新获者。将晚，辞出，知沧白、纫秋来，遂别诸人归。纫秋邀同至陆羽居小酌，非粤味也，烧猪可零买，油鸡极肥，子鸡、腊肠饭尤精美，惟蛇不佳，既不用火锅，且鸡多蛇少，偶有腥气，不敢多食，信江虾之言不诬。去十五元余，乃觉视南园廉也。偕杨、萧访范小泉，胡说八道，其对杨蕈阶则已大声疾呼，申罪致讨，非复日前之扭扭捏捏，可畏哉。以鸡枞菌干见贻。余坐而假寐。九时后出，别杨、萧归。孔宪璋自石龙前线归，谈久之去。玩寇豢敌，今日已成通病，湘军固不解也。得德、淞来书，批答之，此简先生之力也。十一时后遂睡。[1]

此时谭延闿食酒家菜而思江家菜，"信江虾之言不诬"，正是一个美食家的自然反应。

谭延闿 1923 年 12 月 10 日记：

七时三十分醒，坐三十分起。觉寒，衣呢袍。熙农来辞行，遂同饭，待船至十一时乃行。贺伯仁来，商赴吴军事。张鲁璠来。周敬贻来。吴苍来。得电，知前方至南安，高凤桂遣人联络出赣州，则不知其诚否也。为铁禅和尚题六榕香雪图，作七言

1　谭延闿：1923 年南征日记第八，第 789—790 页。

一首。铁禅，刘渊亭旧人，能言先公时事，其所藏有澹归和尚、石溪上人书画，及冯鱼山梅花诗卷（及罗浮仙蝶又芝生其谐），故篇中及之，惟不及木琴耳。出，至大本营谒帅，沧白、纫秋、侠黄在座。以电呈阅，帅意大驙，有出赣州之主张。以理致论正应如此，不知主兵者有此胆识否。偕蘧孙归西濠。与冠军谈，座上有黄本溥，忽薙其须，几不相识矣。出，赴南堤小憩，江虾与谭礼庭今请吃蛇。文白、梯云、沧白、武自、绍基、玉山凡二十余人，三桌分坐，余与杨、伍诸人同座。食蛇八小盌，他菜不能更进。刘麻子言南园诸酒家亦食蛇，然直鸡耳，蛇不过十之一二，乃腥不可进。余谓正以蛇少，故以腥表之，否则不足取信，群谓此言确也。饮蛇胆酒，亦酽至。散后，登楼，则烟赌窟也。下，与江虾别，计明晚吃蛇之局。归家，安甫来，吕满亦至。得沪电，周次峰至沪，蔡乃获胜。又云唐谋攻粤，未知诚否。得大武书，有律诗，令沧白见之必恭维矣。十一时睡。

《梦醒》

往事凄迷不可思，春蚕死尽尚余丝。

翩来倏逝非无意，愁见魂销梦断时。

《题铁禅上人六榕香雪图》

我昨度岭寻早梅，十月岭头花未开。

今来重访六榕寺，画里香雪能徘徊。

上人于心无厚薄，一任花开与花落。

妙手流连写作图，春风欲满阿兰若。

我家亦有花千棵，岂意今日同樵苏。

六榕千年亦泯灭，况乃凡卉何嗟吁。

人生清境得易失，事后思量无一物。

可奈流年冉冉过，又看江树垂垂发。

怀旧伤春总断肠，平生去住两茫茫。

我别海南三十载，再见花塔摩穹苍。

昔日同游几人在，青衫已逐华年改。

罗浮蝶影东山芝，只今又是春如海。

赤手屠鲸愧未能，青灯礼佛自相应。

翻笑鱼山苦作健，长年绮语如春泉。

上人昔时好身手，曾逐狻猊向南斗。

袈裟一着心魂清，为问铁衣今在否。

感此终当悟本师，世人对我心（空）然疑。

澹归髡残不足羡，流传书画人点嗤。

物论纷纷那可料，忙者自愁闲自笑。

一花一叶定何如，非树非台谁得觉。

却忆趋庭学咏时，官梅何处觅（今更少）残枝。

忍将曹洞西来意，写入扬州东阁诗。[1]

1　谭延闿：1923年南征日记第八，第791—795页。

六榕寺铁禅上人是江孔殷的老友。而铁禅与谭延闿相见"能言先公时事"，其交游之法，可见一斑。谭延闿诗中"物论纷纷那可料，忙者自愁闲自笑。一花一叶定何如，非树非台谁得觉"则颇见其悟道修为。

谭延闿1923年12月11日记：

> 晨八时醒，坐三十分起。谢馥、谢斌、李一超来，言任介眉昨日被围事。蒋慎先来。（黄海清来。）饭后，冠军来，谈改编及军队内容，言颇切至。张矮子来。既去，余遂往访赵毅武，以方伯雄电云赵与高凤桂有结，今高使人来言之也，谈甚久。出，至大本营，以方电呈帅座。李协和、程颂云皆来共谈。至秘书室坐顷之，遇田子琴、何雪竹、杨虎等。偕吕满归寓。晚，有江虾所送蛇，乃大邀同人享之。饮蛇胆酒。然姜咏鸿辈皆辞谢，不敢与也。既罢，而杨沧白、萧纫秋来，遂邀其赴陆羽居，食烧猪、长久蒸鸡煲饭，不觉大饱。沧白谈所作文学书，日译雅，根据《说文》以英文名词证之，凡得千言，亦译界一光彩，非严复所及知矣。十一时乃散。归，见护芳、廪丞，言任鹤年事，此事曲直非所论，然言者皆不免动于感情，则非所知矣。方伯雄电来，云高凤桂所遣使提有条件，此等事不许固虑失机，许之亦恐失人，须更思忖也。濯足后睡，

已十二时。[1]

此则日记中"然姜咏鸿辈皆辞谢，不敢与也"为之一笑。可见每个人都是自己的美食家。

谭延闿1923年12月21日记：

> 七时半起，坐二十分。吕满来，以宋阜南携信件见示，看了半天。大武第百三十一书寄衡州者亦转来。又看《游艺丛刊》。饭后，剃发。陈护芳、刘伯伦来。古湘芹、冯轶裴、李仙根来。丁怀瑾来，高要地方厅长也。彭国钧、王文炳来。午后二时，开会议，少校以上军官毕至，议出兵计划及编制，后为总指挥问题推让甚久，仍以属宋，此鲁意也。会散，与宋、鲁谈久之，邀同赴西园路丹甫之约，凡两席，湘军官毕至。有蛇胆酒、蛇羹，视江虾所制有天渊之别。后令取蛇剖胆，三胆置两钟酒中，则色正绿，味微苦，始稍可进矣。林特生极欢迎蛇肉，而宋、鲁皆避席不敢下箸，亦见食性之难齐矣。既散，与鲁、吴、林、陈同赴杨绍基之约，樊老二、刘显丞、程颂云、朱益之同座。太平馆番菜，烧鸽亦不如平日远甚。既散，稍坐，说技术术数而罢。归寓，毓昆来取信，明日往南雄慰劳高师也。宋阜

1　谭延闿：1923年南征日记第八，第795—796页。

南来作深谈，往复不尽。已去，乃就睡，已二时矣。颇热。[1]

此则日记中谭延闿感慨"亦见食性之难齐矣"。"尔之蜜糖，吾之砒霜"，美食，各人有各人的标准，信然。

谭延闿1923年12月28日记：

七时五十分醒，坐三十分起。今日乃顿觉暖热，日光满室，如春深也。路丹甫来，同饭。余辉照、萧养晦来。陈个民来。陈墨西来，言沈鸿英事甚悉，又为邓右文通诚，不知其诈否也。王楚雄来。夏声为其母求作文。黄国军、钟奇峰来。陈恺良、廖素孚来。手麻足肿殊甚，感于时事之艰，又念吾生之促，颓然便卧，看校碑随笔一过。宋、鲁、谢、吴、陈军长来。刘步青、周次峰、汇清来。江虾、梅三、梅六来。设席凡二，曹厨外以江虾蛇羹足之，宾主尽欢而散。内部人员自岳、吕、易、李、张廪丞、典钦、宋满、曙邨外，贺斌、丹父、沧白皆与。蛇酒既罄，以勃兰地足之。客去，濯足。十时三十分睡。竟日未出，到粤以来未有也。

1 谭延闿：1923年南征日记第八，第809—811页。

《挽朱廷燎父松封协台》其祖即朱品隆

武达亦文通，累德不嫌三世将。

立诚先教孝，生儿并作万夫雄。[1]

谭延闿日记中多处提到的"勃兰地"，可以用汪希文所记作为佐证："霞公太史宴客所用之酒，亦属骇人听闻，其时贵州茅台酒未有运至粤，山西汾酒至粤者亦不多，穗市绍兴酒虽多，但为霞公所不喜，仅厨师调味用之而已。所以，霞公宴客，照例是使用洋酒，绝不用土酒。倘是宴贵宾，用最名贵的八十年拿破仑白兰地酒，常出重价派专人赴香港搜罗。世上最普通之'三星斧头'唛白兰地酒，他亦嫌太寻常，普通宴客，亦惯用（FOV）白兰地（价值比'三星斧头'唛为贵），太史第中，常时贮备十箱、二十箱之多。三国时代北海孔融，史称其'座上客常满，樽中酒不空'，千古传为美谈。若以孔融视霞公，犹如小巫见大巫矣！"[2]

谭延闿1923年12月29日记：

> 七时五十分醒，坐二十分起。大寒风，衣呢马褂。饭后，吴显达者来，云为洪兆林部周子荣、吴子庄二人通诚，皆尝在先公卫队作红旗者，吾以为周长

1　谭延闿：1923年南征日记第八，第826—828页。
2　汪希文著、蔡登山编：《我与江霞公太史父女：汪希文回忆录》，台北独立作家2014年10月版，第118—119页。

胜也。呼解福生、周汉斌问之，乃知非是。陈护芳来。为人作大字及屏联。宋阜南来。今早伤兵来求发饷，喻遣之去，然不免破费矣。朱剑帆、方竹雅来。彭国钧来。得大武书。怀德又上控请求董事负责，可恶也。尹厨子来告病假，云吐血病重，请回衡州，岂避曹耶。陈方度来。（陶铸来辞行。）余出至博爱医院，原田院长、原博士为治如前日，原田验溺，云蛋白质已减，肿似亦渐消，则未知药力欤，抑蛇力也。出，至亚洲宋、鲁室谈，（遇廪丞，）烈武来。宋以点心相款，曹厨制也。鲁使其子出见，聪秀小孩，年已十四矣。六时后，至大本营，鹊头珠江一叶，孙科、铁城、梯云、郭泰祺、郑洪年请日本领事天羽及数日本人，客则曲、陈、谢、柏及谢无量，凡两席。月黑风高，波起船荡，如在大海中，实亦仅离岸而止，未尝行也。吃蛇及他菜，皆江虾厨。余饮蛇胆酒十杯、蛇羹十碗，他肴称是。留伎歌粤讴及南北曲，客皆牛鬼，伎亦蛇神。散后，遂归。李特、张典来见，谈昨日火车被抢，一军火食一千余元与焉，伤十余人，死湘人六，其地则河头也，可谓破屋又遭连夜雨者矣。以药浸足。十一时半乃睡。[1]

谭延闿所记"留伎歌粤讴及南北曲，客皆牛鬼，伎亦蛇

1　谭延闿：1923 年南征日记第八，第 828—830 页。

神"，颇见其人风神。"饮食男女"之事，江孔殷皆好；而谭延闿精于饮食而淡然风月，却在其日记中多处可见。

谭延闿1924年1月1日记：

七时二十分醒，坐二十分钟起。吕满来，部中同人来称贺。护芳、友三来，宋、鲁、吴、谢、高、方、王来，同乘车至南堤，则汽船为人乘去。待久之，乃借他船渡海，甫行，而船亦归，乃分乘至大本营。登楼，至客厅，各部局人员皆至，待大元帅出，行三鞠躬礼，帅座下楼，授纪念章与卫士，奖前年捍卫总统府之功也。余等凭阑观礼，听演说毕，呼名授章，夫人为亲系襟上。将半，余辈遂行，渡海至亚洲，余独入饭厅。早餐将毕，而吕、岳亦至。余至曲伟卿、陈鸿轩室，则镜虚、阜南、方、高咸在。谈顷之，出至特生室，谢、鲁诸人来，廖湘芸亦至，邀同赴湘人恳亲会。至石将军巷口入，盖熊略父长卿所居，以逆产充公，实则江虾亦有股分，非尽熊所有也。旧屋三重，皆饰作克产。湘人到者数百，行礼亦简单，不演说，但具茶点，以吾及颂云为领袖，最少年为咏安之儿，颇英发。坐久之出。余径至沧白家，则未归，见其夫人，以茶点及菠绿面见款。李荃甫、董福开来。顷之，沧白亦归。……诸人续续去，惟荃甫留同晚饭，小酌，仍吃菠绿面。谢无量来，谈顷之去。余于荃甫留与沧白谈文学甚久，沧白于中英文皆有心得，故言之娓娓，十二时乃归。荃甫同车至街口，余以舆返寓，浸足，阅信，十二时半乃睡，颇有遗世独立之想。[1]

此则日记所记"余等凭阑观礼，听演说毕，呼名授章，夫人为亲系襟上"。仿佛是电影情节，而由亲历者记来，别具历史意义。

谭延闿1924年1月2日记：

晨八时醒，坐二十分起。吕满来。饭后，毓昆来谈，王均、李明扬来，云湘军东昌种种不合，使人气尽。方伯雄、葛柱寰来。刘劲西、廖梅斋来，偕方同诣大本营，甫入门，则大元帅出赴会，乃入见李协和、杨沧白而出。遂偕方至亚洲，与阜南久谈，章获秋在座。久之，沧白来，与丹父诸人乘船至河南，李福林兵拦路稽查，殊可怪，与以名片而过。至江虾家，设席两席，梅三、梅六、沧白、阜南、毓昆、伯雄、吉堂、冠军、宏群、特生、曙村、林支宇、鲁咏安、丹父、吕满、廪丞、步青、护芳。菜极考究，有金山翅、熊掌、象鼻、山翠，皆异味也。然翅特佳。散后，分三班归家，至晚十时乃返

1　谭延闿：1924年思庵日记第一，第1—5页。

寓。孔献璋来，云敌人有反攻讯。濯足即睡。[1]

此宴"菜极考究，有金山翅、熊掌、象鼻、山翠，皆异味也。然翅特佳"。据云谭延闿平生嗜翅，能得其赞赏，必是佳馔。

谭延闿1924年1月3日记：

八时醒，坐二十分起。吕满来，刘竞西来，粟海槎来，谈湘潭事甚久，同饭后去。沈演公来，即沈赞清，字雁潭者也，先公督粤时文案处旧僚，白须发矣。谈往事久之，为惘惘也。彭与吾、王亨五来。姚大愿来，谈广东财政甚悉。简季珊来，叔干之弟也。刘韵樵来，言冠军题恺良画词乃彼作，殊为失敬。又云有"片帆且向东江去，莫畏风波不可行"之句，以寄托时事云。此唐会泽所不及矣，孰谓楚无才也。出至大本营，登楼谒帅，沧白适在，正谈北伐事，参入商榷，盖亲征之局已定矣。下楼，见协和，谈书画，留饮，食面，意极殷勤，以为民国来惟吾两人未尝走错路也，思之良然。至秘书室见沧白，云日本电已到，非人来矣，天其欲助北伐耶。廪丞来，立谈而别。今日汽船往迎子弹，余往来皆以小划，亦殊容与。归后，阜南、高子

1　谭延闿：1924年思庵日记第一，第5—6页。

丹、方伯雄来，鳌山絮絮为选举事与护芳上下议论久之。吾近对于此等问题皆已厌倦，岂政治趣味已不浓耶。周去，鲁、谢、吴来，鲁儿亦同至，章荻秋、雷时若来，王治平来。待曲伟卿、陈鸿轩、谢敬虚至八时乃来，王吉堂亦至。今日江虾送蛇肉及酒，以两席宴客，佐以曹厨数肴，惟敬虚尚知味，余皆漠然。典钦、仲圭虽入席，未敢多食也。散后，王均略留谈。客去，独坐，作家书，十一时寝。[1]

谭延闿一生知味，日记中亦有"惟敬虚尚知味，余皆漠然"之叹，可见知味难，而知音同样难求。

此时的谭延闿四十多岁，身体健康开始出现问题。时客粤中，江孔殷成了谭延闿重要的健康参谋，以下数则日记多记其身体健康的变化。

谭延闿1924年1月22日记：

八时十五分醒，坐三十分起。手胀如故，腰忽痛，从来未经也。早饭后，邱鸿钧、徐友三来，张矮子来，杨思义来，郑鸿年来，彭国钧来。陆美琳医生来，云吾溺有蛋白质，属不食他物，但静卧勿起，愧未能从也。宋、鲁、谢、吴、陈、伯雄、逸

1　谭延闿：1924年思庵日记第一，第6—9页。

如来会议，似出东江之说又胜。举棋不定，恐致无成，是则又忧者。十二月将尽矣，饷项无着，为之悚然。得大武书，怀案又翻，内外煎迫，而吾手足病日剧，将之奈何。客去，遂偃卧，以从医言。中间一起，打电话与江虾，又作书与江、范。郑韶觉来，虽至关切，然不能筹款，而待我之自谋，可哀也。看《晶报》以遣日，不觉二时矣。本可早睡而自误之，又可惜者，此医院所以必入也。今日停服蛇胆，以无效也。[1]

谭延闿1924年1月29日记：

八时三十分醒，坐二十分起。王猷来。饭后，丹甫来，徐友三来，罗正纬来。黄魁汉来，广西民军，开口借钱，乃笑谢之。陈贞瑞来，钟仙庄来，李抱冰来。余出至大本营，遇仲恺、哲生，谈甚久。复谒大元帅，言出师事，仍主不变更计划。出遇沧白，立谈而别。至中德医（药）房就陆美琳诊，诊后，复以电治手足。乃至亚洲，与宋、鲁、谢、陈、方诸人计事，谈论甚久，不主出赣之声又起矣。今日与汉民、精卫、海滨、沧白、显丞、绍基公请诸代表，到者百余人，居觉生、于右任、谢惠生皆得见之，演戏殊幼

1　谭延闿：1924年思庵日记第一，第51—53页。

稚可笑。与孙、吴诸人同桌，未中席而出。至咏安室，与宋、鲁、谢、陈、方继续研究，决以听帅令为归。廪丞来，言反对沧白事，可笑，粤人之烂污也。谈至十一时后，乃归。王捷俊来谈给养。今日江虾送蛇，请成谷泉诸人食之也，散在吾归前。料理公事，写联二,一时半乃睡。忽宋六、吴八同吴仲平来，披衣起，与谈顷之去。今日始着绵袴。[1]

谭延闿1924年2月3日记：

八时十五分醒，坐二十分起。为人书数大字。江虾信言红薯之白心者治脚气，蘸以黑米醋尤佳，吾乃如其言食之，遂不早饭。刘毅要钱，立谈而去。十时半，出至中央执行委员会，廖仲恺主席，到者三十余人，协烈武诸人皆在。议各省设执行部事，湖南推夏曦去。散会，吾遂渡海至秘书室，代仲恺料量诸事，尘牍一室。登楼见帅，陈说公事，李师广亦同上，有所陈请。方言湘军饷事，而老樊之秘书来，哭丧着脸说钱不够，转为解说久之，遂同下。至参谋处，颂云诸人皆在，看协和《眠仙韵诗》，和者已众矣。至前楼开会，继续昨日，无甚精采。及散，同李、程谒帅报告，介石在座。既下，

---

1 谭延闿：1924年思庵日记第一，第66—68页。

复至秘书室，清理案上及屉中。盖自吾行后，久无人过问，今乃得稍清厘也。丹甫来，谈顷之，同渡海。余归家，乃腹泻，今日已两次矣。宏群、特生、典钦皆来谈。当此危苦时，已有倾轧之象，中国群众之不可问如此耶。吃面三碗。濯足后，十一时半即睡。[1]

谭延闿1924年3月19日记：

八时十五分醒，坐三十分起。手足仍如昨日，放血处已不痛矣。吕满来。宋辑先来辞行往滇，冷公剑来自上海。宋光务来，阜南所介绍也。（张长弓来。）彭德尊、粟海槎来谈数语，今日赴沪作蒋干也，余虽不欲，然大众心理以为先礼后兵，亦遂听之。与吕满同渡海，料量公事后，登楼白事，谈及改道不北伐，咨嗟久之。凡事徒顾目前，未有不悔者，吾知之而不能坚持，闇耶，弱耶。下楼，作书与唐蒉赓、杨济人，托宋辑先带去。归寓，饭。宏群诸人来言事。一时，曾女士来，熨头、背，针手、足、腹、胯如前日，放血则右会中穴六针，血仅六滴，左二针，血约一小匙，云尚畅利，色仍黑，质仍稀，云水气重也。六时毕事。熙农来，咏安来，

1　谭延闿：1924年思庵日记第一，第78—80页。

言出发事。李思广来，廖湘芸来。大本营二侦探来报，湘军在太平坊闹赌，乃命周滏生持命令觅李营长禁止之。晚饭，吉光来，吕满来。江虾送芒果来，未之敢食，以赠纫秋。性初、典钦来，言前方兵士心理，主张发饷，是非吾所能及矣。李营长来，云并无闹赌馆事，恐多饰词也。为人作书顷之，临《墨妙轩》数则，此后作书当立范围，不得乱涂抹也。入室，小坐，闻楼上火起，出视，则楼厕中已着，盖纸烟为之，顷之乃熄。左昭淡往接病院，为兵所轰，亦奇闻也。湘军恣睢如此，何能制敌，为之一叹。十二时乃寝。[1]

谭延闿1924年3月27日记：

八时醒，坐二十分起。脚似全消，手犹未也。然二十日辛苦不欲孤负之，仍禁口数日，以观其变。剪发，已二十余日不剪发矣，霶而不沐，亦医教也。成谷泉来，言逃兵问题久之。覆水固不可收，失弓何能更得，姑顺其所请以慰之耳。与吕同渡海，陈事办公如平日。梅培及谭长年来。协和处一坐，与安健相遇，几不识矣。归至营门，见野炮两尊已运到，呼炮兵连长来收拾之，乃渡海至咏安处。遇缪

1　谭延闿：1924年思庵日记第三，第195—198页。

觐章、鲁若衡、谢度鸿，又值谭长年来言包赌问题。孙科、郑洪年来贺喜，与谈顷之，同出。归饭。黄宗湘为一办事员拳伤眼部，来诉苦。熊国琪来，初谓有事请谒，后乃借钱，可怪之至，与谈数语去。胡谦来谈久之。余出至省长公署，与萧纫秋谈顷之。沧白来，邀同至内室西餐，余既不食麦及鱼，能食物便甚希，但饭多耳。散后，同杨、萧谈自省之大政及个人经过，言之娓娓，时复发笑，令外人听之，必以为狂易矣。十二时乃归，李抱冰来，云有人勾其军队，可怪也。一时乃睡。今日借江虾千元以酬曾医士，如长沙例也。

《题许崇灏种菜图》

官厨长是厌膏粱，谁信田园日就荒。
要使士夫知此味，登盘亲撷菜根香。
昇飞敛翼鸟将抟，蜀主当年镇闭门。
莫作英雄迟暮想，荷锄谁识老农尊。
烟蓑雨笠畦边事，亦是陶公运甓心。
我对画图殊自愧，一春闲坐屋庐深。[1]

此则日记中谭延闿所云"今日借江虾千元以酬曾医士，如长沙例也"，旧时人物之人情练达，此为一证。以下一则说

1　谭延闿：1924年思庵日记第三，第217—220页。

"以秘长俸千元见予，遂以还江虾"，又一证矣。

谭延闿1924年3月29日记：

> 八时醒，坐二十分起。吕满来，以秘长俸千元见予，遂以还江虾。饭后，偕吕满渡海。坐未定，即召登楼，孙科先在，言湘军给养事极久，颇以不即开始攻击为言。军事迟钝，无怪人责言，叹息而已。出，治事，乃具以闻。下至协和处，遇胡懋恍，同渡海。将访阜南，闻已行，乃至车站送之，车亦行矣。还寓，了公事，作书。蒋慎先、缪笠仁、雷时若来，皆同饭。彭汝怀来，为吾诊，云脉不铺指，视前为佳，然非服附桂蓍术不可，立方而去。刘风来。晚，咏安来，云包商事不行，甚为着急，乃呼宏群、廪丞来商，吕满亦至。沧白从电话中传语，知帅座以兵不进着急，乃作书言之。狄山来，以帅批见示，盖洪逆援漳事已确，若漳失败，则闽亡而粤危，无奈诸将之不能奋起，何也。为人作屏联书久之。谢敬虚来谈铸银币事。王济武来谈禁烟局事。十一时后睡。今日服彭药，兼服唐尧钦所言西药（钠沙利先）。李抱冰来谈，顷去。易夹衣，盖薄被。[1]

---

1 谭延闿：1924年思庵日记第三，第222—224页。

谭延闿1924年3月31日记：

八时醒，坐三十分。指强愈剧，不可解也。吕满来，廖素孚、成谷泉来，谭逸如来，王吉堂来，成、廖留同饭。饭后，唐尧钦来，携芥末小粉，以苟罗方药水调之，敷腕际，云可激刺神经，久之乃觉麻辣，乃易以敷掌、背，亦无多效也。钟起宇、王明燮来。渡海，至秘书厅，见田士捷、徐友三。登楼白事，遇邹鲁，谈顷之。下过协和，张矮在坐，忽为蒋伯器所遮谈，甚啰唝，不过欲得烟款耳。与张同渡海，还寓，与岳、周之流一谈。梁醉生来。出至亚洲，江虾以船迎至河南，步至其家，今年初次相见也。雅则谈红梅诗社之诗，俗则谈禁烟督办之烟。食芒果数枚，亦所谓忍俊不禁者。江治具留饭，饮拿坡仑一杯，皆针医所切戒者，既不终效，亦懒听他矣。江邀访梅六善之，以轿乘划子渡海，舁至西关一丝行，梅在焉。谈包烟事，颇多经验语。归来则鲁、吴、雷时若在坐，汇清亦来谈，谈款事、战事极多，十二时乃去。余服药后乃睡。

《寿陈子砺七十》

义熙甲子柴桑里，岭海人文独漉堂。[1]

1　谭延闿：1924年思庵日记第三，第226—228页。

此则日记是说在江孔殷太史第家宴，"雅则谈红梅诗社之诗，俗则谈禁烟督办之烟"，一语道尽谭、江交往中雅俗共赏的神韵。而"江治具留饭，饮拿坡仑一杯，皆针医所切戒者，既不终效，亦懒听他矣"，则是患病者"不听医生言"的惯用托词。以下数则日记，服药，服酒，又服药酒。病情见性情。

谭延闿1924年4月18日记：

　　七时十五分醒，坐三十分起，近无此矣。手似不如昔僵，或当愈邪。且极寒，复着重夹衣。得陈方度筱电，似河源尚在相持，夹河而阵，可虑也。区国良来诊，仍服前方。饭后，张一鸿来，自称可为湘军招降敌人者。黄昌谷来，则为赵运使说话者。客去，渡海至大本营，勾当公事。登楼，遇戴季陶，说建国方案久之。至协和处一谈，吃莲子蛋，遇李怀霜。协和出示《鼎帖》残帙，觉甚佳，惜未能考证《鼎帖》有重刻本否耳。至秘书室，路丹父来，廪丞亦至。登楼，则沧白、韶觉先在。连声海为查顺德周之贞事复命，乃大忤旨。既下，哲生、铁城、杨、郑均来，遂同渡海。乘孙、吴新船，云与江风为姊妹艇，破浪冲风，亦有微似。既至南堤，诸人尽去，余与沧白至省署。纫秋独在，同食西餐，亦颇能饱。与杨、萧谈至十一时，乃归。周、吴两长来白事。江虾偕梅六又一冯逸民者来，言湘军敲诈事。近来湘军无恶不作，路人以目，非严办无以谢百姓矣。呼典卿来，授以密计去，一时始睡。[1]

谭延闿1924年4月19日记：

八时三十分醒，坐二十分起。头岑岑然，恐受寒矣。吕满来。徐友三偕三潮州佬来，盖捐官者，敷衍之去。王棠来，乃说空话把他听，彼将卵翼于我，而夺我造弹厂之款，此何可者。汪啸崖来，为我言徐树荣掳船事，善要不与，恶讨乃得，此类是已。前方事万急，安能顾交情耶。梁财信之少东人梁以庄，风温专家，江虾介之来诊，云吾病甚轻，此易愈者，乃开方送药酒而去。药酒二种，一祛风湿，一强筋骨，次第服之云。至大本营办公，遇陈兴汉，说王棠事顷之。登楼白事，意在催湘军速进，使人焦急。宏群信来，云给养无着，前方望之甚急，使人懊闷。为作书久之。于是郑韶觉来商办法，同登楼，请手令下。遂偕访范小泉，遇雷飙、徐德。手令效不可知，仅能将郑韶觉之期票易现金耳。遂兴辞而归，正饭时，乃加入。饭后，张莆田来，雷世魁自前方来，具述痛苦。已八时，余乃赴沧白之约，纫秋、梅修、荃甫先在。食面一盌，非家庖，

1　谭延闿：1924年思庵日记第三，第275—277页。

故不多进，杨右民来，同餐，菜亦不如往日。散后，为沧白跋鹿冠杜琼画卷，杜字东原，明天顺时人，画为丁道良百川所藏，所谓百钱斋主人也。诸人谈均不甚畅，以杨小孩时时来言照相洗相也。一时后归，洗足睡，已二时矣。[1]

谭延闿1924年4月20日记：

九时醒，坐二十分起。服药，服酒及燕菜，即饭时矣，忙得来。雷世魁来，（周次风来），……皆辞行向前者。得护芳电，知克龙门向回龙矣。治事，作书，遂已正午，乃渡海之秘书室，料理公事。协和来，同登楼，欲有所陈，以将饭时，乃下。与协和谈近事，一筹莫展，乃看《鼎帖》甚久。中有赵子昂跋，此必非绍兴原本矣。渡海至省公署，携照相镜，登平台，照观音山。又为杨沧白夫妇、父子、萧纫秋各照数相，又与吴、李一谈。傍晚，偕杨、萧、吴、李同出。李中道去，余等至亚洲，登电船渡海。步访江虾，至则岑敏仲光樾、梅老六先在。岑甲辰同年，不见二十年矣。江虾设席，乃非己庵。饮勃兰地一杯，又饮梁财信风湿酒一杯。诸客外，其子仲雅亦与座焉。食芒果二枚而散。乘小

1　谭延闿：1924年思庵日记第三，第278—280页。

艇，乃得登电船，至岸，别杨、萧、吴，归家。吕
满来。今忽又热，仅单衣矣。十二时睡。[1]

谭延闿1924年4月25日记：

九时醒，坐十五分起。鲁荡平来，同饭。王葆
球来，周咏康、邱鸿钧来。周澄来言给养，为之头
痛。出，渡海。登楼白事。下楼，见李建民，亦一
滑头码子。丹父来，协和来，廪丞来。料量诸事，
遂已日晡。蒋介石来。周雍能来，谈顷之。偕吕满、
狄山、廪丞同渡海，至省公署，见杨、萧、吴，坐
顷之。与萧、吴、吕、狄、张同至大新公司。渡河，
至江虾家，谭礼庭、梅普之来。与吴铁城电话，言
捕斩无兵司令事。待沧白、韶觉来，乃入席。阿光
所作菜名不虚传，至于乳汤用杏仁作，虽异牛乳，
终非正宗。食罢，与诸人吃芒果，谈笑久之，乃兴
辞而归。到家，颇觉醺然，既有酒意，挟以病势，
嘻，甚以惫。十一时半，遂寝。[2]

此则日记云"到家，颇觉醺然，既有酒意，挟以病势，
嘻，甚以惫"，是此时谭延闿身体的真实写照。下则日记又云

1　谭延闿：1924年思庵日记第三，第280—282页。
2　谭延闿：1924年思庵日记第四，第297—298页。

"近来时有发风动气举动，不似昔日之涵养，进耶，退耶"，则是心理的自然流露。

谭延闿1924年4月27日记：

九时醒，坐二十分起。人颇不适。饭后，区国良来，雷时若来。闻唐心涤与朱益之将在小坪冲突，此大不可，吾以病躯，日与此等事作周旋，不亦可以已乎。周权初来谈，与语，不觉愤厉，后乃悔之。近来时有发风动气举动，不似昔日之涵养，进耶，退耶。出至大本营，吕、狄均不在。遇丹父，登楼言事后，即与同归，至长堤，别去。余至家，颇觉不适，乃睡二小时，朦胧中亦时闻人语，睡不沉也。今日移床近西壁，枕亦易向西，床后置箱，于东头开一门，空气乃较流通。为林镜台写小幅一，横幅一。临东坡，时有悟入处。唐心涤来，言无与朱争事，兵已撤回。轻事重报，可恶。曙村取所印各像来，了无佳者，岂吾技退耶。携入省署，示沧白夫妇父子。五时后，与沧白、纫秋同赴东山之葵庐，即杨西岩别墅也。种种色色人均至。江虾办菜，吃于珠江一叶，凡四席，男女杂沓，吾与杨、萧、小伍、胡谦、张廪丞、太子科、丹甫、仲恺、霞公、魏邦平同席。菜未及半，客纷纷往赌钱，霞公虽绳阿光，不能止也。余遂起归。至家，为人书联二十五。谭吉光来。唐寿

生自上海来，得祥书及所钞吾诗，错字多，此固非
小儿女所能任也。服药，洗足，敷手而睡，正十
二时。

《题余仲嘉印影》

栎园深深祇堪哈，邓赵丁黄始是才。

屏绝万缘归正觉，印人中自有如来。

牧甫云亡仓硕老，抵今谁与畅宗风。

知君费尽钻研力，岂作他时一世雄。[1]

谭延闿1924年4月28日记：

　　九时醒，坐十五分起。吕满、岳耶来谈。饭
后，以江霞公、梅普之款四千元交军需处，两人盖
为……故以此为犒。其实范假湘军以为恶，吴铁城
捕杀之，吾不过一点首耳，何足受谢，然困乏时不
复坚持雅操，遂以畀前方，非所志矣。四川代表何
其蒙、范春膏来。刘若愚来。余如愚者由长沙来，
力诋林支宇，盖以睚眦，故令其向鲁咏安说之。作
书与蒉溪，吊其丧妾。又作书答彦才，谢其寄方，
兼为余仲嘉题印影，遂已一时。欲觅灵子术者来

1　谭延闿：1924年思庵日记第四，第300—304页。

诊，待至三时不至，遂起，入大本营。与孙科同时发南堤，彼新船值四千余，速我船仅三之一耳。至秘书处，邱鸿钧、黄昌谷来谈，为作书。与阜南登楼白事，遇刘作民、李肖航，言樊军东出事。下而协和来谈，叶老八家田黄之多至数十方，约改日往看。四时，吾与吕满、廪丞同渡河，车坏，乃以市车归，饭后矣。呼制炸酱面，继念纫秋嗜此，以函招之来同食，似不契也。灵学士王志恕来，云南人，丁酉举人，学于日本者，其治法以指按摩，自顶至周身手足，云吾症不治将深，历三小时乃毕。自云以手相向即有风，所谓灵也。吕满来。沧白以车来迓，乃与纫秋同赴之，知为我设馔，待不至而罢。谈至一时，乃乘其车归。闻华宁里湘军后方为匪所剖，死一排长、五兵，失枪数枝云。左中指屈时虽僵硬，伸时似自如，岂灵效耶。乃不敷药以验之，食药后睡。[1]

谭延闿1924年5月8日记：

八时十五分起，坐二十分。右中指复有僵意，按之作痛，欹歟可哀也。翦发后饭。张宗福来言山陕军。王志恕来施术，术乃无效，亦甚惭对，姑

1　谭延闿：1924年思庵日记第四，第304—307页。

敷衍数日再看。出至大本营，见古湘芹，谈顷之。严宽者，来求事。二时，偕朱子英渡海，至卢美霖处诊，乃知向为吾诊者施乃得卢之副手，然年事、学力皆高于卢，卢乃浓眉大目，余向以为施者也。请朱作翻译，详问病源。渠于诊察后始言，余溺有蛋白质，质入筋络为石膏质，故僵硬，今欲治，当戒肉及酒，多食牛乳，少饮水云。又云脉搏每分八十余，视昔为减，血压百五十余，则仍如前云。仍偕朱返大本营，料理今日事。五时，始偕吕满渡，余径以舟至江虾家，虾请客也。英领事、英美烟草公司大班三人，又一西人古，乃前同席铁路工程师家者，伍梯云以为香港侦探也。又有小伍、傅秉常、李登同、谭礼廷。菜乃中餐，以西法食之，有鱼沙士最美。饮白兰地十杯，近所无也。散后，遂归，径至省署，萧、吴、李咸在，朱一民由沪来。食芒果三。待沧白，十二时后乃归，谈顷之。阅《西沤集》一过，其外集钞种种故实，尚可看也。二时三十分乃归，到家，办事，濯足，三时乃睡。[1]

这一日，医生告诉谭延闿："今欲治，当戒肉及酒，多食牛乳，少饮水云。"晚上在江孔殷家，谭延闿"饮勃兰地

1　谭延闿：1924年思庵日记第四，第331—333页。

十杯，近所无也"，到家后"三时乃睡"。一日之迹，尽见身心。

谭延闿1924年5月18日记：

八时四十分起，坐二十分。饭后，（孙佛三由前方来。）起赴大本营，了昨日公事，闻展堂已至，吾肩可卸矣。乘船至以太花园，孙先生及协和诸人皆在，法国飞机已到。有顷，飞机师及诸法人男女毕至，陈友仁读颂辞，举杯而散。伍梯云夫妇儿女、胡懿忱偕余步至飞机厂，看新到之机。机大于我之诸机近倍，机身及两翼间之支撑皆以铝制，全体重二千五百基罗，四百匹马力，每小时行一百三十咪，储油足支十三小时。今日自河内来，四百余海里行七小时，以风雨故，然高度尚三千密达。云明日便往福州，将经北京、奉天至东京。两机师皆极壮硕。雨大至，余俟雨小乃持伞行。登轿至南堤，车未至，乃雇车至省署。沧白以水饺相饷，云某川人遗之。馅未甚佳，皮极美，尽三十枚。将晚，复饭，九时乃西餐。进食频烦，不得不饱。江虾以禾虫两器见饷，云可以治手足。试食，味如炒蛋，然状颇疑类食群豸也，皆举箸即止。散后，与诸人谈，以红楼人况诸时人，中山之为贾母固矣，吾以焦大况太炎，亦极确也。谈至十二时乃归。濯足，服药，就睡。今日脚丫太烂，湿重可知。昨梦四弟如平生，不入梦久矣。[1]

谭延闿日记中时有妙喻："与诸人谈，以红楼人况诸时人，中山之为贾母固矣，吾以焦大况太炎，亦极确也。"其人之豁达、幽默，定能令座中人如沐春风。

谭延闿1924年7月23日记：

七时五十分醒，坐二十分起。谢无量来。饭后，蒋雨岩、张毓昆来，陈护芳来。九时后，同宏群至广九站，黄国军枢来，薄槽无漆，臭气四达，为之惨然。方伯雄方致祭，吾辈行礼。以仪仗队送之湖南义庄，余不及待，即赴东校场高和罗夫追悼会。孙先生以次均莅，憩无线电局甚久，乃出行礼。颂云导视其讲武学校，生颇有精神。……高和罗夫堕水后，一日尸乃浮出，故迎来致祭，送之江固舰，载往火葬场。有所佩军刀，金刚钻满焉，非共产党所宜，意者俄皇时赐，则何为宝之也。送者皆承汽车，五步一停，十步一阁，凡一小时乃至天字码头，汗浃衣，如步行也。舰将行，余与汉民同车至可园，汝为、绍基先在，显丞设食，饮啤酒，仲恺后来，谈军事、政事久之。及散，吾帽为何人携去，乃携他人帽，帽小不合头，但能持耳。以船赴以太花园

1　谭延闿：1924年思庵日记第四，第354—356页。

见协和，劝其早作日本行。看所撰戡乱，咬文嚼字，可叹。登楼见华夫人，看协和近作书，华夫人亦能悬腕作擘窠书，又一奇也。辞出至颐养园，访吴八、抱冰，小坐。出至韬美医院，看廪丞病，食鳗鱼、雪糕致停滞而委顿如此，可怪也。岳胡、李特、雷飙来，余乃行至亚洲，访雨岩，不值，乃归。伯雄、海槎来谈。食粥后，为人书寿联、挽联，余挽梁伯强联不就，乃书咏洪所拟，其词曰："学佛愿终偿，廿载交期尽泉路，有名才未展，一生余事作诗人。"仅廿载句切合，余非余与伯强交谊所应尔，伯强亦不得为诗人也，愁苦之音亦非人可代作如此。就浴后，已十二时，乃寝。

《挽黄国军辉祖碑》

质直世谁如，能以精诚感同泽；

艰难志不就，空余涕泪满征衣。

《江霞公属寿黄节母联》

丸熊画荻传家教，

荔熟荷香作令辰。

今日如曾九言，

以桑枝水代茶。[1]

---

1 谭延闿：1924年思庵日记第六，第508—512页。

黄节与江孔殷交情颇深。江孔殷请谭延闿寿黄节母联，是旧时文人雅士交往之常事。谭延闿在广州，应江孔殷所嘱之风雅事，不只一件。下则日记中，谭延闿跋江孔殷藏十三行三种，也为旧时风雅事。此际北伐事务繁多，而谭延闿尚能于风雅事间挥洒自如，足见其平生修养。

谭延闿1924年9月27日记：

八时醒，坐十五分起。出至汪精卫家，展堂、仲恺先在，汝为后来，商扣械问题，仍是当断不断故事。饭后，伍梯云、邹殿邦来，亦言此事，云李登同主就现存枪发还，商团不须报效捐房捐借二、三十万。此论亦通，吾与展堂、汪、廖皆赞同，汝为不谓然也。部中来促归开会，乃先归，则宋、谢、吴及王捷俊、李抱冰、唐心涤皆在，戴、岳后来，议军需委员事及北伐问题，四时乃散。饭后，廖行超送书画来求题，且明墨、远镜、酒、笔为馈，岂润笔意耶，然而重矣。李其方来，为吾针左胯。血压百五十五度，视前日少减。出至亚洲，以沙艇渡河，步入江虾家，谈甚久。交情虽在，借贷不行。见其新得海山仙馆藏《十三行》三种，有吴荷屋题，赵味辛晋斋观款。覃溪长跋，言《十三行》本末甚详，云《十三行》当以越州石氏本为第一，杭州本殆即青玉本何义门以为近人所作则非，仍宋时作，特较河刻本稍不合耳。董香光极推荆川藏本，孙文

226

介属宋一虬摹刻，今所谓玄晏斋本也，然类唐以后人书云云。此册第一种，"通"字缺上画及点，"翠"字中作厶，荷屋以为从石氏本出。第二种则玄晏斋本，有吴门宋一虬摹数字，笔法精晰，然无高韵。第三种则九行本，淡墨拓如蝉翼，精神极完好，殆宋拓矣。霞公属题，谢不肯，许以别纸为书，数语而止。霞公以肉桂汤饮余，香而不辣，四易水仍如浓茶，云梅普之所赠神桂，与前贻我者同，自卖市买，然与先公尔时清水桂作碧色者异矣。以电船送我登车，乃径归。为廖品卓题其藏物：一戴鹿床画山水册，二罗两峰山水册，三黄瘿瓢山水册，四明人书札册，五清人书画册，六清人诗册，七王觉斯书札，一一为题识之，乃为人作屏联书。陈医来洗足。彭泉舫来，说廖湘云为言北伐事。食豆汁，睡已一时半矣。鲁若衡来自韶州。……

《十三行帖》霞公云得以五百元，旧有何道州小字跋，今失去。又云东塾手稿尚有百余本，在香港莫姓家。

《跋江霞公藏十三行三种》

右《十三行帖》三种，皆海珊仙馆藏物，吾同年友江霞公于无意得之。第一种，吴荷屋定为从越州石氏本出，审视纸墨，亦宋拓也。第二种为立晏斋刻，推拓亦精。第三种则为九行本，淡墨如蝉翼，而锋棱若新，宋拓中所罕见，尤为可宝。诸本源流，覃溪跋至详尽，抑荆川而扬越州，故为的论，然颇致疑于先得九行，后得四行之说，岂当题识时未见此九行本耶。所云杭州本即世所谓青玉本，松禅老人家藏一本，余尝见之，蚕眼纵横，与此诸本绝异，惜不得并几校之也。霞公云，旧有何蝯叟小真书跋绝精，今已佚去，又可惜者。倚装待发，漫为题识，以志眼福。甲子八月晦，谭延闿[1]

《跋江霞公藏十三行三种》中的吴荷屋者，乃吴荣光，南海人，清代高官，于鉴藏、书法亦成就斐然。南海康有为、江孔殷皆对吴荣光这位乡贤推崇备至。何道州、何蝯叟是指何绍基，湖南道州人。何绍基书法初习颜真卿；谭延闿书法也习颜真卿，谭对何这位乡贤心折不已。故《跋江霞公藏十三行三种》所品评者，流传有序，而及乡情，耐人寻味。

谭延闿1924年9月28日记：

八时十五分醒，坐十分起。成谷泉来。饭后，曾廷柱来，咏安介绍张浩泉医家来，王仲英者为之译，视吾病甚久，云其人兼通中西医者也，约明日更看，乃立方而去。为人书扇，并作书与各处。毓

1　谭延闿：1924年思庵日记第八，第705—713页。

昆来，得孙先生催赴韶州电，真不能更缓矣。偕曙村出至豪贤街，访李鉢斋。李初名师实，字茗柯，黄穆甫弟子，穆父为刻印甚多，今更名尹桑，不可解也。出示穆甫印谱十余册，匆匆一览，不能尽记，又见所藏鉢十余银者，固湛然如新，铜亦熠熠有光也。又导入内室，看梁大同……年陈宝斋造像，又一道家造像，皆可观。廊下碎览甚多，皆有文字，不可尽识。有一桥字甚朗然，如汉篆，云东山修路所得，皆为锄碎，今方收集冀得全者，疑为南越时物也。辞出，乘舆至榨粉街，登车至登云阁，与骆灏荃一谈。又至中华、有正书局一看。访吕满，不值，亦未登楼见其夫人，乃至沈演公家略谈。偕出，乘人力车至城隍庙福来居，百有三年老馆子也，以鱼头、烧鸡、酥鱼、钳鱼著名，乃尽尝之，亦未甚佳，略异粤味耳。食水角，尚有北派，亦费五元，在此间为廉矣。送沈至家，乃还。陈医来治足，足愈不必治，特以例为之。为江霞公写题《十三行》跋，为人作屏联书。彭泉舫来。今日殊热，睡已一时三十分矣。演公言，林文忠微时曾作州县书记，故每云书启中皆寒士宜扶掖之，于贺年节众皆亲第甲乙以奖劝之，一时争相延誉，书记至与刑钱幕等重。张文襄亦有此。又言文忠得双眼花翎，又自贺启云，九天之日月重光，万古则云霄一羽。大为文忠称赏。昔只知曾文正谢折有"更分日月之重光，俾焕云霄

之一羽"，今知本此耳。又言林文忠赐环时，正其子
汝舟选庶常，过嘉峪关，关吏故尝揶揄之者，则大
恩。有客为撰联语榜门曰：鹤鸣在阴其子和，鸿飞
遵渚我公归。文忠大叹赏，前隙顿释。又言文忠、
文肃即家拜官，皆俟受印，乃更顶带。后许筠庵在
家授闽督，欲庭见南海县董元度，引此折之，许
大惭。[1]

　　谭延闿日记中所涉及的掌故，自有乾坤。此则日记所记
林则徐（文忠）、张之洞（文襄）、曾国藩（文正）掌故，引
人深思。而许筠庵者，乃许应骙。在庚子年，闽浙总督许应
骙与两江总督刘坤一、湖广总督张之洞、铁路大臣盛宣怀等
人"东南互保"。许应骙是广州高第街许家名人，祖上于乾隆
年间从澄海到广州高第街发展。高第街许家在民国则有许崇
智、许崇灏、许崇清、许广平等名人。

　　谭延闿1924年12月1日记：

　　　　八时三十分醒，坐三十分起。以紫光电熨手。与
　　闳群久谈。陈钟烈来，为吾针左胯，左脚脚心两创已
　　愈，而次指复肿痛，以药罨之。……出至省署，与展
　　堂谈，遂偕汝为作种种讨论。复与胡、许至显丞处，
　　相携访劭基，与显丞饮蛇胆酒数杯。胡去，许亦不与

1　谭延闿：1924年思庵日记第八，第713—718页。

也。既罢，与刘先出，余至亚洲，以小艇渡海至霞公家，江正与冠军、洪群、特生、宋满于园中看菊。菊数十种，种各瑰异，然多日本产。循览一周，乃入厅事。饮蛇胆酒，食蛇肉，云乃五蛇肉，非三蛇，犹三权之晋五权云。蛇羹，继以蔬菜，皆甚精美。散后，以六十五年勃兰酒瀹之。乘舆出，登舟，则电船已至矣。到家，陈钟烈来。以吸入器治咳，喷薄入呼吸，殊适。任应岐、祁耿寰来言饷弹。陈复以药水布罨吾脚，脚已觉愈矣。十二时乃就寝。[1]

○ 孙中山、廖仲恺逝世

1925年3月12日，孙中山逝世。这一天，谭延闿在日记中写道："得电，知孙先生于今日午前九时逝世，深为国家前途悲，有今日始途穷之恸，决明日入省，不暇择车矣。"谭延闿有诗《大桥道中》云：

> 前路转悠悠，经行始欲愁。
> 伏尸何日事，出骨几时收。

1　谭延闿：1924年思庵日记第九，第852—854页。

世乱生民贱，人亡大业休。

荒田谁复问，闲煞道旁牛。[1]

1925年3月14日，谭延闿有诗《出门》云：

出门无所诣，四顾欲何之。

惆怅人将老，徘徊意自疑。

感深情切切，心倦步迟迟。

正有冥行叹，无为泣路歧。[2]

孙中山逝世后，大元帅军政府改组为中华民国国民政府，谭延闿成为国民党中央握有军政实权的人物之一，历任国民政府委员、军事委员会委员、国民革命军第二军军长、军政部长、国民党第二届中央执行委员会常委、政治委员会主席、代理国民政府主席、国民政府主席、行政院院长等职。

谭延闿1925年6月30日记：

八时醒，坐十分起。宏群来谈。荛焘来，欲吾推荐孙佛三，未之许也。饭后，护芳来，张星舫来，胡启儒来。明德大学生之入军官学校者邓士章偕李

1　谭延闿：1925年切斋日记第二，第170—172页。
2　谭延闿：1925年切斋日记第二，第174—176页。

工程来，皆大生同学，言兵工厂事，乃作书与抱冰，令张典钦偕之去。抱冰乃欲踞厂不迁，可谓谬矣。为军官学校书演剧募款幕上大字八。李师广来。今日买得一端砚，去三十元，中材也，以试同治墨，亦颇光润。书扇十余柄。（杨卓修来。剪发。）二时，至省公署，三时乃开政治委员会，会未毕而时已过，乃罢军事委员会不开而毕此会，至七时乃散。明日新政府成立，讨论种种手续，委员中去石青阳只余十六人，又推胡展堂长外交，则不知谁主之也。朱益之、程颂云皆来索款。余归家，食酸汤面四盌。护芳来谈。以先公奏议分送伍叔葆、沈演公、江霞公。十一时即睡。[1]

1925年8月20日，廖仲恺被刺杀。谭延闿在日记中说："仲恺已因伤逝世，为之惨然。宏群来，云已往视，盖往党部，甫下车而狙者迭出，伤在胸腹，血满身，扶入车而逝。凶手捕得一人，亦重伤，不能取供云。闻之不胜悲仰。赤心忧国，小心事友，今后复有此人乎。演公乃辞去，余遂偕宏群往（遇朱益之，遂同往）粤军总司令部，展堂、精卫、汝为、梯云、罗嘉却夫咸在，相顾凄然。鲍乐庭后来，垂涕涕。介石亦在。闻仲恺夫妇同出，遇陈秋霖，同车至党部，仲恺谓谣言多，戒从兵宜慎，从兵先下，四顾无人，乃启门，仲

1　谭延闿：1925年切斋日记第五，第462—463页。

恺先下，夫人及陈随之。甫入门而枪声作，刺客七、八人皆匿门内，从兵开枪击倒一人，余皆逃散。仲恺受伤仆地不能语，陈秋霖亦伤腹，以汽车送公医院，至则仲恺已气绝，陈肠已穿，医云须四十二小时后乃敢断定治否，呜呼惨矣。于是同人即厅事开政治军事联合委员会，决以汪、许、蒋为委员审查此事。……及闻此耗，奔驰甚剧，呃逆不已，辣味复作，乃别诸人出。古湘芹来，报告仲恺身后事，遂同至公医院看仲恺遗体。仰卧，血满胸衣，泫然而出。复唁其夫人于别室，乃归。"[1]

1925年8月22日，谭延闿在日记中说："林伯渠来，颇有所陈说，语未半而许汝为、汪精卫来，遂去。许、汪谈廖案，所得头绪乃大有关系，欲以严厉手段处之。吾以为投鼠忌器，即不顾议亲议贵，亦当计及，且不欲以莫须有陷人，而汪至流涕相证。一至此乎，非吾思想所及矣。古有张、陈，今无廉、蔺，念之气结，惟有闵默。因再三以求确据保大体为言，乃各散。……谢霍晋、方竹雅来谈，李六如亦至，皆慨叹仲恺之死者。汪精卫言仲恺谓其夫人，汝见我忙如此，不如听我被刺杀，何为尚相防卫乎。虽戏言，亦可哀也。汪、许两人对谈，皆有除死方休之感。相将入牛角中，且为奈何。"这一天，谭延闿作《挽廖仲恺》：

为国为党痛失此人，垂死病中惟余恸哭。

1　谭延闿：1925年㓥斋日记第七，第600—605页。

足食足兵更谁相继，吞声泪下不为私悲。[1]

谭延闿1925年9月27日记：

七时醒，遂起，大泻一次。八时出，赴讲武堂，汪精卫就党代表职也，汪、蒋偕至。曾脱诺斯基偕一粤人留学德国者来，云曾见大生于脱赖司登也。行礼毕，吾为致欢迎词，汪乃演说，语沉挚动人，孙先生后必以此子为巨擘矣。介石发挥打倒帝国主义，其精语盖与方友升、张梓田、胡荇江、任兰谷相表里。陶勤肃戏谓欲建悯忠祠祀韩侂胄，以徐荫翁、刚子良等配，将来当见之事实矣。俄顾问以翻译不能达意，遂不演讲。雨亦至，乃散会。汪、蒋先行，余人留吃太平馆之西餐，十六人，费亦不赀，颇悔有此。既散，吾遂归家，曹麻生自沪来，携大武书及寄件。人鉴者林学衡作，语多不验，即云仲恺必死非命，亦在明年。又谓汝为明年不保，此则姑俟耳。市估翻印郭子瀞所刻之《八贤手札》，而附以松禅南皮诸人尺牍，松禅皆与陆吾山裹钺者，盖亦有印本。近见古人墨迹多，乃知常熟实未到古人。往时闻曹东寅言翁六先生字未写成之说而非之，今不能谓豪无所见也。陈雯裳所印钱书座坐稿则伪

---

1 谭延闿：1925年䜣斋日记第七，第608—612页。

无疑。古人但有率笔、败笔，决无嫩笔、尪笔，况为南园甲寅除夕书邪。大武尚有然疑之辞，以为家藏松明联、太冲叙幅类此。吾谓彼二者有拙笔，无稚笔，未可以此并论也。古名人皆经过精能一境乃入神妙，南园如泥金书扇及《养生论》何等精能，岂有此小儿笔乎。凡古人书一见即无疑者，决为真迹，其待商榷者，十九赝也。持此为衡，当不失矣。江霞公之子来言事。食煲饭四碗。为人书屏联久之。朱益之来商军事。李抱冰来。腹不适，更泻一次，呃逆遂止。安甫来，咏洪来，心涤、重嵩来。十二时矣，乃就睡。[1]

孙中山、廖仲恺相继逝世后，国民党中以汪精卫、蒋介石为领导人物，谭延闿在世时，矛盾不致激化；在谭逝世后七年，汪、蒋分道扬镳，国史为之大变。历史学家张玉法在《民国建立前后的谭延闿》一文的最后分析了谭延闿的性格，说谭延闿虽出身世家，又为地方巨绅，绝无豪门习气，居处平易近人，自做翰林时，即着布衣服，与寒士无别。在湖南，每每三日一小宴，五日一大宴，其对饮之流，皆湘中科举名士。胡汉民说他"休休有容"，具有宰辅的气度，对人从不疾言厉色，只"和平中正"四字，可以得其大略。并谓他的一切，都内蕴而不外露，有人说他一无所长，这可正是谭延闿

1 谭延闿：1925年㧑斋日记第八，第737—740页。

"其智可及，其愚不可及"的地方。民国以来，中国有几位无为的政治领袖，伴陪强人袁世凯的有黎元洪，伴陪蒋介石的有谭延闿、林森，他们都是政治上的缓冲人物。政治上应该有人有为、有人无为，才能安泰，如果都要有为，就会紧张。在当今局势中，像谭延闿这样的无为而治的政治人物，特别令人怀念。[1]

谭延闿1925年11月24日记：

> 九时起。心涤来自乐昌。方伯雄来，病愈也。沈演公携碑帖数种来，未看而出。至中央党部开会，精卫后亦来，十二时散归。食炸酱面。寅邰寄清宫物品点查报告来，仍器物多，书籍字画寥寥矣。倦极，就床看书，遂睡去。四时乃起，赴军事委员会，连日古湘芹病，余乃至常务委员室签字久之。归，食烫饭。心涤来。八时复赴政府，开国民政府会议也。泽如先至，梯云偕江霞公来。江归自港，言罢工事甚久，喷馋搭水，如长沙人所言。江去，吾辈开会，已一月不开矣。只汪、伍、邓及余四人耳，十时散归。与王先生、吕、李大毛食豆腐，习拳。吾自昨日起，每日以二十遍自力，每四遍必憩，气喘汗出也。今日加学一手，曰倒撵猴，盖退三步也。

1　张玉法：《近代变局中的历史人物》，九州出版社2019年7月版，第222—223页。

十二时散，看书至一时乃寝。[1]

谭延闿1925年11月29日记：

九时三十分醒，起，而咏洪来。彭泉舫送东苋菜，因出，饭未尽一盂也。看傅秉常藏碑帖，《皇甫》、《麓山》皆摹本，独《阁帖》有臣王着模字，与李春湖本对看，各有短长也。（"晚复毒热"作"日午每热"，"并以佳"作"并以犹"，仍是翻本。）与吕满、安甫、宏群、大毛同至沙河，直过燕塘，到粤军第一师墓地，登眺久之还。至海珠殉难烈士墓地，又至王昌墓，看黄花岗、红花冈，乃至太平馆食鸽子，饮数杯出。至琅环取相片，未得，乃入大新公司，（岳已他去。）遂登天台看催眠术，正毕矣。看粤戏一晌。登上层瞻眺，循阁道下，欲看石室天主堂，不得入，乃至公园。树木阴森，非复前时，有人何以堪之感。至美洲吃冰吉林各二盂，乃还部。江虾公送蛇羹来，邀心涤、霍晋、安甫、王润生、吕满、宋满、唐伯端、尹箕甫及大毛同享。饮蛇胆酒，尽一瓶。散后，吴其林、张炯来。与安甫学拳二十遍，加两手，十一时四十五分罢，十二

---

1 谭延闿：1925年讱斋日记第十，第882—883页。

时睡。[1]

谭延闿1926年1月6日记：

七时半起。彭皖舟来，以南雄公园照片见示，居然可观，此吾提倡之效也。亦如来。八时至特别党部，今日新选举执行监察委员就职也。吾为主席，发言顷之，谢、鲁继起，余皆默然，撮影而散。九时后赴代表大会，十时开会。吾主席，汪精卫作政治报告，至十二时半乃毕。散会，与主席团诸人饭于常务委员室，计事顷之。已二时，乃开会。邓泽如主席，蒋介石作军事报告，于树德作北方政治报告，谭平山今日力主主席团均坐台上，此大误也，然不能止之。四时后，余遂先引去，至木牌，呼剑石、吕满、大毛，同载至南堤，乘汽船至河南，步诣江霞公。霞公自云已穷，将往上海卖玉器，后日即行。以蛇羹、象鼻饷客。本欲待日本人至，后以吾不能久候，乃先开一桌。饮蛇胆酒及勃兰地，蛇羹至美，象鼻则如海参，徒名高耳。八时，以船送我辈渡海乘车，送徐、吕至木牌头。吾诣鲍，大毛诣曾，已八时半矣。鲍宅开政治委员会，汪、蒋、伍到席，陈、甘列席，议案多无重要

---

1 谭延闿：1925年切斋日记第十，第891—893页。

者，惟改编军队为要案耳，十时半散。吾至春园载大毛归。到部，喘息未定而李抱冰、戴希鹏先后来，谈至十二时各去。案牍盈尺，遂不练拳，一时乃得睡。[1]

谭延闿1926年6月3日记：

八时半起。咏洪来。推手二十分钟。心涤来，谈看文素松所藏小唐碑，《誓空法师铭》、《张文悌书陀罗尼经》，皆石已毁，旧拓也。又《净业法师灵塔铭》，极似《王居士砖塔铭》，石亦断裂，此断前拓也。又有汉碑数种，皆平平。《温彦博碑》全拓自矜明拓，然"的"字、"驾"字未损，翁覃溪以指旧拓耳，未见其为明拓也。沈觐履来，温良来，皆求事。温至泣下不可仰，可哀也。徐友三来。饭后，王法勤、丁惟汾来言北京事。阮明新来，宋子文所使也。咏洪来。出至静江家，介石、子文咸在，计事久之，有庸人自扰之叹。蒋、宋去，益之来，少坐，遂偕出，渡海至军事委员会。李、李、刘皆在，俄顾问仍铁里沙多夫也。常事既决，乃提议设总司令部，以介石为之，签名于纸而散。渡海，访介石于静江家，二李、刘同坐，劝进

---

1 谭延闿：1926年讱斋日记第十一，第17—20页。

也。归而食酸汤面，昨饮至少，而今日胃不舒，然则酒真不可近矣。取文素松诸碑，略加比次，录其考证，书之于册，命曰《思庵觯碑记》，以备遗忘。得江霞公书，穷矣，将求人矣，吾亦当时食客也，甚愧对之。事琐琐，至一时乃就睡。钟镇堃来。

《挽古湘芹之父介南翁》

乾坤整顿付与儿曹，当世共推今海日。

杖履从容曾陪宾从，升堂犹忆古须眉。[1]

谭延闿1926年12月10日记：

九时起。黄鳌来。周恩来来。为部中人书屏联十余。同绳、秋饭。权初、心涤、伯端来，言军需事。静江电告介石来电，以欲吾留守，故有前电，疑为子文所请也。赴静江家商，仍启行，以明日发，通电，部署久之。步至新墙头，访李尹桑。旧屋老榭上有一角之楼，亦颇井井。食奶糕，有京师风。出诣孔夫人，告以子文事，一小孩敬以所食糖点匣为献，亦可异也。至政府，召集各工会首领十余人谈话，季陶、树人、香凝、任潮皆列席。吾与

---

1 谭延闿：1926年讱斋日记第十五，第426—428页。

戴、何有演说，余皆寂然，工人亦有二人开口，遂散。至静江家言行事，孟余、鼎丞亦在。饭一盂。遇文素松、李范一，遂起出。至南园，梁萼联、李尹桑作饯伍叔保，桂南屏、江霞公、沈演公、李萑侯同坐，菜乃精心结撰，翅、鳆甚丰，然炒山翠佳也。饮数杯。江、李皆云海底珊瑚佩之止便血，黄牧甫患此，买一镯带之，遂止云。归已十一时。为李书其母冥寿联。方伯雄来。杨长孺来。料理行箧，二时乃寝。

《题高奇峰画册》

岭南画手称雄俊，谁似君家好弟兄。

不道僧弥难法护，定知摩诘异吴生。

丹青窈窕新开派，展厉联翩旧主盟。

付与时人争甲乙，郊祁轼辙本斋名。[1]

1926年，江孔殷在经济上开始走下坡路。故谭延闿在同年1月记"霞公自云已穷，将往上海卖玉器，后日即行"，6月记"得江霞公书，穷矣，将求人矣，吾亦当时食客也，甚愧对之"。六十岁以后，江孔殷的鼎盛时期渐行渐远。

1　谭延闿：1926年㼭斋日记第二十，第940—942页。

○ 少日幻心今净尽

1927年3月7日，谭延闿赴武昌。这一天，谭延闿在日记中写道："三时二十分，至武昌文昌门外……民众立雨中，衣皆透湿，可敬。余步二里许，出人巷中，乃与协和共乘马车至国民政府，即旧日督署……乘汽车至南洋烟草公司，国民政府办公处也。中央执监委员到者数十人，开一谈话会，对于十二开会争执甚苦，余起陈辩六、七次，有舌战群儒之风。"[1]在谭延闿行前，江孔殷有诗《谭组庵同年将之武昌赠别》云：

> 痛饮黄龙誓不虚，此行先食武昌鱼。
> 漫将十万横磨剑，换去三分带醉书。
> 再见故人成范叔，终看霸业在无诸。
> 多君尚有杯盘赠，谨志毋忘每食馀。[2]

两人别后，谭延闿仍有书信致江孔殷。谭延闿1927年7

---

1 谭延闿：1927年非庵日记第一之下，第179—181页。
2 江孔殷：《兰斋诗词存》卷三。

月 11 日记：

八时半起。得汪先生电话，云有人欲迫入鲍宅，开枪乃止，已获五人，尚不知何情也。相去咫尺，吾乃不闻，可谓聋矣。魏先生来，针左腕、左右臁。李安国来。为张稚潜作书与江霞公、罗偣子、郑韶觉，欲以振兴中医募捐，恐应者不多也，并以子武讯告云台。饭后，书扇数柄。出至商会，应长江商人代表会之招，尚无一人至，遂访孟余，谈久之。云早间码头工人互殴，有避入鲍宅马房，门守者误谓来迫，开枪吓退，实不值一笑也。仍至商会，经子润已来，所谓代表者寥二三十人，散坐会场。余作报告，听者意不属，言者亦无精采，勉强敷衍而已。出至精卫寓，程、唐、张、孙、龚方议事，加入讨论，饮啤酒一瓶止渴，渴未止也。偕汪、孙赴政治委员会，余主席，报告事一件，讨论事三件即散会，未六时也。自到武汉以来，未有若期也。车未来，附哲生车归。食豆粥，登楼，觉风凉。下与黎九、吕满小饮，食凉拌面。子靖、护芳、剑石先后来，皆入坐。哲生邀往九重戏院，遂赴之。至则在屋顶平台，繁星在空，颇有旷野风味。影片为《一种花》老人有养子女各一，相爱也，忽其侄归，老人强其养女与订婚，盖欲以遗产付之。忽老人死，其侄将于结婚日卖其产，老人魂归，知

244

之大怒，然无计阻之，示意其女及医生，无觉者。继发见其俚有私生子，亦老人所养育者，于是使此小儿经像片悟得其父母，乃举发之，婚事遂破。买屋者亦适被汽车压死，其俚遂遁，而此养子女乃结婚。其状鬼魂时隐见，为洞明体，及小孩能见鬼之冠，皆与中国说鬼者相类。而摹写人鬼隔绝焦急之状，又与阅微草堂所记情事相合，可证中西人心理之同，意者真有见于鬼神之事耶。散后，遇陈其瑗，立谈而别。归浴。胃酸复作，仍以槟榔治之。一时睡。[1]

北伐胜利后，江孔殷之子叔颖代表父亲登门拜访谭延闿。谭延闿于1928年3月16日记中记"江聪字叔颖。赴沪"：

八时起。杨孝述来，黄宗汉来。出至政府开会，通过对宁案二命令，于是一天大事都了矣。与李、宋、蒋、熊、杨幼京同餐后，谈顷之。幼京复深谈乃去，今之有心人也。还寓，江聪来，霞公之子也，不求事而言事，亦卓荦有父风。以食物送李宗仁，今明赴汉也。李安甫来，李纯生、余岸棱来。（何又伊师来。）蒋介石邀饭，谢之，而赴子文之招，同食芒果。归，少憩，料理登车事。九时，乃赴下

1　谭延闿：1927年非庵日记第三，第448—452页。

关，入卧车，与黄膺白、何敬之同车。何来谈，甚
忧前方军事。至膺白房一坐。谭海秋来诉屈。十一
时半就睡。车行簸动，时时复醒。[1]

至此，谭延闿与江孔殷两位同年的交往，在谭延闿的日
记中画上句号。

谭延闿因其饮食等生活习惯，四十多岁时已身体不佳。
据云，他去医院检查，医生说："依你的身体状况，将来有两
个死法：一是得急病，脑溢血而死；二是半身不遂而死。"谭
延闿说："这个医生说的如果是真的，那我宁愿选择第一个，
如果半身不遂几年，未免太使我难堪了。"不想此语成真。
1930年9月22日，谭延闿因脑溢血，在行政院长任上逝世。

江孔殷诗《哭组庵同年》云：

> 送君岭上正开梅，约我黄楼未竟来。
> 终死酒为知己虑，不文钱为故人哀。
> 伤心此后惟今雨，流涕当前独早雷。
> 国子题名三不到，次煌而外更谁陪。
>
> 满引拿翁酒一瓯，南来帅府过霞楼。
> 坛争狮吼佳儿喻，笔选鸠居健者羞。
> 息壤盟瓷期每饭，浏阳遗布胜重裘。

1　谭延闿：1928年日记，第77页。

燕春台记同听曲，辍唱功亭旧大头。[1]

南海十三郎则以《少日幻心今净尽，故人相见眼分明》为题记："先父晚年，好种昙花，家中有昙花数十盆，昙花每放，一刹那即谢，先父以此纪念同年挚友谭故主席延闿，复以少年幻景，转瞬即过，亦犹一现昙花而已，故知者咸谓先父看透世情，正如谭延闿赠联句：'少日幻心今净尽，故人相见眼分明'语。"[2]

本章原载《书屋》2022年第3、4、5期。

1　江孔殷：《兰斋诗词存》卷四。

2　南海十三郎著、朱少璋编订：《小兰斋杂记：浮生浪墨》，香港商务印书馆2017年3月版，第36页。

第九章
赏画论学

○ **教育之根本，全系于妇孺**

《兰斋诗词存》卷三的最后一首，江孔殷诗《题冼玉清女学士诗册》云：

> 阁主长真席道华，绛帷环侍障青纱。
> 燔书自笑秦皇帝，续史心仪汉大家。
> 进士头衔名不柈，秀才巾帼貌如花。
> 夫人典郡高凉后，赢得先生两字加。
>
> 能读佉卢未是才，六经根柢史胚胎。
> 上官玉尺诗为主，及第金钗画亦魁。
> 衣钵词人归粉黛，须眉弟子尽舆台。
> 白头供奉衰迟甚，可许男身换得来。[1]

1　江孔殷：《兰斋诗词存》卷三。

此诗可能作于丁卯年（公元1927年）。据陆键东《近世广东人文精神与冼玉清学术》[1]一文："民国十六年（1927），钟荣光邀三十二岁的冼玉清掌'岭大'博物馆一事，在当时已成为谈资，然个中深意恐仅钟氏知。冼玉清以'国文教员'进校资历甚低，聘以'博物馆馆长'一职，职级马上改观。故近十年间'岭大'称谓冼氏身份，首推'馆长'一职。这样就出现了一个奇观：年轻的国文教员历年均列席学校高层的'校务会议'，这些会议大到审定学校的各项工作，小到有关人事的任免。就是这么一个有级别的职位，除'馆长'外，编制却仅有'书记'一名。钟荣光用心可谓良苦！从这事可看出，像钟荣光这类新型的'通者'，尽管已是为西教所化之人，但人生底色终归仍是'中国文化'，此点最意味深长。陈子褒所谓：'愈深于中文者愈深于西文；而中文之深必根于训诂……故欲通西学者必通中学'云云，证之陈、钟两氏的一生，陈氏所发，岂独仅指'训诂教育'而已！"[2]此时，正是冼玉清学术生涯向上攀登之时，也是她与江孔殷文化交往的开端。

关于冼玉清的研究，迄今为止，陆键东《近世广东人文精神与冼玉清学术》一文翔实精辟。因此，本书涉及冼

1　陆键东：《近世广东人文精神与冼玉清学术》，全文收在广州文学艺术创作研究院编：《文苑英华：菁华卷（上）》，广东人民出版社2018年10月版，第2—80页。以下各脚注，只注明《文苑英华：菁华卷（上）》页码。

2　广州文学艺术创作研究院编：《文苑英华：菁华卷（上）》，广东人民出版社2018年10月版，第23—24页。

玉清的史料，以《近世广东人文精神与冼玉清学术》所述为准。

冼玉清自谓"原籍南海西樵，因洪杨之役，祖父母逃往澳门"。光绪二十年十二月十五日（1895年1月10日），冼玉清出生于澳门一个殷实的经商家庭。同是南海人，江孔殷与冼玉清谊属同乡的前后辈。

在冼玉清的成长历程中，陈荣衮（子褒）对她影响最深。陈子褒在光绪十九年癸巳乡试（1893年），与康有为同中该科，陈氏名列第五，康氏居八，陈入"五经魁"。据陈氏最得意的弟子冼玉清所记，其师"光绪四年戊寅，年十六入泮，奕奕有文名。庚寅廿八岁讲学广州，设馆于六榕寺花塔后之友石斋及芥隐堂，学生六七十人，皆年长应科举者。癸巳举于乡，选五经魁，名列南海康有为先生前。读其文自谓不及，往谒大服。即执贽万木草堂称弟子，其新思想新智识即孕育于此"。据同为康门弟子的卢湘父所述："陈子褒者，与予有戚谊，且为同谱。癸巳恩科中式，与康师为同年。康师第八名，子褒第五，为五经魁之一。榜发后，同年大会，子褒与康师会晤，一见倾倒，即执贽为弟子。"光绪十九年癸巳乡试，江孔殷也中举，与陈子褒为乡试同年。

"戊戌政变"时康、梁家眷的脱险，1916年陈子褒有《戊戌旅沪记》文，记康门弟子危急关头如何沉着应对，使"康梁"在沪、穗家眷卒脱罗网的经历：

　　……（八月）初六，郑陶斋翁到译局，据称盛杏荪得宫内电，太后垂帘，严拿康某云。后一日，即接卓如君电"叔被擒，世尊已出京，设法救护"等语。初八，余与韩树园君（按：即韩文举）、陈侣笙君，同往金利源码头，雇一小划子以待邮船之至。……初九早，郑希顾君告余等云，先生由重庆邮船平安到步，英领事保护，已入领事署去。行李一皮箧耳。树园君曰："不得其帅，将及其卒。"遂决意再迁。因先往大同译书局晤狄楚青君，以电告先生家属商之。楚青君曰："昨与麦孺博君熟商，此事宜守秘密，万勿电，盖初八晚孺博君与梁莲涧伯已附邮船回粤矣。"余谓树园君曰："电亦何害，姑为之。"电报局云，广东已封电。乃商诸"广永亨"黄巽卿翁，即由法国电局电至"广州兴隆大街公善堂"。此堂乃余与何易一先生及区谦之翁创办者。电文云"易谦速往芳偕云衢往澳"，共十字。是年先生家属迁寓芳村，"云衢"则先生阖族试馆也。谦之翁于二鼓回堂，适得是电，即到先生府上，促师母等行。师母游移未决，叩以故，谦之翁哭以劝而不详之。遂检点行装作来澳计。翌日适星期，乃雇一紫洞艇浮江上，行李则寄顿米埠亲属处，十一日乃来澳，住何穗田翁家。

初九夜，濒行时，适五鼓，先生家属犹从容暇豫，摘杨桃一大筐赠与何家也。十一日早饭后，差役到先生府上，捕阍人阿康去。余与树园君贷赀于黄巽卿翁，亦于是日东渡矣。……（按：文长不尽录）初六至十一，七日内事如蝟毛，演之可成小说一巨帙。今录其切要者，某事属某日，容有记不了了，然大略如此。区谦之翁哭而不言，乃先生到港时为余称之，闻先生赠五百金以谢之云。[1]

陈子褒在光绪二十四年（1898年）八月十一日"仓皇东渡"日本，该年十二月十七日（1899年1月28日）归国，总计四月有余，旋即在澳门从事开创性的"妇孺之教"。陈子褒赴日，由日本神户《东亚报纸》主任、曾与陈氏为同学的韩云台安排，日本著名诗人桥本海关作向导，全程考察日本小学教育规制。陈子褒大服，许多年后陈氏回顾此次考察，仍屡屡以"五体投地""窃叹曰美矣备矣"等言感慨之。回望故国，陈子褒慨然彻悟"救国在教育耳"。而教育之根本，全系于妇孺。在"戊戌喋血"的第二年，陈子褒在《教育学会缘起》一文中云："一国之强弱，系乎人才，人才之盛衰，系乎教育。中国教育古法，唐宋以后，日即泯没。有明以来，以八股取士，于是垂髫之子，入学就傅，即讽读深奥文字。例以古人由浅而深，由简而繁，由分而合，由浑而画之教法，概乎未有闻焉。衷心焉非之久矣。去岁漫游日本，获晤彼都人士，求所谓师范校长小学校教员者，叩以教育宗旨，与夫

1　广州文学艺术创作研究院编：《文苑英华：菁华卷（上）》，广东人民出版社2018年10月版，第3—11页。

一切条理。愈恍然于中国教育既失其本，复遗其末，非全行改革，无以激发国民之志气，濬沦国民之智慧。且读书十年，毫无级数，汩没性灵，虚度日晷，莫此为甚。中国地处温带，国民脑慧，不让外人，而竟湮郁于野蛮教法之中，遂成今日不痛不痒世界。识微见远之士，至谓中国之亡，亡于学究之手。岂谬语哉！"从光绪二十五年（1899年）起，陈子褒即在澳门试验他的"妇孺之教"，先后开设蒙学书塾、灌根草堂、子褒学校等，悉废旧学而导以自创的糅合中西教育优长的教学法，十数年间在香港、澳门以及珠江三角洲一带声名鹊起。

光绪二十九年（1903年）冼玉清正式开蒙。从这一年起，她先后入读澳门林老虎私塾、启明学校等。至光绪三十三年（1907年），冼玉清转读陈子褒的"灌根学塾"。冼玉清十二岁师从陈子褒，前后共八年。陈子褒临终之年尝自豪谓："在澳（门）时完全听受七级字者，惟小女翘学及女生冼玉清。玉清从余游八年，得不称为老友乎？"

陈子褒不惟经学可窥堂奥，尤精史籍。民国三年（1914年），陈子褒应钟荣光之邀为复刊的《岭南学生报》作序言，开首即谓"欲新中国，必培养未死之人心；欲培养未死之人心，必由学校。未死之人心者何，少年也"；"故培养未死之人心，舍新教育之学校莫由"；"鄙人于岭南学堂称观止矣。道德，根干也；学校，枝叶也；勃勃有生气，是之谓材"。

民国四年（1915年），二十岁的冼玉清结束了子褒学校的学业。民国五年（1916年），冼玉清入香港圣士提反女校

"读了两年英文"。冼玉清在晚年回忆："1916年父亲又送我到香港读书。香港终是花花世界，与我的性情不相宜。有一次父母带我去广州玩，参观岭大，我觉得这地方远离市尘，真是藏修之所。于是转入岭大附中，一读读了两年中学，四年大学"；"这里远离城市，隔绝尘嚣，花影鸟声，长林衰草，都是令人留恋的。而且图书馆藏书不少，借书研究很方便。"

民国七年（1918年），冼玉清入读岭南学校附中。后来冼玉清回忆："我教书治学于其间，正合士大夫闲逸的口味。况且我是一个独身女子，以事业为丈夫，以学校为家庭，以学生为儿女，久居这块远离尘世的地方，过着书本的生活，恍如'世外桃源'。"

民国七年前后的岭南学校，迎来了第一个发展的高峰期。民国七年，大学首次对毕业生授予学位。民国八年，学校护养院落成，多座师生员工宿舍也建起；美国哈佛、耶鲁等近十所名校"承认本校有同等程度本校毕业生得直接入研究科"。冼玉清最早刊布的一组"碧琅玕馆诗钞"写于1928年以前，其中《采菊》一首开头云："高秋纷落叶，东篱色独佳。采此隐逸花，悠然豁我怀。"

民国九年（1920年），冼玉清附中毕业直升岭南大学国文系。民国十三年（1924年），冼玉清大学毕业，获"文学士"学位。从民国十年至十四年，冼玉清一直在学校附中兼任"历史国文教员"。至民国十四年（1925年）新学期，冼玉清被聘为岭南大学国文系专任助教，刚好三十岁。

岭南大学校长钟荣光，在光绪二十一年（1895年）的"公车上书"时，与梁启超、江孔殷同时列名。[1]

钟荣光号惺可，广东香山人，生于同治五年（1866年）。光绪十年（1884年），钟荣光进广州著名学馆"陈石吴馆"受业。"陈石吴"者，即陈石樵、石星巢、吴道镕，皆为当年粤省大馆名师。光绪十五年（1889年）钟荣光中秀才，光绪二十年（1894年）中举人。光绪二十二年（1896年），钟荣光主持广州《博闻报》，因报纸发了一篇有损基督声誉的文章，遭到在穗传教士的攻击。在处理此事件时，钟荣光反而意外赢得教会长老左斗山等西人的好感，"是为先生与基督教发生关系之始。"光绪二十四年（1898年），岭南大学的前身"格致书院"招生，钟荣光报名入学，时年三十二岁。光绪二十五年（1899年），钟荣光在香港受洗，加入基督教。光绪二十六年（1900年），尚为学生的钟荣光被委为学校的汉文总教习，既有"教学相兼"之趣，复也播下了日后华人治校的种因。该年，书院学生史坚如谋炸两广总督德寿，事后被擒，书院与教会营救无效，史坚如捐躯。恰逢此际北方"义和拳"浪潮开始震撼全国，凡事涉教会者成众矢之的。钟荣光紧急建议书院即迁澳门避难，并改名为"岭南学堂"，地址设在澳门荷兰园张家花园。陈子褒的"蒙学书塾"就在邻街，两位举人就这样"旧雨相逢，奠下合作之基础"。钟荣光"每于暑期，特延陈（子褒）老师来校教授国文讲习

---

1 康有为：《公车上书记；戊戌奏稿》，广西师范大学出版社 2016 年 8 月版，第 72 页。

班。所用国文师资，亦多由陈老师举荐，得以深资臂助"。而陈子褒也"聘先生为体操教员，以一曾吸鸦片之科举中人而教体操，当时引为佳话也"。钟荣光与陈子褒保持了长久的交情。而冼玉清延续着钟、陈两人的"传统与交情"。在冼玉清尝试与岭南大学磨合的头几年，钟荣光对冼玉清多有关爱。[1]

○ 白头为客故乡还

民国十五年（1926年），岭南大学新聘时年已六十一岁的教坛名宿杨寿昌主持学校的古文教育。杨寿昌，字果庵，广东惠阳县人，生于同治五年（1866年），光绪甲午科（1894年）举人。据杨氏自述，他于光绪二十一年初识陈子褒于万木草堂，"康门英俊，大抵多踔厉风发，俯视一切；君独恳诚愿朴，有戆直古风。其于师门，崇信备至，然不苟同。尝告我曰：'康先生之经学，应用的经学也；若陈东塾先生，乃为纯粹的正统经学'。呜呼，此君之所以能黯然敛抑，与学童共甘苦至数十年欤？"杨寿昌早年为广东名人梁鼎芬（节庵）的

1　广州文学艺术创作研究院编：《文苑英华：菁华卷（上）》，广东人民出版社2018年10月版，第18—23页。

入室弟子，从惠州丰湖书院一直追随至肇庆端溪书院。光绪十四年（1888年），两广总督张之洞开广雅书院，聘梁鼎芬主持，杨寿昌遂复为"广雅"员生。此后杨寿昌清末民初除有过极短时间的从政经历外，主要在两湖书院分校、两广高等学堂、两广陆军学校、广东大学、中山大学等七八所新式学校任教。杨寿昌生徒遍粤省官衙，且与岭南士大夫流多为同调。深闺女子冼玉清，在很短的时间内被杨寿昌荐引入岭南宿老的文化圈子中。冼玉清晚年回忆："抗战以前，'岭大'中文系主任杨寿昌先生，是一位理学名儒，道德文章为社会敬仰，他对我极好。凡有开会，他必偕陈德芸教授来接我，会毕必送我返宿舍。"杨寿昌曾有诗赠冼玉清："我昔读君文，击节叹清奇。骈四复俪六，光怪蟠陆离。今我闻君言，'文士非心仪。人生有大业，此乃节与枝。上焉尽性命，中亦救一时。'……吁嗟黄浑流，砥柱谁与期。珍重念君言，书之当我师。"

民国二十四年（1935年）一月，黄节（晦闻）病逝北平。二月，冼玉清撰《忆黄晦闻先生》一文。节录如下：

> 民国十八年春，余主岭南大学诗学讲席。江霞庵、杨果庵两前辈拟介余晤晦闻先生，谓此南国诗宗，可资启导。余迟迟未答。盖先生时长教育厅，自维淡宕之人，不惯周旋当道。纵先生不以当道接我，顾攀援标榜之风，末流为盛。履贞饬躬，君子所当介介自守也。是年夏，先生去教厅职，税居澳

门塔石，余曰"今可以问业矣。"……

九月，余抵北平。……一日相与讨论今日学风之坏。余谓学校教育，不能培植人材，盖学校利学生之多，以丰其进款，故不惜以贾竖手段，百计招徕。而学生则交学费进学校，敷衍塞责，志在毕业取文凭，而非有志于从师问道。为师者亦循例到课室口讲指划，志在领薪水而无意于传道授业解惑。此学术所以日微而学风所以日坏也。"欲真正为国家作育人材，惟有自立讲学院，远如鹅湖白鹿，近如九江朱氏之礼山草堂，南海康氏之万木草堂，顺德简氏之读书草堂。乃能自伸学说以学救世。"先生深韪余言，而未尝不怜吾道之孤也。

南旋后……先生复信云："学风之坏在无学术以纠正之。学术二字，今亦无人解得。仆老矣！昔年在粤，拟设讲学院于图书馆侧，未能如愿，此天不与我也。女士当为惜之。"

廿二年二月，先生来书云："足下孝思读礼，求之今日，可称人瑞。又复不忘老朽，殷殷讯问，此旷世所仅有也。北乱已极，仆无计南归。衣冠涂炭，诗书灰烬，此其时矣！仆独能免乎？秋后已辍咏，今岁说变雅，志颇见于斯。附引言一篇，如晤对。"

十一月来书云："奉手教，知南园凭吊，思及鄙人，至为感念。盖鄙人亦行将与古人同归矣。辍咏已一年。国已亡了，尚有何事何为托咏？足下何以教之！"

回忆余以诗识先生，顾十年来读书讲学，为日不足，只以余事为之。世变日殷，又非从事讴吟之候！方欲大声疾呼，藉教育以闻明正道，为将亡之国家挽回一线元气。而同道已稀，老成又弱，既喜奖掖之厚情，又怅典型之安仰也。[1]

冼玉清文中的"江霞庵、杨果庵两前辈"，江霞庵即江孔殷，杨果庵即杨寿昌。

黄节中岁后一直在北京大学任教，所云"时长教育厅"者，指的是在民国十七年（1928年）黄节应广东省主席李济深之邀，回粤任省教育厅长；任职仅年余，卒因政局糜烂，书生无能为役，不得不饮恨辞职。阅世极深的黄节在精神上给冼玉清多有滋养。在民国十八年（1929年）的第二次晋谒中，黄节在冼玉清递呈的《碧琅玕馆诗钞》上，毫不客气写下"陈想未除，陈言未去，独喜其真"数语。

《兰斋诗词存》中，江孔殷有多首诗与黄节唱和。《题冼玉清女学士诗册》之前一首，便为《晦闻归寓东山寄讯》：

闻君归尚卧东山，三顾宁容一起悭。
青眼有人前席问，白头为客故乡还。

---

1 广州文学艺术创作研究院编：《文苑英华：菁华卷（上）》，广东人民出版社2018年10月版，第24—29页。

弦歌待化宜椎鲁，兵革能消忍放闲。

多谢生公来说法，不然赤子石同顽。[1]

○ 冼玉清更生记

撰《忆黄晦闻先生》一文不出四月，冼玉清经历了一场
生死大劫。1935年上学期末，冼玉清感身体不适，缠绵病榻
旬月。问症于粤港诸名医，仍时好时坏。眼看沉疴难起，药
石无灵，竟有报章刊出死讯。在此生无趣味、死留遗憾之
际，巡诊世界的美国名医米勒尔路过广州，确诊冼患上甲状
腺肿瘤，谓宜立刻开刀割治。此前冼已悉有数位友人先后死
于此症手术。千钧一发关头，冼玉清独自决意即上米勒尔手
术台。翌日，术后的冼玉清在半梦半醒的时刻，获得了一次
不可多得的心灵遐思与精神漫游。痊愈后，冼玉清写下在文
化圈中传颂一时的《更生记》。"更生"者，重生也。节录
如下：

> 玉清一介弱女，未识绮罗，不谙世故。徒欲不负
> 所学，为社会稍尽绵力。而岭南大学之执政者，亦不

1　江孔殷：《兰斋诗词存》卷三。

以其不才；既聘为文史科教授，复委为博馆主任。殷斯勤斯，以期无负职责者，十二年矣。无奈魂虽强而魄则弱，食既少而事偏繁。积日累劳，遂为二竖所妒。一病几死，七日乃苏。自夏徂秋，缠绵累月。精神虽复，调养仍殷。正拟告退节劳，以让贤智。而南大之执政者，亦以为为玉清个人计，则宜从事将息；为学校大局计，又当减政节流。因公及私，莫如将所任各职，与以解脱。……况南大贤才，斗量车载。玉清何人？而足轻重。以言国粹，当俟诸天下升平。以言人才，无需此不栉进士。此知难之宜退一也。近年以来，金融恐慌，影响及于学务。既不能为源之开，又安可不为流之节。节流无法，惟有裁员。校中各系，既无员之肯裁，先生（按：指杨寿昌）所主之国文系，遂不得不为之倡，而玉清则逢其会矣。在先生虽不我遐弃，在玉清亦素非尸位。况嗜好与俗，既殊酸咸。去就之间，尤征品格。与其若即若离，曷若独来独往。天下无道，卷怀大有其人！国家将亡，气节乃在女子！此知止者不殆又一也。……

抵手术室，当中置割症床，……时余仰卧榻上，思潮疾迅起伏……自念幼从陈子褒先生诵习文史者六年，继在香港圣士提反女校专习英文二年。在岭南大学研究文学及教育学者六年。毕业后读书讲学，刻苦辛勤，以迄今日。生命一日存在，则仔肩一日不释。欲释重负，惟有死日。倘不幸而陨命，则撒手人天，于一己未尝不为得。倘苍翁以为责任未了，延其时期，则亦安命委心，听之而已！然而著作多未完稿本，绛帐有前列生徒；宋元书本，校雠未竟；乡邦文献，正待编辑。……襄师遗集尚未编成，何以尽弟子之责耶？国难方殷，人心待挽；今竟赍志以殁，不能大声疾呼，尽匹士之责耶？继而转念：余自束发受书，即有志于学。从无丝毫个人乐利之心。练衣布裙，菜羹粝饭。所以刻苦自励，茕独自甘者，欲牺牲个人幸福，以为人群谋幸福耳！一灵未泯，九死不悔！天非梦梦，或未许余如是而止而终无成就也。[1]

在《更生记》中，冼玉清多次记录了江孔殷关心的情谊。在动手术之前，"九月十九日，江霞公世丈命其孙壻赍书来，谓拟挈卢宗强医生来校诊治。以不欲频频转医，且不敢劳长者驾，乃婉谢之。"[2]

在手术成功之后，冼玉清又有信感谢江孔殷："连日屏挡图书，检点行匣，始觉尚有江丈孔殷、张丈荫棠两书未复，乃作书复江公曰：'九月十九日惠示，猥以贱恙为念，拟挈卢医宗强来诊。情意周洽，感激奚似。玉清一介孤女，柴立客

1　冼玉清：《更生记；广东女子艺文考；广东文献丛谈》，广西师范大学出版社2014年6月版，第15—24页。
2　冼玉清：《更生记；广东女子艺文考；广东文献丛谈》，广西师范大学出版社2014年6月版，第21页。

边。病甚采薪，肥还让菊。不如意事，十常八九。可与言人，又无二三。不谓缠绵病旅之中，尚有恳恳垂问如老丈者。然后知古谊之犹在人间也。忆昔学画兰斋，清谈屡接。敦诗说礼，柔史刚经。上下古今，周行示我。……'"[1]

《兰斋诗词存》卷五，江孔殷有诗《玉清更生记书后》云：

> 佛书起末皆阿字，显密同源概藏昙。
>
> 了了本无二痛苦，维摩天女一禅参。
>
> 刀圭远溯周秦古，流转西方剖解夸。
>
> 欢喜大家无恙在，伤心独我女儿花。
>
> （长女婉徽同患此病，米勒尔博士断为可治，其婿信任本国西医施手术，已平安出院矣，继复为别医通鼻伤脑成癌，病遂不起。）[2]

○ 旧京春色图

民国二十二年（1933年），三十八岁的冼玉清首次在纯学术刊物发表论文《元赵松雪之书画》。次年再续余绪撰《元

1　冼玉清：《更生记；广东女子艺文考；广东文献丛谈》，广西师范大学出版社2014年6月版，第28—29页。

2　江孔殷：《兰斋诗词存》卷五。

管仲姬之书画》。赵、管为元代夫妇，两文合共五万余字，反映了青年冼玉清学术上的一段摸索期。早岁冼玉清走的是传统才女的路，既读"经史诗文"，复又下过苦功学绘画。三十岁后冼玉清曾师从李凤廷（字凤公，江孔殷曾聘李凤公为师，授众姬妾绘画，宗宋元笔法。冼玉清与江畹徵同为李凤公入室弟子。）等羊城名流学"宋元画"。青年时代的冼玉清"绘事"显然有画外名声，20世纪30年代初，冼玉清曾绘《旧京春色图》一幅，数年间邀得陈夔龙、刘承干、冒广生、张其淦、陈诗、黄慈博、黎季裴等一群骚客为之题跋。

《兰斋诗词存》卷五，江孔殷有诗《玉清以写生崇效寺牡丹极乐寺海棠合为旧京春色图卷为题七排律》云：

买脂写遍曼陀园，燕地华发日易昏。
几度金庚闻鹤语，重过贝子剩牲存。
玉楼珠阙三春夜，辇路琳宫万里阍。
严福夺朱乡亦异，通明奏绿室无温。
集名青琐传妃捻，亭倚沉香忆王恩。
内苑三千倾国宠，昭阳廿四信风番。
未醒卯酒朝天宝，为补丁香过法源。
木本贡稽南海药，杜吟题避北堂萱。
大家许汝兰台目，佳藕除他竹外婚。
催尽唐花谁焙火，压残梨树不开门。
姓分姚魏调黄紫，府别东西绘宋元。
鸦舅天随工对仗，鸡坊务观欲移根。

能行解语都凡卉，有色无香也断魂。

散向维摩禅榻畔，画中天女偶留痕。[1]

民国二十八年（1939年），冼玉清在痛悼恩公杨寿昌的文章中云："先生相识遍南服，其友生有托转求余书画者。先生语之曰：'世人以冼君为画家为文人，皆不知冼君者也。我国女士之能文章者不少，而未有终身寝馈于学问者，有之惟冼君；未有以理学安身立命者，有之惟冼君；未有以化民成俗为己任者，有之惟冼君。今乃于书画求之耶？'其友生每为余述先生言，余为惶竦涕零不胜知己之感，且不敢不益自奋励也。"冼玉清已经感慨"前尘往事"，更"悔其绘事名"。

◦ 万众一心，同仇敌忾

民国二十六年（1937年）七月七日，日本在华北发动"卢沟桥事变"。八月三十一日，广州遭到日机的轰炸，死伤惨重。至民国二十七年（1938年）十月，在这一年的时间里，冼玉清先后发表《国难随笔》《读宋史李纲传》《宋代太学生之士气》《民族女英雄冼夫人》《国难文学》《读宋史岳飞传》

---

1 江孔殷：《兰斋诗词存》卷五。

等多篇弘扬民族不死精神的"抗战文章"。《读宋史岳飞传》一文在梳理岳飞事迹与宋室昏庸后云：

> 天下之奇耻大辱，莫有甚于败战丧师，土地沦胥于异族者。天下之痛心疾首，莫有甚于家破国亡，人民鞭策于夷虏者。丁此艰危，所当万众一心，同仇敌忾者也。乃政和汴京，酣嬉如故。绍兴和议论功行赏，有识者知宋室必以苟安取亡矣！独岳飞矢勇矢忠，力排和议。愿定谋于全胜，期收地西河，唾手燕云，指日可待。而中遭奸沮，功败垂成。宋室自亡其国，非天之作孽也。独惜飞以高世之绩，贯天之忠而饮恨以死耳。今日国难，其严重不亚于赵宋。而上下之苟且偷安，顾私利而不顾公义，且有百十倍于赵宋者。吾不禁惴惴危惧。安得起岳飞于九原相与同声一哭也。悲夫！[1]

民国二十七年（1938年）十月十六日，经四昼夜艰辛，冼玉清在日军陷穗前夕逃抵澳门。二十五日冼玉清作《万苦千辛离危城》文。同年十一月十四日，迁至香港的岭南大学借香港大学校舍复课，冼玉清赴港归校。在此不足一月间，冼玉清多位友朋命丧乱世。其中刺激最深者为杨寿昌于十一

1　广州文学艺术创作研究院编：《文苑英华：菁华卷（上）》，广东人民出版社2018年10月版，第50—51页。

月十七日客死广东连县走难中。

叶恭绰民国二十六年（1937年）冬在沪为避日人纠缠仓皇迁港，二十八年（1939年）与简又文、陆丹林、许地山、伍伯就、陈仿林等三十余人在香港发起成立"中国文化协进会"。该会成立的第一件大事，就是筹备举办"广东文物展览会"。叶恭绰写下《征集出品缘起》："广东文化见于史籍者，虽较中原为略后，然比年地下之发掘，实物之参稽，已证明此邦文化之进程，具有深长特殊之历史"；"其间端人烈士，名将通儒，艺者逸民，高僧烈女，云兴雾涌，璧合珠联。任举一长，每堪千古。故都乔木，南海明珠，言念风流，蔚为大国。高山仰止，景行维贤，剩馥残膏，都成馨逸矣"；"凡先民手泽之所留，皆民族精神之所寄，允宜及时采集，共策保存，一以表文献之菁华，一以动群伦之观感。"历四月余努力，由一百五十人提供的共两千余件"出品（文物）"组成的"广东文物展览会"，在民国二十九年（1940年）二月二十二日于香港大学冯平山图书馆开幕。为此会而组织撰写的论文集《广东文物》中，冼玉清撰有《广东之鉴藏家》一文。

江孔殷在日军占领广州时，赴港避居，与叶恭绰多有唱和。《兰斋诗词存》中，收有多首江孔殷写给叶恭绰、冼玉清的诗词。

江孔殷诗《生朝自述柬遐庵》云：

残枝托叶两何干，一树经风那得安。
西笑目徒穷海日，东埤掌莫障川澜。

有生苦觉今为最，不死才知老更难。

为念兰斋方绽菊，年年生受饱霜寒。[1]

　　抗战胜利后，岭南大学重新回到广州。从民国三十五年
（1946年）起，冼玉清写下《苏轼居儋之友生》《招子庸研究》
《苏轼与海南动物》《陈白沙碧玉考》《天文家李明彻与漱珠
岗》《何维柏与天山草堂》《杨孚与杨子宅》等七篇学术论文，
多发前人未发之覆，寄寓深厚的历史忧思。此时期冼玉清治
学的特点，是对研究的文化史迹躬亲探访。

　　民国三十五年（1946年）八月，冼玉清在牧师招观海和
画家梅与天的陪同下，来到向往已久的南海横沙，追寻《粤
讴》作者招子庸故乡的历史遗痕。民国三十六年（1947年）
秋冬，冼玉清写下长篇论文《招子庸研究》。"粤讴"是清中
叶后流行于珠江三角洲的一种粤调演唱，初始以世俗男欢女
爱内容入曲，随后扩展为生活中的酸甜苦辣皆可即时吟唱。
招子庸是第一个以"粤讴"文词成书的作者。招子庸一生狂
傲不羁，其《粤讴》中多男女欢场之销魂词曲，世俗向以
"风流招郎"视之；且百年未过，可考其生平之文献已难征。
《招子庸研究》一文，独辟蹊径，挖掘此含冤沉埋百年悲剧人
物的人生真相，慷慨抒发"'信而见疑，忠而被谤'，自古为
然，不独一子庸。而国家之所以偾事者，在于'其所谓忠者
不忠，而所谓贤者不贤'。余悲子庸罢黜之冤抑，亦为亘古忠

1　江孔殷：《兰斋诗词存》卷四。

臣义士悲也"。

1952年3月4日,江孔殷逝世。1952年10月,私立岭南大学与其他几个院校被撤销,并入原中山大学,组成新的中山大学。冼玉清避过了第一轮的裁编,顺延成为"新中大"的中文系教授。冼玉清早年曾说"以学校为家庭,事业为丈夫,学生为子女",在1955年夏秋间,年已六十岁的她被劝离学校,限时办理退休。[1]

---

1 广州文学艺术创作研究院编:《文苑英华:菁华卷(上)》,广东人民出版社2018年10月版,第51—65页。

第十章
诗才史识

○ 诗礼传家

　　江孔殷于鼎盛时期定居广州河南同德里，大修土木，建成"太史第"。江孔殷交游甚广，家中多挂名人字画。南海十三郎回忆："余家中悬李文田书元之太祖祝寿书屏及居廉所绘之画屏，书法及丹青妙手，均为一时无两，况文章锦绣，值得阅诵，而画屏则语贵吉祥，如杏林春宴、富贵开屏、鸳鸯福禄、一路英雄、耄耋有馀等佳句题于画中，用贺先人寿诞，均悬诸神厅及大厅中，至客厅书房，亦挂满名人字画，如戴熙戴鸿慈（按：南海十三郎原书作载熙载鸿慈，疑为笔误）之山水、八大山人之名作、恽南田之屏幅、曾国藩林则徐之书联、岳武穆所书之奏表四屏、何绍基之小楷横额、徐崇嗣之《百花图》、徐熙之《满堂春色》中堂等等，琳琅满目，而近人所书者则为谭延闿、吴道镕、夏同龢、陆润庠、朱汝珍等手笔，均属珍品，诚守'经书处世、诗礼传家'之义。而各厅中台椅，尽套入红缎绣花套，衬以名画、盆景、石山、古玩，大有一家皆春之慨。"[1]

江孔殷性喜宴客，又喜吟诗作对写字品画，与文人骚客唱和。南海十三郎说："先父息影林泉，日与逊清遗臣伍铨萃、张学华、黄鼎、梁鼎芬诸太史和唱，惟对儿子出仕民国，则极表同情，故二兄为省会议员，三兄为国会议员，并办《广东周报》循社通讯社，为人民喉舌，备受民众爱戴。先父对姬妾，亦不使闲居，聘李凤公为师，授众姬妾绘画，宗宋元笔法，略有成就，时为孙中山先生以大总统名义，第一次北伐，粤人组军人慰劳会，设美术展览会，我家亦有画十余幅义卖，得资尽充慰劳之举。"[2]

◎ 太史咏史

1927年，江孔殷作组诗《丁卯仲春区实甫自潮连来出乡中诗社咏古题十二首见示前列多佳句忍俊不禁已和成矣继复技痒再拟六十八题一阅月脱稿前后成八十首再汰去八首只留

1　南海十三郎著、朱少璋编订：《小兰斋杂记：浮生浪墨》，香港商务印书馆2017年3月版，第218页。
2　南海十三郎著、朱少璋编订：《小兰斋杂记：浮生浪墨》，香港商务印书馆2017年3月版，第16页。

七十二首如下》。这七十二首诗，吟咏历史人物，颇见江孔殷的诗才与史识，节录如下：

秦始皇

六国同归饱虎狼，谁知二世已天亡。

仙人望海三神远，城卒防胡万里长。

椎击副车惊博浪，书燔馀火到阿房。

真皇未是嬴家种，异姓云何汉不王。

项　王

渡江宁少好男儿，卷土重来未可知。

公莫舞时生不忍，虞兮歌后死无辞。

身降隆隼供烹狗，泪尽重瞳泣逝骓。

漫许英雄论成败，公车曾拜愤王祠。

虞　姬

美人生合嫁重瞳，夫婿龙颜有祖风。

比翼鸟先名马逝，断肠花似杜鹃红。

英皇泪尽湘无竹，鸡彘羞同汉一笼。

曲唱甫阑垓遽别，愤王何意渡江东。

汉高帝

分羹险绝戏重瞳，得鹿胡争失一翁。

亡命匿于芒砀始，故人难与舞阳终。

从龙不少屠沽辈，烹狗还多妇女功。

儿贵上皇犹拥篲，太公真是可怜虫。

张 良

狗烹早为故人怜，岂待功成引退先。

博浪车椎皇帝副，圯桥履进老人前。

放箸有计能扶汉，辟谷何方竟遇仙。

异姓不王知上意，一侯还算胜青田。

韩 信

祸机钟室起仓皇，末路英雄事可伤。

背水空能摧项羽，入山悔不学张良。

千金报已轻阿母，百战功犹乞假王。

雌雉高飞同鸟尽，淮阴留得庙堂堂。

汉文帝

代邸骖车有宋昌，大横占得又何王。

霸陵陶器无多饰，博士文章尽入囊。

左袒共尊皇帝子，后宫不列美人行。

臣佗从此除黄屋，一纸书能下五羊。

南越王赵佗

亡秦瓯脱旧山河，黄屋当年僻处多。

九郡终迁丞相吕，三城长戴老夫佗。

海边花发层台在，江上棉红霸气过。

死骨汉臣如不腐，楼船何至下牂柯。

贾 谊

宣室何劳问鬼神，日斜占鵩分沉沦。

长沙作傅三年谪，湘水累囚再世身。
到手公卿挤绛灌，关心治乱论周秦。
怀才不遇书空上，一例千秋涕泪新。

汉武帝

神仙可贵公卿贱，臣朔诙谐坐得名。
狗监词章蚕室史，狼山封禅蛊宫兵。
馆陶纳侍偏无罪，钩弋防淫太不情。
剑影龙华搜十日，上林何事数微行。

东方朔

一齐扫地汉公卿，丑诋诙谐总入情。
粟食侏儒甘饱死，桃偷王母合长生。
乘龙已得升天术，司马同高玩世名。
十八年中星不见，神仙短命笑文成。

司马相如

曲罢琴心赋子虚，倾城为汝惜当垆。
赀郎老去为园令，腐史先声在蜀都。
远略葆卭开博望，遗书封禅薄林逋。
不逢狗监文章贱，谏猎长杨得意无。

李　广

灞陵犯夜尉犹诃，失道将军罪若何。
身不逢时为汝惜，侯非无命杀降多。
种留拓跋终龙见，嗣陷匈奴亦蝎磨。

不是大黄工射敌，虎头飞将已生罗。

明　妃

蛾眉谣诼古今哀，马上琵琶去不回。
误汝黄金延寿画，笑人青草李陵台。
嫁怜绝域乌孙老，赋比长门犬子才。
留得石家金谷怨，扇衫环珮总成灰。

赵飞燕

阳阿仙子下蓬莱，姊妹花移禁院栽。
学术波夷同獭食，承恩樊嬺是鸩媒。
守宫不用丹砂识，踏地还歌赤凤来。
祸水阿姨能弄主，九华帐里梦方回。

汉光武帝

起兵当日一牛骑，谨厚居然众望归。
隆準兴王真有种，良家纳后自微时。
关西帝子称铜马，河上神人遇白衣。
陇蜀初平思偃武，轮台深鉴悔兵迟。

严　光

夙昔高名耳少游，狂奴踪迹在扁舟。
故人已反三微币，清议仍多一袭裘。
天子公然同榻卧，先生去矣有台留。
床头箕踞听痴语，为问当时洗耳不。

马 援

据鞍雄盼老犹存，裹革心期报至尊。
宁惜贻书规季孟，枉教陛戟见公孙。
画山聚米皆兵略，谤薏成珠坐狱冤。
列将云台图不绘，椒房论贵有遗言。

蜀汉昭烈帝

煮酒英雄目使君，阿瞒能识左将军。
黄巾贼讨年方盛，白帝人归日已曛。
三顾卧龙庐可造，再传司马鼎难分。
荆州恋义甘同败，含蓼投醪讵足云。

诸葛亮

早识君才十倍丕，遗孤还与托临危。
三分相业隆中定，两表文章天下知。
名冠一家龙虎狗，功高二世父尚师。
独防身后骑难制，忍为安刘去假儿。

吴桓王

将门遗种出江东，弱冠能完破虏功。
有子如君宁复恨，是儿称猘抑何雄。
二乔得婿卿居大，三楚名王霸可同。
颇惜孙吴开创主，长沙劣嗣祚难终。

周 瑜

并辔乔家觅婿乡，况兼弟畜有孙郎。

276

阿蒙合传才难继，诸葛同生恨未忘。

三十建旄当魏蜀，六幺顾曲按宫商。

故人困赠多风义，让宅由来一慨慷。

魏武帝

起家鹰狗少年场，败面能令叔中伤。

入地何颜逢伏后，在天有命作文王。

生前已同根豆萁，死后犹分侍妾香。〔按：此句原版
疑有误字〕

益信英雄多诳语，千秋疑塚亦荒唐。

曹　植

归藩骨肉感乖离，白马诗贻两两悲。

七子建安尊祭酒，中郎邺下忍燃萁。

生成绣虎文坛主，错爱潜龙别邸儿。

谁识本初还有后，今人犹不薄陈思。〔言寒云公子〕

绿　珠

养得人家婢妾鱼，珠娘家世合量珠。

汲泉博白颜逾丽，坠地残红迹未芜。

不为秀才忘石尉，却怜妃子嫁单于。

入宫衣钵多殊色，能及阿师笛奏无。

梁武帝

秣陵龙气桥边宅，两戒河山一姓萧。

南面称孤三十外，西陲拓地五千遥。

出家帝子修双忏，博学君王冠六朝。
丞相不知何物是，围城放鹞太无聊。

陈武帝

百战雄名起广州，偏禆见赏自萧侯。
能摧鹿角平交趾，争看龙骧出石头。
紫气千寻生玉垒，黄奴五世覆鑫瓯。
佛牙早入陈王手，无事神仙访十洲。

陈后主

风流帝子古今夸，高阁临春日已斜。
漫以心肝来责汝，居然词赋自成家。
无多狎客惟江令，难得佳人是丽华。
太息景阳宫井去，可能重听后庭花。

张丽华

玉树庭花一钵昙，专房三阁梦方酣。
主同安乐真无二，儿产宁馨过十三。
江令狎吟头尚黑，高公作剧面成蓝。
无端祸水谗飞燕，出井胭脂太不堪。

隋文帝

始皇六一开皇继，二世天亡等叹嗟。
后日分香留盒子，前朝歌树变杨花。
中谗渤海归公第，踵事山阳禅婿家。
误汝独孤知已晚，重泉还许怨宣华。

隋炀帝

铁锁郎当鼠孽深，生前轻薄死难禁。
片帆断送江山锦，一盒相思子母金。
莹苑歌闻萧有识，燕梁诗忌薛能吟。
吴公台下黄奴约，歌舞移时已寂沉。

唐太宗

相逢大侠褐裘来，真主中原气壮哉。
虬客如虹窥日角，功臣有象匹云台。
君王失信屠龙梦，孙子逢时射虎才。
独少陈思词赋手，葫芦依样豆煎哀。

虬髯客

褐裘一见去匆匆，收拾残棋走海东。
敛手局终知气数，梳头镜里识英雄。
无端兄妹奁能赠，不义心肝酒一中。
留得相思尘拂子，扶桑日出两家红。

红拂女

巨眼风尘挟策时，居然鹰隼出蛾眉。
明知越国为馀气，觇见秦王更可儿。
雄服太原仍紫褶，旅床灵右理青丝。
妇人许绘凌烟像，佐命功宁让药师。

则天武后

才人蓄发竟临轩，牝虎充庭廿一年。

流秽韦杨推作俑，纳言娄狄许知贤。
龙天创字开先例，鹤监除官比内迁。
片语几坑唐九庙，英公不值上凌烟。

杨　妃

归来宫柳未央残，凄绝三郎翠袖单。
回马不闻妃子笑，教鹦能问上皇安。
谁言邸第非娇屋，却认门楣是女冠。
秋雨西风魂返夜，可怜春比华清寒。

梅　妃

戏马来迎感主恩，三郎减烛解温存。
千金买赋防谗妒，一曲还珠见泪痕。
岭表使空来远驿，楼东人比锁长门。
翠华西去池边树，中有亭亭倩女魂。

李　泌

堕地宁馨戒紫衣，僧伽早许帝王师。
八公劝驾稽仙籍，七岁成吟结主知。
啗芋十年隆鼎鼐，烧梨四韵叶埙篪。
客星欲夺严光席，加腹何如枕膝奇。

南唐李后主

江山文字半消磨，玉面重瞳洗泪多。
不作翰林真恨事，便为天子奈愁何。
春宵砦北通红炬，天水江南一碧罗。

可笑仓皇辞庙日，填词还记听坊歌。

宋太祖

望气先知夹马营，陈桥未出倒戈成。
韦囊署券兼棋子，烛影传疑又斧声。
十国江山归虎步，一家兄弟总龙行。
令人不作黄袍想，杯酒胡能遽释兵。

王安石

非关周礼误苍生，穿凿胡为浪得名。
黄阁再登犹敕草，青苗三疏莫惩荆。
千秋借口惟均产，一语诛心不近情。
见屏门墙初举日，知人富郑愧方平。

李师师

慈云归去谢红尘，一籍歌坊再舍身。
买笑贾奴轻赵乙，承恩娇女出王寅。
平沙落雁琴三弄，绣阁蟠龙酒几巡。
不肯虏营随阋嬻，瘦金楼额是贞珉。

岳武穆

划柑长舌话东窗，墓桧分尸庙柏香。
死骨裂茅齐汉寿，佞头铸铁比睢阳。
意中将士黄龙饮，身后朝廷白雁伤。
缚虎坐防烹狗续，灰心驴背有蕲王。

韩世忠

居士清凉擅小词，英雄不厌读书迟。

功成解柄骑驴去，冤死同袍缚虎悲。

往日剑瘢嗟髀肉，战时鼓手付胭脂。

灞陵风雪行吟夜，姓氏宁容醉尉知。

朱淑真

两两名媛隽绝才，谤奇清照一般哀。

故应漱玉词同刊，偏许庐陵集里陪。

特地相宜青到柳，湿云不渡瘦怜梅。

断肠大曲生查子，居士幽栖日几回。

明成祖

燕蓟无端起杀机，掷瓜一怒不成围。

北平可有分荆痛，东海何来碎玉归。

铁盒朱书三度牒，少师老佛两僧衣。

湘山烛斧临湖箭，白帽加王见已微。

陈圆圆

天教女子系兴亡，青史名输粉汗香。

初入豪家空进御，重归夫婿已封王。

佳人自古工倾国，名士无缘偶辟疆。

燕子桃花传唱遍，梅村一曲不参商。

李香君

歌舞南都醉未醒，桃花扇底小朝廷。

旧巢画本蓝田叔，新曲弹词柳敬亭。
衾却素轻龙友友，楼居肯逐马伶伶。
河房娇唾冰纨血，除却侯生眼不青。

卞玉京

儿家生小大功坊，院隔青楼认道旁。
直内三千空粉黛，问年十六叶宫商。
瑶笺署尾齐祁阮，琼树歌喉赛孔张。
一样李师曾入道，玉奴终未见君王。

柳如是

楼居酬唱绛云遗，忍泪歌还度雪儿。
肯独偷生隳气节，由他怕死老头皮。
蘼芜小字今谁识，薇蕨无缘只自悲。
值得午樵多丽赋，兰兰便面共题词。

董小宛

南都掌故半蛾眉，水绘园中一画师。
艳史中添遗老传，贵嫔强作旧家姬。
影梅尚忆弥留语，董鄂何来附会辞。
赞佛清凉诗四首，舍身天子亦存疑。[1]

---

1 江孔殷:《兰斋诗词存》卷三。

第十一章
听曲宴乐

○ 玉作肌姿雪作神

　　1928年11月，梅兰芳到广州演出，并在江孔殷家作客数天，为江家作闭门演出。南海十三郎当时十八岁，得以亲炙戏剧大师，启发益深。南海十三郎早年即醉心戏剧，课余熟读《戏剧概论》《歌剧概论》等书，并读雨果名著，自谓对戏剧原理早有心得。但南海十三郎不识粤剧排场，不懂工尺乐谱，却因交游好友多为剧曲音乐专家，编剧时获帮助。林英为名伶苏州妹胞弟，是南海十三郎的中德中学同学，精于音乐和排场，南海十三郎编撰《心声泪影》时即获林氏指导。而邓公远、胡凤昌在词曲上对南海十三郎多有启发，名曲《寒江钓雪》词曲优雅，并谱以新腔（解心腔二流），南海十三郎得以一曲成名，邓胡二人亦功不可没。[1]

1　南海十三郎著、朱少璋编订：《小兰斋杂记：小兰斋主随笔》，香港商务印书馆2017年3月版，第37页。

梅兰芳作客江家，对南海十三郎日后成为粤剧名家影响甚深。南海十三郎回忆："玉作肌姿雪作神，美人香草是前身。此为先父咏梅兰芳诗首二句，以素心兰比美人，以香草比其芬芳。"[1]

齐如山在《我所认识的梅兰芳》中起首便说："我同梅兰芳有五十年的交情，在一间屋中，共同用功工作也有二十几年之久，对于他的性情品行，我知道得相当清楚。之所以清楚，不止因为相处甚久，而且也曾经详细留神，严格审察过。"[2]民国初年，北京女伶之禁大开。1917年，27万北京观众把梅兰芳选为全国第一名旦。梅兰芳于练习本行技艺之外，也勤于习字画画。在他的歌声里，世界和中国的政局，都有了沧桑之变。他眼看袁世凯、张勋、曹锟、吴佩孚、段祺瑞、冯玉祥的此起彼伏。北伐军于1928年进了北京，北京改为北平以后，梅兰芳才第一次挣脱了与执政者的直接关系。1928年11月，梅兰芳到广州演出，正是在这个历史背景之下。

对于梅兰芳与江孔殷在广州的交往，江沛扬的《梅兰芳访粤风波》可作参考：

　　1928年深秋的广州，政局转趋平静，广州一个戏剧界同仁团体"戊辰同乐会"——江孔殷是创始

1　南海十三郎著、朱少璋编订：《小兰斋杂记：小兰斋主随笔》，香港商务印书馆2017年3月版，第107页。
2　齐如山：《齐如山国剧论丛》，商务印书馆2015年12月版，第483页。

人之一，特邀京剧大师梅兰芳来粤演出。梅一行于10月22日从天津乘日轮"神丸号"经上海，再乘船到香港，10月30日抵达广州。配角谭富英、武生金少山、武旦朱桂芳、小生姜妙香、古装花旦姚玉芙等120余人也陆续抵穗。……

江孔殷看罢梅兰芳几出首本戏，都分别作诗抒发感怀。

题梅畹华华清池·四郎探母双剧

旷世谁同调，三郎与四郎；

不图衰志日，犹见内家装。

端相何人似，征歌举国狂；

固知天上曲，能有几霓裳。

梅兰芳为答谢江孔殷的鼎力支持，专程到"太史第"拜访，江孔殷以上宾规格，款待了这位京剧大师，粤剧界文化界和许多社会名流都应邀出席。……

梅兰芳有感盛情，被江孔殷挽留在"太史第"住了几天。那时十三郎……受其父影响，已有一定国学基础，诗词歌赋无所不能，而且喜欢粤剧，他和畹徵抓紧时机，向梅兰芳请教戏剧、戏曲知识。十三郎后来成名成为粤剧大师，与梅兰芳的悉心传艺与教导有很大关系。

……梅兰芳在演出之余，抽空到海珠戏院观看了一些粤剧演出，也同江孔殷谈论粤剧。江孔殷平日也关心粤剧，心中有许多意见，难得有机会向京剧大师发表，他说："我看，当今广州的粤剧界实在令人担忧。由于雅近二黄，一向不讲求曲本，致成有声无词；近则竟向白话平喉，文武生、花旦无大区别，又一变而为有词无声，安得有心人起而纠正之！"

梅兰芳果然向新闻界发表对粤剧尖锐的批评，他说："贵省唯一之旦角，遑论技术，即乔装尚未明了。"又对当时粤剧为吸引观众而一窝蜂流行的"机关"布置，他说："我演《天女散花》《上元夫人》等剧时，某些场面演得逼真。借助于幻术，本来无可厚非……贵省的粤剧，动不动就搞'机关'布置，讨好观众，实在令人喷饭！而有些粤剧内容淫靡，置社会公益于不顾，太不应该。"[1]

随后梅兰芳更是走向世界，于1930年2月8日到达纽约。梅戏团正式订于2月17日于纽约百老汇第四十九街大戏院（The Forty-ninth Street Theater）上演。演出结束后，总计梅兰芳出去谢场竟达十五次之多。第二天早报出来后，纽约就发起"梅兰芳热"来，这个"热"很快地就传遍了新大陆。在纽约五个礼拜之后，梅兰芳在美国声名大震。当梅兰芳访美

---

1 江沛扬：《沧桑太史第》，花城出版社2016年5月版，第126—130页。

之行已至尾声时，美国西部两大学——波摩那学院（Pomona College）和南加州大学（Southern California University）——分别于五月底和六月初旬赠予梅兰芳名誉博士学位。[1]

广州一别之后，梅兰芳与江孔殷于抗战期间在香港重逢。梅兰芳之居香港而蓄须，齐如山道出个中深层次的历史原因："日寇时代，梅留须躲于香港。此事几乎人人知道，但其中较详细的经过，则知者甚少，亦可略谈几句。当日本未占北平之前，梅曾与我写信，请我到上海去住，他说北平怕不保险。我给他回信，说上海也不会安定。但他却认为上海有各国租界，在南京政府未迁移之前，他总认为上海是可靠的，所以毫无搬移的心思。迨政府往西一移，他才有移动之心。想追随政府，然政府尚无确定地点，未便移动。后政府决定设在重庆之后，他想去可就不容易了，一则交通已不方便；二则日本对他早已注意，想往重庆，恐怕是万不可能的事情了。日军初到上海，他尚可安居，后来日本势力伸展到租界之中，他看情形不好，才想迁往香港。未迁之前，有人同他说，日本对你向来非常友好，何必迁居呢？日本人说过，所有到日本去的中国人，日本社会呼他们的姓名，永远用和音（即日本音），从前只有对李鸿章，则有一部分人呼为中国音，此次梅兰芳到日本，则全国日本人，都呼为中国音。所以梅到美国去的时候，美国报纸中说梅兰芳是六万万人欢迎的名角，意思就是除中国人外，还有日本人一万万以上（两

1　唐德刚：《五十年代的尘埃》，中国工人出版社2008年12月版，第30—45页。

件事情，倒确是有的），有这种情形，你可以不走。梅说：日本人对我自是很好，但对于我们的国，则太可恨了，有什么理由，不管国家，只管自己呢？所以他决定躲到了香港。自日本人占了北平，到日本投降，八年之中，我没有和他通过信，但因为小儿焕也逃到香港，就住在他家，约二三年之久，他们二人，常常商量同往重庆，但彼时虽然能去，而已不能畅通，有时路间，还要走一段。他当然很畏怯，迟延迟延，结果小儿焕自己先去，并商定由小儿到重庆，看情形替他布置，他再前去。结果越来越困难，致未去成。此他未去重庆，停留香港之实在情形也。"[1]

江孔殷诗《九月廿一生朝旅中旧人与余同日生者有唐天如李仙根黄培初同月生者为冯香泉黎六禾冯幼纬梅畹华香泉最先洵为一时之盛》云：

> 前身我是蜀山猿，来与文人说慧根。
> 小谪忘年成老辈，大同生日负清尊。
> 台登华首书曾读，寺访峨眉券尚存。
> 夫婿英雄春特早，红颜酒为白头温。[2]

诗题中的梅畹华即梅兰芳。此时江孔殷与梅兰芳在抗战中同客居香港。

1　齐如山：《齐如山国剧论丛》，商务印书馆2015年12月版，第487—488页。
2　江孔殷：《兰斋诗词存》卷五。

"梅郎蓄须"的时代，与江孔殷重逢香江，把酒论及"天宝旧事"，不知作何感慨？

○ 饮食宴乐精义

在清末民初的广州，有两位以诗词和美食闻名的"太史"，前有梁鼎芬（节庵），后有江孔殷。

江孔殷在清末有诗《梁节庵前辈归粤约同修复前明何端恪公河南天山草堂讲学处喜咏》云：

> 天王今古同明圣，老病孤臣不谪荒。
> 异代文章双谏牍，千秋碑记一长廊。
> 自来岭海多畸士，重见天山有草堂。
> 赢得清贫归更好，几人衣锦未还乡。[1]

此诗后一首则是《节老以端阳独坐成咏句见示次均》：

> 顾我能为千日狂，扁舟闲去问鸥乡。
> 骚魂不起端阳渡，好句犹传河朔觞。

---

1 江孔殷：《兰斋诗词存》卷一。

缚得彩丝驱疟鬼，呼来长鬣夺馀皇。（时二辰丸事民
气正激扬）

散人已分江湖老，消受荷花荔子香。[1]

二辰丸事指1908年（光绪三十四年）2月，澳门商人柯
某购买日本军械由日轮"二辰丸"运抵澳门海面，被清廷缉
获。事件遂引发抵制日货运动。

1911年，梁鼎芬五十三岁。《梁鼎芬年谱》说，是年夏，
梁鼎芬与同人集饮孔园烟浒楼，其后有饮食宴乐精义之作，
详言饮馔用料品种及四时食具要旨。

手稿《能秀精庐饮食宴乐精义》：

四鲜果　皆坚大香洁，勿切，以好瓷拌盛之。

二常有　如此时荔枝是也，挑选精细，颗颗员
匀，万人皆有，而我独绝，凡事应如此。

二新出　如桃（原注：尖嘴）藕（原注：纯
白）之属。

此是法筵龙象，第一义主人最宜留心。

八围碟　夏六素二荤，冬六荤二素，春秋各
半，姑如此说，不拘菜品，多不胜条。（原注：三
字顾注汉书屡用之）。

江海三十年，所赴酒处，围碟以缪小山为第

1　江孔殷：《兰斋诗词存》卷一。

一，未见其偶，佳处约略言之，有画趣，有书卷味，有山野气，有花草香，所以叹绝也。

禁用火腿　座中有李留庵丈用之，以其嗜也。但此是枯窘题，用法选宣威金华两处精者，以好绍酒燉之成块而融，勿烂，片如客数，人赋其一，顷刻可尽。此物能完，主人声光满四座矣。

围碟皆用好瓷，主人无之，则借或公地则凑分购之。

鱼翅　夏宜清炖，用红绿碗，冬宜红烧，用素碗。红易清难，主人自知庖人本领如不甚高，夏用红亦取其易稳。

先一日选材，要多要精，语云贵精不贵多，此非所论于鱼翅也。不精可也，精而不多，不可也。何也，不精者不食之而已，精而不多，典采酣畅，忽然而止，辟之甫觌佳人，环珮之声已远，同游芳院，花草之气不长，其为惆怅当复何如。

此物若具威凤祥麟之壮概，座客必有渴蛟饥虎之奇能。（原注：孔园此物精矣，惜不多也。）

全用大碗　式色不同乃佳，此亦可集公分存孔园。

禁用中碗　大约座客六人以上，中碗每人两羹便尽，第三羹必空回，孔园前日光景如此。一鸣先生所云明漪绝底似之，小碗更不必说。

菜品多不胜条，姑举二三。

山瑞水鱼（原注：美品）　清红因鱼翅，彼清此红，彼红此清，此办事刚柔赋诗浓淡之法，主人不食则勿用。

鱼唇（原注：美品） 办法如上，夏饮择一足矣，冬天可并用。

鱼肚（原注：美品） 冬夏皆宜，吾乡第一等菜。

绛莲子蟹羹或虾红 绛莲（原注：售品），不嫌重用多用。

绛菱角好冬菰

绛竹茹

三物皆精于夏，宜择用或全用。

鸭掌（原注：鹅喉天梯） 此物平平，惟病翁最嗜，请以待留庵丈火腿之例，以待节庵，顿顿食之不厌，如杜老之黄鱼也。鄂食罕得，有之亦四五双耳。

素菜 用极好鸡汤，菜全吸入，无汁，此于侍郎第一本好菜也。精大瓷拌，此件应备用处多。

太清空恐不得饱，应用实笔（原注：红烧）一二处，主人工画，如何布置，不待病翁饶舌。

禁用烧乳猪 鄂筵终年无此，偶一遇之必不佳，孔园所食，妙妙。

此件有官气，又费必不用。若必用之，待梅花三九时如何。

酒 主人先一日自己料理，又亲尝之，此为此日之命脉，酒器要精雅，要多。

主人好酒，以所藏饷客或无之，取之好酒之友，市沽已是下策。如不佳，先罚主人劣酒十大杯，不胜者再罚一回作主人。

茶　人人知酒之要，不知茶与酒同，料理法如酒，器如酒，几上设一茶壶，旁数好瓷杯，醉客自斟。

又各设一盖杯，揭开水清无埃，茶浮小枪，见之心开，是日必大乐，孔园龙井佳。

窗前几上，随意设花一二瓶，瓜果数种，阑干外设数盆，盛井水洗手。

点心　此如词家之词眼，八股家之题珠，勿以其小而忽之。

咸　不胜条，粉裹上上，卢家至精，孔家相埒，烟浒楼曾食两回，不堪回首矣。

甜　不胜条，西瓜糕上上，粤红瓜颇劣，然颜色绀润，以之制糕，盛一白瓷样，陆士衡所谓雅艳也。

二种汤皆禁用小碗。

饭菜　豆腐汤　大碗。肉片、草菰、虾子皆可用。

四饭菜　七寸碟，勿用五寸。青菜咸鱼，炒鸡蛋，此一品不拘。

加两素汤　瓜专品。藕、笋、菜干，择一。

禁用四压席菜　佥云此如今日之候补道也，候补道最为人憎厌。今推之于此菜，可谓不幸矣。然众议如此，无人助之，放翁诗万事不如公论久，信然信然。

饭　色白而软。

粥　清而香，粥碗大于饭碗，夏兼用绿豆，另一碗。[1]

江孔殷题诗："能秀精庐饮食宴乐精义，为禺山梁文忠手笔，朋尊酒垒中，时闻一二，辄以未窥全豹为憾。冯祝万将军于无意中得之，出以相示，笔墨精妙，议论豪恣，足见病翁未病时掀髯疾书神采，洵生平得意之作也，为题五绝句，跋以归之。东坡去后北江出，夏令瓜蔬食谱添，赤砠寓公题跋过，一年香瓣接梁髯。（原注：去冬曾为香江蔡哲夫题洪北江夏令食单）宣南会葬南皮日，风雨圆通丈室床，无复橐饘于晦若，午桥黄米亦沧桑。（原注：余己酉秋奉召赴引，节老亦因会葬张南皮，先后入都，同居南横街圆通观中，于晦若侍郎间日必乘人力车橐鱼翅至，端午桥制府以陵差来京，亦自黄米胡同来会食，黄垆旧侣，至今都尽，思之惘然）梁格庄头忆荔枝，草堂归啖已无期，渴蛟饥虎情如绘，想见兰斋会食时。（原注：节老南归，月中必数过兰斋，北行时，属草堂同人多种荔）谪宦一生惟玉糁，诗人每食必黄鱼，数篇能秀精庐字，抵读何曾一部书。文章一代批鳞目，头翅由来尽

1　吴天任：《梁鼎芬年谱》，广东人民出版社2018年10月版，第286—290页。

属君（原注：节老生平最嗜鱼翅及烧鱼头），能说风流前辈事，贞元除我恐无人。丁卯中秋后五日，南海江孔殷识于小百二兰斋。"[1]丁卯年为1927年。

叶恭绰题诗："一编铺啜见风流，知汝清馋不可收，醉饱未应成过失，饥驱浑遣足冥搜，烹鲜老合甘乡味，食肉心终与国谋，回首堆盘怜苜蓿，可堪重忆旧矶头。　奉题梁节丈饮食宴乐精义手稿。祝万道兄以此册属题，审为宣统年所书，想见侘傺忧劳之余，以此自遣，如东坡之过岭，非真惟酒食是议也。然丈之高谈大睨，饮啖兼人之概，跃然纸上，耆英真率，雅集成图，亦乡邦一重故实矣。余与丈三世论交，不但文章风节，望尘莫及，即食事亦无能为役。曩承招讲学武昌，丈恒以余食少为虑，盖其时余虽未素食，然所进甚菲恶，又素不能饮酒，每共食，丈辄为蹙额也。今忽忽将四十年，思之惘惘。民国三十年夏日叶恭绰。"[2]民国三十年为1941年。

孔园即烟浒楼，在广州太平沙，何时变卖为南园酒家，已不可考。梁鼎芬于宣统三年（公元1911年）重开南园诗社，是年觞咏游宴，必多盛会。数月之后，民国成立。

汪希文回忆：

> 《清史稿·儒林传》，有清一代，粤人以儒术
> 载誉于史册者，实繁有徒，而以朱次琦及陈澧二

1　吴天任：《梁鼎芬年谱》，广东人民出版社2018年10月版，第290页。
2　吴天任：《梁鼎芬年谱》，广东人民出版社2018年10月版，第291页。

人为最。次琦字子襄，南海九江人，学者称"九江先生"。澧字兰甫，所居斋榜曰"东塾"，学者亦称"东塾先生"。两氏均桃李满门，著述等身，华南人才出两氏门下者至众。朱九江之门徒，以康有为为最著；陈东塾之门徒，以梁节庵为最著。两人文章事业，均有其独到之处，皆可传而不朽。康南海生时追效孔子，周游列国时间为多，甚少返粤，故霞公与康南海，始终未有机缘见面。唯梁节庵太史则常有归里，与霞公聚首的机会颇多。

梁节庵丈于光绪三十三年丁未，奏参袁世凯，谓其似曹操、刘裕，请即予罢斥，以绝后患。疏入留中，乃罢官回粤，由是直声震天下，举国士大夫无不想望其丰采。在广东众绅士当中，梁节老可以领袖群伦。绅商每有集议，梁节老说话，差不多可以控制一切，舆情对他十分悦服。霞公之于节老，执后辈之礼尤恭（节老入翰林，比霞公早二十多年）。

民三，梁节庵丈由北京返粤，霞公设宴为之洗尘，他要表示出"河南老虎"的威风，特邀李福林陪居末座。福林看见霞公对节老如此恭敬，亦向节老表示敬礼，站立起来，敬酒频频。霞公命令福林称呼节老为"梁大人"，福林亦敬谨遵命。

梁节老是顷刻不忘清室的，此是他自幼所受传统的教育所使然，亦是时代所使然，他凛于"忠臣不事二主"之遗训，终身念兹在兹，与他的老友康南海始终主张保皇复辟，初无二致。节老此次在江宅见到李福林，以其是握有兵权之人，又见其对自己如此恭敬，乘此机会，乃施展其煽动技能，企图李福林跟他一齐走。

在席间，梁氏老气横秋对李福林作勉励曰："古来出身于绿林者，不少英雄豪杰，名留青史。远者不必论，近者如高要张忠武公（国梁）、三水郑尚书（绍忠），均吾粤人，同是出身于三山五岳，终能改邪归正，替国家立功，不特加官晋爵，亦且流芳百世，《清史稿》为之立传。足下年富力强，前程远大，望好自为之"云云。

……

梁节庵丈是年回粤，是有所企图的。事后先君子曾告诉我，梁节老系与恭亲王溥伟同行南下，溥伟留居香港某酒店，自己不出面，梁节老受康南海委托，意欲在穗策动龙济光勤王复辟的。因龙氏在前清是一品大员，官至陆路提督，希望其不忘故主旧恩也。广东的旧绅士，闻得溥伟到港，有多人秘密到港晋见之，计有前江宁提学使陈伯陶、前江西提法使张学华、前安徽提学使张其淦、前翰林院侍讲丁仁长、翰林院编修吴道镕、前江苏候补道金湛霖（金滋轩丈）等。先君子兆镛公亦被众绅士怂恿，与各人联袂到港。江霞公随后亦赶到，会同旅居香港之翰林院编修朱汝珍、赖际熙、黎湛枝等，公宴溥伟于某酒家。君臣共十二人，皆大欢喜。翌日，溥伟亦宴请各绅士。那时溥伟的主张，以为宣统帝溥仪是年仅九岁，若遵光绪帝临崩时遗意，国赖长君，所以溥伟的心事，欲将溥仪摈开，而自立为皇帝。

关于这一点，众绅士的意见不能一致：有以为开济艰难，绝非孺子溥仪所能负荷，认为溥伟之主张甚正确；亦有认为"今上"早经正式即位，民国且保全其帝号，我辈君臣之份已定，何忍出此？众绅议论纷纷，多数同情于后一说，前一说不能成立，于是无结果而散。溥伟亦感觉失意，离港返青岛。事在民国三年夏秋之间也。此一宗秘史，除我知道之外，今已年届八十、当日在场之金滋轩观察，犹在人间，在港常与笔者相晤，偶话旧事，尚能娓娓不倦也。[1]

《梁鼎芬年谱》民国三年（公元1914年），梁鼎芬曾还粤，但未记汪希文所云"此一宗秘史"。是年在崇陵工次，梁鼎芬筑室梁格庄之西，行宫之东，小屋三楹，颜曰"种树庐"。崇陵葬的是光绪帝。梁鼎芬作书告亲友，详言崇陵种树

1　汪希文著、蔡登山编：《我与江霞公太史父女：汪希文回忆录》，台北独立作家2014年10月版，第67—70页。

299

情况。《梁鼎芬年谱》云：

> 先生每日经理崇陵种树工作，夜读于种树庐，袁慰亭尝遣人谋刺之。贼至，不忍下手，反劝先生他去，先生不为动也。

溥仪撰《我的前半生》第一集第二章毓庆宫读书："故事就发生在他守陵的时候，有一天夜里，他在灯下读着史书，忽然院子里跳下一个彪形大汉，手持一把雪亮的匕首，闯进屋里。他面不改色地问道：'壮士何来，可是要取梁某的首级？'那位不速之客被他感动了，下不得手。他放下书，慨然引头道：'我梁某能死于先帝陵前，于愿足矣。'那人终于放下匕首，双膝跪倒，自称是袁世凯授命行刺的，劝他从速离去，免生不测。他泰然谢绝劝告，表示决不怕死。这故事我听了，颇受感动。"[1]

1919年，梁鼎芬逝世。逊帝震悼，特谥文忠。
江孔殷诗《题高隐岑所藏梁文忠墨迹手卷》云：

> 劫灰燔后墨无馀，凄绝梁鼐晚岁书。
> 难得江村珍绝笔，一回把玩一欷歔。[2]

1　吴天任：《梁鼎芬年谱》，广东人民出版社2018年10月版，第321—322页。
2　江孔殷：《兰斋诗词存》卷三。

第十二章
兰斋家事

○ 兰斋十二钗

　　江孔殷妻妾共十二人，各以"兰"为字：正室区氏畹兰，生五子，即誉汉、仲雅、叔颖、季槐、誉桂。二姬林氏蕙兰，生一女。三姬布氏蕊兰，原名蕊馨，一名白，生三子三女，二子一女均不养；子誉题，即南海十三郎呼为九兄者；女畹徵、畹贻，即南海十三郎呼为十一姊、十二姊者，畹徵有文才，归汪希文为继室，婚后不久即病殁；畹贻曾任职铁路部，战后任教于香港大埔佛教大光学校。四姬常氏素兰，原名素纨，无所出。五姬玉兰，姓氏不详，无所出。六姬杜氏秀兰，生一子誉镠，即南海十三郎。七姬紫兰，姓氏不详，生一女。八姬郭氏湘兰，原名湘纨，一名如冰，无所出。九姬欧阳氏佩兰，原名清，生一子一女，子誉裴，即南海十三郎呼为十五弟者，抗战时殉国。十姬潘氏楚兰，生一女，归郭文泰。十一姬陈氏绮兰，生一女畹英，畹英曾在台湾政府任职，后

太史第众亲人合影

在香港当护士。十二姬陆氏锦兰，原名凤仪，无所出。[1]

江孔殷的太史第位于广州河南同德里，花园号"百二兰斋"，寓名"霞楼"。南海十三郎回忆：

> 故园旧种素心兰，王者芬芳绝世颜。
>
> 金线银边环绿叶，美人香草盛云鬟。
>
> 故园百二兰斋，以植兰得名，兰为王者之香，花中之娇客，本不易植，且性爱洁，最忌蟛虫，故种兰者，恒以烟骨水浇绿叶，不使受虫害，务至兰叶有光润之色，始觉美观。蕙兰墨兰，花蕊为红色墨色，较为普遍，而最罕见者，为素心兰，兰心花蕊，亦为素色，其香异常，颜色清秀。素心兰又分金边素、银边素两种，兰叶环绕金线、银线，至为美观，每当春夏之交，素心兰即盛放，花叶同样灿烂，熠熠生光，诚为难得。鸿儒学者，贞节美人，辄以素心兰自比清高，故园昔日，赏兰君子，今已无几，益以战时失于料理，百二十余盆，战后仅余六七十盆，每当春季，仍放芳馥，骚人雅客，咸以一赏为快。然故园今在梦魂中，旧种幽兰失灌溉，硕果仅存之六七十盆兰花，想已荡然，比譬云鬟之美人香草，从此无缘欣赏，长

1　南海十三郎著、朱少璋编订：《小兰斋杂记：小兰斋主随笔》，香港商务印书馆2017年3月版，第34—35页。

太息也。[1]

江孔殷性喜冶游，早年流连珠江风月，他有数位姬妾原为风尘女子。昔日广州东堤有东园酒家，为四大著名酒家之一，江孔殷所撰联云：

> 立残杨柳风前，十里鞭丝，流水是车龙是马；
> 望断琉璃格子，三更灯火，美人如玉剑如虹。

昔日广州谟觞酒家，首创红粉当炉，雇自梳女作点心妹，或为顾客奉酒，有等美人迟暮，仍具姿色。江孔殷咏当炉红粉云：

> 绝世倾城貌，当炉太不经。
> 美人纵迟暮，待嫁惜娉婷。[2]

汪希文回忆与江孔殷第二次见面，是在宣统三年（1911年），所见如下：

> 事在农历六、七月之间，正是南方气候最炎热

1　南海十三郎著、朱少璋编订：《小兰斋杂记：小兰斋主随笔》，香港商务印书馆2017年3月版，第179—180页。
2　南海十三郎著、朱少璋编订：《小兰斋杂记：小兰斋主随笔》，香港商务印书馆2017年3月版，第153页。

之时。其时，穗垣最热闹繁华而又最可开心行乐的所在，便是东堤大马路的酒家和妓院。最繁华的是饮寨厅，设在四楼，面对珠江，凉风习习，是为最理想之纳凉地方。我当时也常和少年同学十余人，联袂到某寨厅，开筵坐花。记得现已年逾八旬、老尚风流、侨居本港之俞叔文教授，及其胞兄伯飏、胞弟季和，均尝与我同游同席，是轮流做东道主。有一个时期，每夕大家必到，几无虚夕。那时生活程度低，做东道者，每夜破费百余元，算是相当豪奢的了。

有一夕，我们呼朋引类到某寨厅食晚饭，我于无意中出行骑楼，向左右邻的寨厅一望，赫然看见霞公及梁节庵太史（鼎芬）、罗关石、金滋轩两观察等一共十多位大老者，亦饮于左邻的寨厅，拥妓斗饮，声达户外。我因为他们皆是父执辈，其时我尚年轻，仅二十二岁，尚有畏羞之心，见此情景，急急遁入厅事中，静静地聆听妓女唱曲，不敢声张。俄而忽闻邻厅哗声大作，我不知发生什么事，在窗缝中偷窥之。

原来是各位大老，正在高谈其"潘驴邓小闲"中"驴"之问题。

霞公曰："此事倘若我认第二，当无人敢认第一了。"

众皆曰："恐口无凭，非现宝不可。"众大老一致督促。

霞公恃才傲物，原是一位游戏人间、异常豪爽的人杰，乃毫不迟疑，毅然脱去下裳，将他的"宝贝"，用手持着，摆在桌面上，顾盼自豪曰："父母之遗体，清白之身，不会失礼诸公的。"众皆哗然，笑声可震屋瓦，即梁节庵太史亦为之莞尔不置。众妓女则掩面惊呼，夺路而走，寮口嫂则满口"唉"声。于此可见，数十年前的妓女，在表面上尚有若干羞耻之心；倘在今日，遇见如此奇景，她们不特不会走避，必定急急行前，参加欣赏伟人的"雄姿"呢！

说者谓霞公之"驴"，可与七十二枚光洋卷成一筒相比拟。足见前辈风流，我辈不及也。[1]

江孔殷精于饮食男女之道，流风所及，南海十三郎亦记有妙喻：

广东人嗜食海鲜，故咸喜食鱼，有以鱼比妇女，食鱼而比家中主馈，如食鲤鱼则比诸少奶奶，为人发妻，家庭主妇，盖鲤鱼正气，以之宴客，名贵大方，而家常便饭，以腐竹或豆腐炆鲤鱼，老少

1 汪希文著、蔡登山编：《我与江霞公太史父女：汪希文回忆录》，台北独立作家2014年10月版，第44—45页。

咸宜，肉净味朴，诚如朴实之主家妇。至鲗鱼则比姨太太，盖鲗鱼音谐侧，侧室为妾侍之称，鲗鱼不如鲤鱼之正气，然多人嗜食，以其肉嫩，亦有人称鲗鱼为姨太太。鳊鱼音叶"偏"，有偏房之意，鳊鱼亦为海鲜，且样子较美，为时菜之一，以之比娇姿美妾，意亦吻合。至土鲮鱼则比诸女佣妇，以其味冶多骨，需细尝始知其真味，女佣妇多来自乡中，有乡村妇女风韵，而又好洁，故称之为土鲮鱼，有与女佣妇结缘者，俗谓为清蒸土鲮鱼，别饶风味，语颇幽默。至咸水鱼之黄花鱼，亦有人比诸黄花少女，娇嫩可口。[1]

江孔殷的太史第人丁兴旺。至第二代结婚时，正是江孔殷的鼎盛时代，故大为铺张。南海十三郎回忆：

> 民国十一年，先父为五九两兄完娶，各界来贺者逾千人，设宴百余席，在大新公司亚洲酒店制菜，炮仗由大新公司顶楼挂至地下，并有烟花，婚礼异常隆重。九兄誉题之婚，由伍廷芳为证婚人，时伍为广东省省长，其证婚词以先父号霞公为题目："霞公即虾公，老婆虾老公，老公怕老婆，然后发达"，

1　南海十三郎著、朱少璋编订：《小兰斋杂记：浮生浪墨》，香港商务印书馆2017年3月版，第214—215页。

兒債似山高嘆老夫半百有多落財未必重怕添
丁向義時故下撐竿祇管見個做個
世情如水淡論朋友萬千以外量力而為不瞞知
己借此地攤餐謝酒無非人云亦云

當時假座大新公司九樓宴客此對聯
傳誦一時

吴绮媛书江孔殷自嘲联

并勉九兄夫妇，婚后至美国留学，将来生得子女，一如彼邦之自由思想，并为后一代祝祷。婚礼以基督教仪式举行，由谢恩禄牧师祈祷，先父本信佛，然尊重儿女信仰自由，正合孙总理宗教自由之理论。而孙总理亦以大总统孙文名义，馈送金陵织锦喜帐，并致贺词，谓此日江氏迎娶，嘉宾满堂，故以江宁织锦馈送，预祝北伐成功，民国再建都江宁。其后不久果验此言，故都乃易名北平，国人再不称为北京也。先兄誉题婚后，夫妇赴美留学二年，其后北伐，参与戎行，新任谭祖庵之第二军参议，后仍留粤。又在十九路军谭启秀部任职，在美生一子绳祖，今在美任工厂工程师，嫂氏曾在两广外交特派员公署任职，今亦偕女渡美。[1]

江孔殷在酒家为儿子大摆喜酒之际，拟了俚俗对联自嘲：

儿债似山高，叹老夫半百有多，发财未必，重怕添丁。问几时放下担竿，只管见个做个；

世情如水淡，论朋友万千以外，量力而为，不瞒知己。借此地摆餐谢酒，无非人云亦云。[2]

1　南海十三郎著、朱少璋编订：《小兰斋杂记：浮生浪墨》，香港商务印书馆2017年3月版，第16—17页。
2　陈天机：《珠玑情缘——舌尖上的贵族江献珠与幸运的书呆子》，香港天地图书有限公司2019年7月版，第35—36页。

江誉题和吴绮媛举办西式婚礼后，东航美国，就读伊里诺伊州立大学：誉题主修化学，绮媛主修家政。1923年，儿子绳祖在美国出世，成为美国公民。1926年龙母诞辰之日（农历五月初八日），吴绮媛在香港诞下女儿，因世间有"龙母献珠"的传说故事，她便得名"献珠"。

○ 才女江畹徵

江孔殷的儿女中，畹徵有"才女"之誉。江孔殷在诗词中提及儿女，以畹徵最多，显是偏爱。江孔殷诗《题畹徵荔枝鹦鹉》云：

> 海山深处有人家，故国楼台日已斜。
> 便许前头说宫事，红云无复是昌华。[1]

朱万章在《江孔殷之女公子》中说："江孔殷……著有《兰斋诗词存》。擅书法，以行书见长，格调高雅，出笔不凡，颇具学问文章之气，穗、港、澳诸地之公库多有庋藏。人多知其名，而不知其女公子亦擅书画也。其女畹徵，擅长花

1　江孔殷：《兰斋诗词存》卷二。

卉，得宋人法，工笔赋色，淡逸清华。尝见其于民国十六年（1927年）所作菊花立轴，工整秀逸，无尘俗之气。画不轻为人作，故不多见。其名不见于谢文勇之《广东画人录》。江孔殷曾延请‘广东国画研究会’画家李凤公（1874—1967）至其家授画，其时冼玉清亦在其家掌书记。冼氏与畹徵同为凤公入室弟子也。1928年所登记之‘国画研究会’181名会员一览表中，江畹徵为其中一员。”[1]

江畹徵的夫婿汪希文《我与江霞公太史父女：汪希文回忆录》一书，所记甚详。汪希文是汪兆镛之子，汪精卫之侄。汪希文曾婚金氏，民国十七年（1928年）春，适丧其偶。悼亡后六年，即民国二十三年（1934年），才续娶江畹徵为继室，其时汪希文已四十五岁，而江畹徵二十九岁。汪希文说：“畹徵是江霞公太史之长女，家学渊源，受业于名孝廉冯伺若之门，学写花卉于老画家李凤公，她能诗、能文、能画。年二十九，始嫁笔者为继室，其才华远在笔者之上。记得她允许笔者求婚时，口占一诗为答云：‘无限柔情无尽才，逸人风韵久名开。汪郎纵获盈车果，不是知音也不来。’其风趣如此。”两人结婚仅一年多，江畹徵不幸患淋巴癌，不治逝世，汪希文再见鼓盆之痛。

汪希文晚年流落香港，他是命理学家，在当时的术数界颇负盛名。1959年12月30日，汪希文在香港《天文台报》发表《纪文已死吾犹生》一文，记录了自己的命造。他说：“我

1　朱万章：《画里晴川》，广西师范大学出版社2017年8月版，第132页。

今年七十岁，现仍行癸巳运，今年太岁是己亥，己亥与癸巳，是天克地冲，老早我认为今年该死，但不过四季多病而已，是否腊月可以寿终正寝，只有'天晓得'！幸而乃是太岁克冲大运，不是大运犯太岁，灾咎可望减轻，如能交到明年农历正月立春节，则以后尚有四年好运，或者因我文字债欠得太多，上天要我还清债务，不容我早日息劳也。书至此，不能无感，因口占两句云：'海滨寄迹苦岑寂，犹是尘劳未了身'可慨也哉！"四十六天后，即1960年2月15日，汪希文服安眠药自杀于香港沙田万佛寺。据他四兄说："舍弟重要心理有二：一、笃信命理，以为今年必死，与其受病痛之缠绵，不如早求解脱；二、有自尊心。不欲启齿求人，不欲累及亲朋。以此两点交织于心，故有此项处置。"[1]

《我与江霞公太史父女：汪希文回忆录》为汪希文晚年应《春秋》杂志之请所撰，其亲身经历颇为生动。民国四年（1915年）秋，汪希文应江孔殷之约渡江到同德里太史第。到达时，见李登同和池老宽两人已在座。江孔殷见汪希文到，笑迎曰："今天你来得最合时，秋兰正在盛开，我引你去花园欣赏吧。"携着汪的手，进入花园。原来太史第中，种植许多名贵的兰花，品种皆一时之妙选，叶色花香，并皆佳妙。丛兰逐层布置在树荫之下，清风徐来，微闻王者之香。霞公名其书室曰"兰斋"，自号曰"兰王"，为其女公子江畹徵刻一

1　汪希文著、蔡登山编：《我与江霞公太史父女：汪希文回忆录》，台北独立作家2014年10月版，第3—12页，蔡登山导读《汪希文及其岳父江孔殷（霞公）二三事》。

图章曰"兰王郡主"。是时汪希文二十六岁，江畹徵仅十岁，汪视江为世妹，闲谈自若。[1]

民国六年（1917年）秋，汪希文和江畹徵第二次见面交谈。其时江孔殷准备宴请全体国会议员，第一天当然先请参、众两院的议长及副议长林森、吴景濂、王正廷等，并请要人伍廷芳、唐绍仪、胡汉民、汪精卫等作陪。江孔殷之子江叔颖自小和汪希文是要好的朋友，即电约汪希文赴宴。下午六七时，众宾齐集，大家都在客厅中聊天。太史第之大客厅，对面楼上是有骑楼的，在骑楼可以望见客厅中的人物。当时，江畹徵偕妹畹贻，在骑楼凭栏观看客厅中的贵宾。恰巧江叔颖请汪希文上楼向江畹徵姐妹介绍贵宾，汪希文乃为之一一指示："最老的是伍廷芳，坐其左便，戴着大眼镜的是唐绍仪；唐之左方，头壳特别大的是吴景濂（绰号'吴大头'）；吴之左方是林森；胡汉民是你们认得的，坐在伍廷芳之右便是。"江畹徵又问："坐在胡汉民之右便者是谁？"汪希文答："这是我的四叔汪精卫。"一番闲谈后，汪希文恭维她俩："我读《三国演义》，乔公有二女，在江南有艳名，驰誉远近；我以为霞公世伯也有二女，在河南艳名更炽，足与乔公媲美了。"江畹徵说："汪五哥的高帽，送完一顶，又送一顶，愧不敢当。"汪希文说："乔公二女，大乔嫁孙策，小乔嫁周瑜，均是一时俊杰，未知今者谁人是孙策、周瑜，可有艳福娶

1　汪希文著、蔡登山编：《我与江霞公太史父女：汪希文回忆录》，台北独立作家2014年10月版，第64—65页。

到你两位呢？"江畹徵姐妹闻此言，面色忽然红起来，一溜便走。[1]

民国九年（1920年），汪希文又在河南太史第做客，再见江畹徵。其时汪希文三十一岁，家中已有爱妻（未曾悼亡），和十五岁的江畹徵攀谈。江畹徵说："今晚至紧饮多杯。"汪希文答："多谢多谢，我今晚一定不醉无归。"江畹徵说："你饮毕散席，要回去小北门那样远，又不可饮得太醉，你不看见我爸爸书斋中所悬挂的联文云：'美酒饮教微醉后，好花看到半开时。'这对联的意思真好，饮酒到了半醉，便好停止了。"[2]

民国十三年（1924年）初春，谭延闿在广州，江孔殷设宴，汪希文在座所见如下：

> 这位好客的霞公太史，又要请饮"春茗"了。为郑重其事起见，宴请其老同年谭将军，不能不邀请贵客作陪。是日仅备盛筵一桌，开席时，以谭组安将军是远来之客，自然请其坐首席，胡（汉民）、汪（精卫）坐第二、第三席，孙哲生（科）坐第四席，此外陈协之（融）、胡毅（毅生）、李登同（福林）、李宝祥、四家兄蛰庵和我，大约是序齿安排席

1　汪希文著、蔡登山编：《我与江霞公太史父女：汪希文回忆录》，台北独立作家2014年10月版，第120—122页。
2　汪希文著、蔡登山编：《我与江霞公太史父女：汪希文回忆录》，台北独立作家2014年10月版，第128—129页。

次。本来孙哲生比我年轻一岁，同席十二人，其齿最少，但他是当时得令的"太子爷"，而且官大（哲生其时为广州市长），当然由我陪末席了（李宝祥是南海县长，蛰庵兄是番禺县长）。江叔颖三兄亦列席，宾主共十二人。

同席中仅谭组安将军和霞公太史两人是前清翰林院编修，是所谓"金马玉堂"人客，胡汉民先生是光绪辛丑科举人（榜名胡衍鸿），精卫先叔及陈协之先生均秀才出身，这五位算是曾经金榜题名者。江叔颖三兄及蛰庵家兄则是广东高等学堂毕业，宣统二年，曾奉旨奖给举人。

开筵后，众嘉宾话匣打开，议论风生。谈到科举问题，谭组安将军发言，深以清廷之废科举为大错特错之事，谓："科举虽然间中有流弊，但由唐、宋、元、明、清以来，屡代由科举出身之人才，实在不少。必须有科举，人才乃有出路。主张废科举者，每以科场有舞弊为病，此乃因噎废食"等语。

霞公太史是识捞世界的会讲话之人，首先和议曰："谭公之言，实获我心，请看胡、汪两位之才学，倘科举制度存在，两公必入翰林，可以断言，他两位入了翰林，必能继曾、左、胡、李之后，封侯拜相，可以无疑呢。"

这一顶高帽，果然为胡汉民先生所接受，答曰："诚然！我中举人之后，不久便废科举，已断了我的出路！倘科举不废，我未必会入革命党的。"

精卫先叔则默不作声。

这一夕话，距今三十五年矣。[1]

民国十七年（1928年），汪希文的发妻金氏病故，乃请假回粤料理丧葬事宜，在粤盘桓了一段时间。因汪希文早年曾在广州光华医学院学医，有同班学友陈援庵（名垣，曾任辅仁大学校长、北京师范大学校长）。陈援庵的胞妹陈恪卿及名医梁培基之侄女梁憬熙，两人亦在此学院毕业，但比陈援庵低一班。她俩结义金兰，矢志不嫁，以医业终其身，合资在广州河南同福路栖栅南街开办一间"生生医院"，取"生生不息"之意，专供妇女留产之用。生生医院新厦落成，同学们公份致送礼物，陈、梁两位女医师设筵宴客，陈援庵适于其时由华北回粤，与汪希文皆参与其盛。是日筵开三十桌，汪希文赫然看见江畹徵、畹贻两姐妹亦在座。询之陈恪卿，方知陈、梁两位女医师，已认畹徵、畹贻两姐妹为谊女。因畹贻新寡，儿子又殇，容颜憔悴；而畹徵年未花信，丰姿绰约，别有动人的风韵。汪希文在陈援庵面前称赞其美，陈援庵说："你刚刚悼亡，正好续弦，我替你作伐如何？"当时汪希文因悼亡未满百日，力谢之。[2]

1　汪希文著、蔡登山编：《我与江霞公太史父女：汪希文回忆录》，台北独立作家2014年10月版，第137—139页。
2　汪希文著、蔡登山编：《我与江霞公太史父女：汪希文回忆录》，台北独立作家2014年10月版，第149—150页。

民国十八年（1929年）开始，汪希文决心以江畹徵为追求对象，陈恪卿亦有意玉成其事。民国十八年至二十二年，汪希文在南京工作，而江畹徵在广州，汪常致书江，起初不过谈述时事，逐渐不免涉及情话，且寄赠以生活照片。

　　民国二十三年（1934年），江孔殷晚年信佛甚虔，江畹徵信佛亦笃。当时南京蒙藏委员会常务委员中，有一位西康诺那活佛，道行甚高，每逢星期日，在其寓邸说法，汪希文亦曾向他皈依，相当稔熟。广东佛教团体取得"南天王"陈济棠的同意，派代表晋京，迎接诺那活佛莅粤，主持消灾法会，诺那欣然就道。广东是从来未有活佛到过的，当时万人空巷，跪迎活佛。江孔殷也率同全家男女晋见诺那，一致顶礼。

　　汪希文追求江畹徵之事，已历数年，为江叔颖所闻，自动玉成其事，告十一妹曰："我认为江希文此人不错，妹倘有怀疑，何不开心见诚，请求活佛开示呢？"江畹徵深以为然，择定一天，兄妹斋戒沐浴，同往晋见活佛。

　　江畹徵叩头请问："我自幼本来无意于婚姻，愿以丫角终老。乃有汪希文者，虽属自幼相识，但不过是普通朋友之一而已，不审何故，五年以来，他一片痴心，向我追求，不知我前世与他有何冤孽？请问佛爷，有无解除业障的方法呢？"

　　诺那活佛很庄严地合指一算，马上答道："汪希文是我的弟子，在南京常见，他是一个端人，你和他有夙世之缘，应该共偕白首，你答允他之所求为是。"

民国二十三年（1934年）春三月，正是江南草长莺飞之时，汪希文得一封航空信：

希文五兄慧鉴：

常蒙赐来邮简，五年来未有间断，不遗在远，感入五中，非敢不覆，自惭蒲柳之姿，岂足以侍奉大君子！期兄能回心转意也。天涯何处无芳草耶？乃兄一往情深，抑何一痴至此！暮春三月，江南天气正好，妹久闻杭州西湖名胜，常有出游之念，徒以蜂场任务羁身，未许远离。下月荔枝将熟，兄不尝此，已阅数年，萝冈荔枝，今岁丰收，兄亦有意归来啖荔乎？欲言未尽，容俟面罄，诸维珍摄不宣。

妹畹徵手奏

汪希文即时请假回粤，和江畹徵在白云山黄婆洞一吻定情。大事既已决定，双方取得家长同意，于民国二十三年（1934年）端节后十五日，在广州市的大报登出订婚告白，敬告亲友。是日，由江孔殷在家设席约饮。正在畅叙之中，发生一件不祥之兆：江畹徵所饮之酒杯，给她错手跌落地下，杯竟碎了。汪希文和江畹徵见状，均感不安。江孔殷究竟聪明，善为解释："此乃开花呢，不要紧。"

民国二十三年（1934年）重阳后一个月，汪希文和江畹徵在广州各大报登出结婚告白，声明国难期间，一切从简，双方家长亦同意不事铺张。两人使用"旅行结婚"方式，先乘轮船赴香港，以湾仔六国饭店为居停之所，联袂登太平山顶、看大戏、看电影、看马戏、上馆子、大嚼海鲜、游车河、旅行新界、远至大屿山，种种节目，应有尽有。在港居留两旬，转往澳门盘桓了十日，算是在港、澳度蜜月。

婚后不久，江畹徵不幸得病逝世。江畹徵生于光绪三十二年（1906年）农历正月初二，逝于民国二十五年（1936年）农历四月十九日，可谓花好月圆人不寿。汪希文有《诔江夫人绝诗》云：

> 无端嫁得黔娄婿，小别离群我独嗟。
> 此去稠桑如把晤，不教儿女衣芦花。

> 允推德性度汪汪，笔底生花望族长。
> 红荔然时相忆苦，千悲万劫洒萝冈。

> 宦情薄似秋蝉翼，在耳遗言直道行。
> 双悼鳏鱼人亦老，遽令终夜眼长明。

> 乱离身世一琴多，断续弦胶唤奈何。
> 过去繁华如梦幻，也应从此念弥陀。[1]

---

1 汪希文著、蔡登山编：《我与江霞公太史父女：汪希文回忆录》，台北独立作家2014年10月版，第154—179页。

○ 南海十三郎

江孔殷的儿子中，以南海十三郎名气最大，为一代编剧奇才。杜国威为编舞台剧及电影剧本《南海十三郎》，以艺术加工结合事实，搬演其生平事迹，一演再演，大获好评。

研究南海十三郎的学者，以朱少璋认真严谨，所作《南海十三郎传略》用力甚深。[1]江誉镠（1910—1984），生于公元1910年3月3日，即农历庚戌年一月二十二日，又以巳时生，巳时属蛇，故家中大凡以蛇宴客，均由江誉镠侍侧。名誉镠，取"百忍作金，始可交友"之意；一作誉球，取"誉世之显达，毋择东西半球"之意。字绛霞，家人昵称"小傻"。江誉镠在江孔殷的子女中排行十三。"黄镖""南海十三郎""江枫""南海江枫""小兰斋主"均为其外号或笔名，而以"南海十三郎"最广为人知，或有简称为"十三郎""十三"，或有冠以其本姓作"江十三"。[2]

南海十三郎的亲母杜秀兰，本为江孔殷的外室，十七

1　朱少璋所作《南海十三郎传略》，收在南海十三郎著、朱少璋编订：《小兰斋杂记：小兰斋主随笔》，香港商务印书馆2017年3月版，第30—60页。

2　南海十三郎著、朱少璋编订：《小兰斋杂记：小兰斋主随笔》，香港商务印书馆2017年3月版，第32页。

岁在广州黄沙丛桂西街生南海十三郎，产后不治。翌年广州起义事未成，烈士殉难，潘达微与江孔殷商量，筹葬七十二烈士于黄花岗，事为清廷所闻，以"通盗之罪"召江孔殷入京候查。江孔殷灵机一动，以外室杜氏为脱罪借口，辩称"盗""杜"两字同音误传，只承认"与妓杜氏通"，以求脱身。清廷一时间亦无实据入罪，乃责江孔殷私行不检，致有"通盗"之误传，着令罚银五千两。江孔殷得以免祸，对杜氏尤为感激，正式承认杜氏为江家第六房妾，而南海十三郎为杜氏所出，亦得以认祖归宗。江孔殷对南海十三郎疼爱有加，带他归江家交由众母及乳娘周氏抚养。辛亥革命成功，民国建元，南海十三郎曾随父到香港居住过短暂时期，政局稍定，又随父返粤。

江孔殷素重子女教育，礼聘名师自设书塾供子女读书，江家子女均幼承学教。南海十三郎的启蒙老师是何天辅。他自幼目力即不够锐利，往验视力，始知为远视加散光，并非近视，乃于精益眼镜公司配一金框眼镜。自小从陈桂生学习《资治通鉴》，每年暑假专攻国文，又拜张劭闻为师学《孟子》，从区奉吾学《离骚》、从傅朝选学《唐宋八大家文钞》、从区大典太史学《诗经》及《四书》、从黄艺博与陈柏仪学《词选》，并曾习德文于张道深；而自学词赋，亦有心得。

十岁时，南海十三郎在南武小学读书，约十二岁升读岭南附中，与名儒蔡乃瑝后人蔡德荣同级共读，同宿舍者有冼星海和谢恩禄牧师之子谢志理。南海十三郎于此时受洗归信基督教。后因中学一年级中文科不及格，江孔殷决定安排南

南海十三郎

海十三郎转往城西中德中学学习德文。专聘傅朝选为私人中文专席，指导南海十三郎学习中文，又聘英文教师梁太素为私塾专席。

未几，中德中学闹学潮，南海十三郎遵父命到香港，入读霍乃铿主办的预科书院。当时南海十三郎约十四五岁，心性未定，贪玩疏懒，在香港又乏人管束，学无所成，独喜阅读与剧艺。时校中为筹款赈助西江水灾，聘"寰球乐剧团"义演，班主何浩泉为南海十三郎表亲，邀请他撰一新剧义演。南海十三郎根据莎士比亚的《随汝喜欢》改编成《寒夜箫声》，以场口不熟未合演出，乃由邓英整理，又经林健生、胡凤昌、邓公远、刘天一等人改善音乐部分，此剧虽始终没有搬演，但作为南海十三郎编剧之始，别具意义。[1]

南海十三郎在香港学未有成，为便于督促管教，江孔殷安排他重返广州，在岭南附中读书，两年后才正式入读香港华仁书院。华仁书院管教甚严，而南海十三郎年纪渐长，有心向学，学业成绩突飞猛进，为全级之首，并获香港大学录取，入读医科。此时，南海十三郎的恋人陈马利在广州光华医学院习医，二人鱼雁往还。每逢假期，南海十三郎便从香港到广州与恋人相聚。唯陈父反对二人交往，命陈马利返北平，情侣虽远隔南北，尤互通音信，维系感情。未几，陈马利致函南海十三郎，自称在北平染肺病，病情严重，自始断

---

1 南海十三郎著、朱少璋编订：《小兰斋杂记：小兰斋主随笔》，香港商务印书馆2017年3月版，第35—36页。

南海十三郎郊外留影

绝联系。南海十三郎在香港大学退学，拟转往北平协和大学医学院继续学习，取道上海赴北平。在上海时，南海十三郎闻陈马利死讯，一时心灰意冷，无意北上也不作南返之计，只身留在上海。

为纪念与陈马利之恋爱往事，南海十三郎后来为薛觉先编《梨香院》（上下卷）。对这一段情，南海十三郎曾有专文细记，原来陈马利的弟弟陈让是南海十三郎在广州河南南武中学附小的同班同学，少年早逝，因此结缘：

余痛失良友，犹力慰马利，勿以亡弟过恸，马利富于情感，对余甚挚，谓弟亡无弟，痛折连枝，得解慰者惟余一人，恳余时相过访，使彼亡弟如有弟，并以余与其弟之友情，移及其姊，彼此同习医科，性情较为接近也。余感其诚，且怜其寂寞寡欢，每藉假期过访，或约其外去郊游，彼此结伴，寻且涉及于爱，时余留港寄宿港大马利逊宿舍，马利每日必寄余一信，余亦每日覆函，互道渴念之忱，省港虽一水之隔，而在学期内，非假期不得相聚。尝读词至鹊桥会，有"金风玉露一相逢，便胜却人间无数"句，因感天上会双星，人间期七夕，余等仿若牛郎织女也。马利父为一学者，以余学未有成，且为世家子弟，不知稼穑艰难，与其女交，深为不悦，更以余二人痴恋，易于荒废学业，乃命其女返北平，与余远隔。马利北返后，初仍与余通讯，其

薛觉先

后寄余一函，谓在北平染肺病，且甚危重，不愿误余终身，愿与余绝。余得函，即覆信马利，拟假期往北平一视其病况，惟马利再来一函，谓病至不像人形，瘦骨嶙峋，且精神憔悴，不愿再见余，并谓留得好印象，比较见彼形容枯槁为愈，此后不再余函，余痴念不已。翌年，余自港赴沪，拟转学北平协和大学医学院，及抵沪而得马利死讯，万念俱灰，更不愿赴北平伤心地，因为编《梨香院》一剧，以志不忘。又余留沪一年余，一无成就，且旅病穷愁，身为远客，遇马利女同学张慧梅君，张为粤籍沪商女儿，毕业于广州光华医学院，彼素知余与马利一段情史，以余只身居沪，消沉壮志，甚为余惜，时来慰余。并谓马利生平，愿得一痴心男子，为彼写出一无母之女遭遇，不论戏剧或小说，亦足以记彼伤心痛史，而余编剧过活，亦文人本色，足以慰马利于泉下，并不忘其姊之情。近年精神病愈，旧事涌上心头，尚不胜惆怅也。[1]

1929年，南海十三郎在上海得刘学洵之介，得晤何惠源，从而得知其祖上在上海创业的经过。闲时，南海十三郎与黎文耀夜夜笙歌，上舞厅，或约同郊游，有过一段少年轻

1　南海十三郎著、朱少璋编订：《小兰斋杂记：浮生浪墨》，香港商务印书馆2017年3月版，第110—111页。

狂、孟浪不羁的岁月。[1]

在上海的生活，南海十三郎有多篇回忆文章，其一《天涯何处无芳草，萍水相交亦可人》曰：

上海繁华为举国之冠，当国难当头，而灯红酒绿，纸醉金迷者，尚不乏人。时余在沪，月入仅数十元，赖先父月汇二百元，始足酬酢之用，但余好跳舞，每当授课之余，辄偕三数友人，至大沪或巴黎舞厅消遣，余等非豪客，只花三数元，购票而舞，一票一次，所花几何，然余辈年青人，亦甚得舞姝喜悦，海上富商豪客，时唤舞女埋台坐钟，依钟点计，每点钟购票十元，而彼辈每示阔绰，每点钟倍给舞票，且夹心现款百数十元不定，而唤数舞女埋台，又开香酒，十余元一支，每次开三数支，故彼辈每晚，掷金千数百元，绝无吝色。余辈用三数元而舞终夕，殊有愧色也。不过舞姝亦讲交情，非尽拜金者，知余等非惨绿少年，虽有舞兴，亦适可而止，有时舞姝回避讨厌之客人，余等不邀其舞，彼等亦邀余等舞，且不收余等舞票。其时，与青年学生最有舞缘者为大沪厅梁氏赛珠赛珊姊妹，梁氏姊妹年仅十六七，尚守身如玉，喜与学生舞，其姊赛

———————————

1 南海十三郎著、朱少璋编订：《小兰斋杂记：小兰斋主随笔》，香港商务印书馆2017年3月版，第36—38页。

珠，为明星影片公司红星，亦常到舞场遣兴，并介绍客人与其二妹，故梁氏姊妹，捧台者甚众，虽年青学生，大都不能挥金如土，然亦有富家子弟，不计区区者，故梁氏二妹，收入大有可观。余以电影界关系，与梁氏二妹讲交情，故未浪费金钱，亦时常与之舞，不知者以为余艳福无边，实则彼此同是粤人，相逢萍水，泛泛之交而已。然余在沪，事有可记者，即余素未到堂子宴会，对于堂子长衫，绝不认识，有一次在马路上遇一妹，似曾相识，彼妹坐长班车，颇有架子，见余，即下车与余招呼，称余为"十三少"，盖彼在原为邻宅蔡家之婢女丽虹，余问其近况，彼谓甚佳，邀余至彼处晚膳，余以盛情难却，随之行，则彼原来引余至彼隶之馆子，馆子群雌粥粥，尽为长衫名妓，余此时方知丽虹已沦为妓女，然既来为客，姑觇其用意，而丽虹用意亦无他，故以余示同馆姊妹，以余为世家子弟，亦彼之旧友，并语余谓彼向人认彼乃蔡某之义女，而不认为侍婢，借高身价也，嘱余隐其秘，余诺之。该夕在馆子吃菜，丽虹尽唤同馆姊妹为伴，男子只余一人，并得飨北方菜，余觉仿如霸王夜宴，不费一金，而得睹上海妓馆内容。宴罢，余向丽虹道谢而行，后丽虹卒回粤，嫔世交某名流为妻，风尘相遇时，余觉其出身虽婢女，而实出大家名门，故举止大方，知其终有良好归宿，及其洗净铅华，归为人

薛觉先反串戏妆

妇，亦颇贤德，固知其不计出身风尘，而久阅世故，堪为名门妇也。"天涯何处无芳草"，堪为此咏也。[1]

1932年"一·二八事变"后，上海局势不稳，南海十三郎由沪返粤。在省立女子师范任教期间，与林英排演《琼箫怨》《寒江钓雪》《过垂虹》，与学生作业余演出。南海十三郎自谓这是个人从事粤剧之始，又在古典名篇《孔雀东南飞》中得到启发，编撰《梳洗望黄河》。

1932年，江孔殷不再担任英美烟草公司代理，投入一生积蓄经营江兰斋农场。在江兰斋农场，江孔殷自题"玉川吟屋"四字横匾，植橙树数百亩、荔枝数百株。南海十三郎在农场居住时，每逢荔熟即攀树采摘，日啖百颗，其乐怡怡。蜂场则主要由江畹徵主管打理，借李福林的厚德园采蜜。南海十三郎时到厚德园请江畹徵助撰一两段曲词，或指点一二，以其十一姊文学修养较佳，《燕归人未归》唱词"清明节，莺声切，往事已随云去远。几多情，无处说，落花如梦似水流年"，意境优美，即为当年江畹徵口授南海十三郎的曲词。

早在1930年上半年，"觉先声"第一届班率先搬演南海十三郎编撰的《心声泪影》《红粉金戈》。而《心声泪影》一炮而红，奠定了南海十三郎在编剧界的地位，"南海十三郎"之名，不胫而走。《心声泪影》之《寒江钓雪》唱词为：

1　南海十三郎著、朱少璋编订：《小兰斋杂记：浮生浪墨》，香港商务印书馆2017年3月版，第46—47页。

《女儿债》女主角林雪蝶，一度与南海十三郎传出婚讯，时人称她"十三娘"

【扬州二流】伤心泪、洒不了前尘影事。心头嗰种滋味、惟有自己知。一弯新月、未许人有团圆意。音沉信渺迷乱情丝。踏遍天涯、不移此志。痴心一片付与伊。今夜飞雪凝烟、好景等闲弃，相思债了了不知期。忆往事细思寻、絮果兰因、蒙佢秋痕不弃。【转二王慢板下句】可叹两情牵，相思遍、憔悴容光、消磨壮志因为久不遭时。离情绪、愁万缕、折柳长亭，只望春风得意。【寒江咽】不牵情、能几个、一个沈腰瘦损，一个泪渍胭脂。嗟身世、与共叹飘零、旅病穷愁，相思垂泪。美人恩、不消受、情丝折断，因为有约不移。怨只怨，金殿前、圣眷方隆【乙反二王】换得蛾眉一死。义比天高、恩同再造、胭脂血染，魂断情痴。更可恨天呀佢不怜人。流水有情，是否落花无意。意难传、恨怎寄、今日伊人不见，苦我暮想朝思。【正线快二王】江边柳、尚依稀。飞絮梢头，好似挂住离人珠泪。【滚花】只奈何、人去后、封侯夫婿今日有恨不知。孤舟里、自伤离、雪影迷迷，照住愁人失意。题不尽鸳鸯两字。因为鸳侣分飞。[1]

原曲由薛觉先独唱，成为经典。此后南海十三郎与薛觉

1　南海十三郎著、朱少璋编著：《香如故：南海十三郎戏曲片羽》，香港商务印书馆2018年5月版，第240—241页。

马师曾

先合作，编有《引情香》、《秦淮月》（改编自电影《沙漠情花》）、《梨香院》（上下卷）等。

1934年，南海十三郎雄心万丈，斥资自组以陈锦棠、李艳秋为台柱的"大江南剧团"，编演新剧《天下第一关》第一集（即《明宫英烈传》）、《天下第一关》第二集（即《残花落地红》）、《莫问侬归处》。可惜资金短绌，周转困难，"大江南剧团"不久改组为"新宇宙剧团"，也苦无盈余。陈锦棠另组"玉堂春"，南海十三郎为编《血染铜宫》，陈氏演韩信大为出色，薛觉先乃再聘陈氏另组新一届之"觉先声"，仍礼聘南海十三郎为剧团编四部新剧。是时适为薛觉先演艺的高峰期，也是南海十三郎编剧的高峰期，一编一演，合作无间。"觉先声"演出八天需要四部新剧，隔天换一本新戏，剧本二至三日即要完稿，有时忙于应付，南海十三郎聘冯志芬为助手，助编部分场口。

此时期南海十三郎创作精力旺盛，自谓"少时编剧，随笔所之，月编数部"，可见他在编剧方面确有倚马可待之才。他与薛觉先合作之余，又为靓少凤和千里驹的"义擎天"编撰《七十二铜城》，此剧取材自雨果的《欧罗尼》。同期的"新生活""锦添花""万年青""兴中华""大罗天"等剧团相继邀请南海十三郎编剧，他也应付余裕。

1938年日军轰炸广州，广州沦陷。江孔殷举家逃难至香港，江兰斋农场交由管工料理，战乱中农场几近废耕。江孔殷一家二十多口，挤住香港罗便臣道妙高台一号。南海十三郎别居在外，与一女子同居，并在香港生一女。及后抗战开

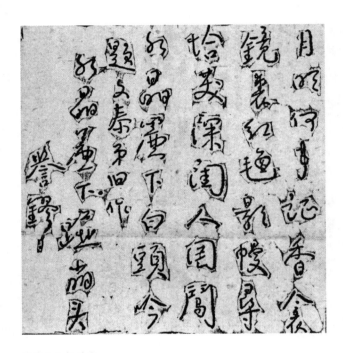

南海十三郎手迹

始，南海十三郎只身赴粤北，妇其后另嫁，女则为英德黄家收养，取名黄菊霜。此时南海十三郎在香港电影界并兼编、导，欢场女子欲当电影明星，多有主动投怀送抱。南海十三郎年少风流，在港期间又曾与女演员"露露"同居。

广州沦陷后，宋庆龄、何香凝、廖承志都南下香港，南海十三郎亦时往探望。1938年唐涤生南下香港，薛觉先推荐唐涤生跟从南海十三郎学编剧，江唐二人之师徒关系由是而定，唯在人前却以"十三""阿唐"互称，表面上平辈论交，以致旁人均不知二人为师徒。南海十三郎除了指导唐涤生编撰新剧外，也曾为马师曾的"太平剧团"编撰《风洞山传奇》（即《情海慈航》)、《啼笑皆非》、《赤马云鬟》等剧。同时，南海十三郎也从事电影编剧、导演的工作，编导电影有《寂寞的牺牲》《女儿债》《万恶之夫》《公子哥儿》《百战余生》《女儿香》《一代名花花影恨》《花街神女》《天涯慈父》等。[1]

1939年起，赵如琳邀请南海十三郎参与广东省立艺术院的工作。南海十三郎毅然离港赴粤，江孔殷有"自顾一身惭突兀"之句，即指此。

南海十三郎在省立艺术院戏剧系教授戏剧概论及国剧研究等课，时与艺院美术组吴琬教授同游。吴琬擅绘西洋画，南海十三郎擅国画，尤喜画兰，二人时有交流。南海十三郎对吴琬的艺术造诣甚为肯定。吴琬教授即广东著名书画家

1　南海十三郎著、朱少璋编订：《小兰斋杂记：小兰斋主随笔》，香港商务印书馆2017年3月版，第38—44页。

吴子复。

此时，南海十三郎又认识音乐家黄友棣，二人常讨论民族形式音乐的问题，自谓"无家室牵累，得专心于戏剧工作，时余年只三十，朝气勃勃"。

南海十三郎在"粤北之战"中从事爱国宣传和戏剧劳军等工作。粤北从军生活虽然艰苦，南海十三郎却能苦中作乐。县城中倘有简陋茶寮，南海十三郎一定到茶寮吃早餐看报纸。倘大队退入山区，情况即转恶劣，最差之时只吃黑麦，黑麦既不能果腹，也不易消化。南海十三郎随军旅于粤北，尝尽艰辛，行军于最前线，谨守父训："未临战地者，非儿子。"江家十子，誉题、誉裴和南海十三郎均厕身戎行。南海十三郎与岭南大学附中旧友蔡德荣抗战期间在粤北共同进退，又曾随部队至闽赣山区居住。抗战时戏剧工作者多在后方，独南海十三郎亲赴前线，自谓"曲江南雄之役，踏遍峻岭崇山，冰天雪地，历险如夷，血战后归来，衣物均尽，孑然一身，犹以为荣"。南海十三郎在《雨雪漫天跨峻岭，风餐露宿历征场》中回忆：

> 及返粤北，投入一八七师五六一团部"捷声粤剧社"服务，亲上前线演剧，不久，粤北紧张，敌兵约二三万人，自南北夹攻曲江，务要打通粤汉路，而一八七师负责坚守曲江大黄岗，余得随部队在前线，度战斗生活虽非亲自作战，然亦作政治工作，且在与日敌接触之最前线。时敌方来犯者逾三万人，

我方仅得四五千人，敌众我寡，曲江孤城，势难久守，然负起抗战任务，断无不战而退之理，故决与日寇作殊死战。敌方炮火枪械均比我方优良，是役也，五六一团副团长黄远谋壮烈殉国，而伙伕输送兵被炮火轰毙者无数，余等在前线，与敌相隔仅数百码，敌人屡次冲锋，均被击退。在大黄岗苦战三昼夜，我方三面受围，敌兵越来越众，乃决定突围。时天降大雪，余等冒雪行车，跋涉崎岖小道，历一昼夜始达南雄。而故军大军沿公道追至，我军仍在最前线冲陷，知敌人目的在打通公路退兵华北，我军迫得从南雄撤守江西边境。风雪中渡南雄大岭，岭高逾二千尺，余等攀登山巅，复到山顶冲下，路铺滑雪，颠播长途，而敌兵紧紧追迫，稍缓行落伍，即被俘虏，惟有从速走退，历尽艰苦。傍晚抵一小村，村民闻敌至，早已疏散，留下空屋房宇，给部队驻扎。而天寒大雪，余等枵腹行军，而晚上睡息，以禾秆作垫褥，未晓即行军，如是者数昼夜，露宿风餐，筋疲力倦，始抵江西三南边境，仍在前线与敌军对峙，幸而粤赣边界山岭重重，又逢大雪，敌人行军亦受雪阻，而我军撤守，均经小道，敌军不易赶至。惜"捷声剧社"队员，亦有数人失路，为敌俘虏，剧社因少去数名演员，几至不能在前线演出，时余乃就演员人数，赶编短剧，宣慰部队，而此剧队遂有"粤剧兵"之称，而余身历前线，可告

南海十三郎与友人

无愧于文化抗战战士也。[1]

约1944年，南海十三郎在韶关与郭英权遇于板桥，应郭之请赋诗：

> 寂寞铜韶又一年，故乡云树旧山川。
> 板桥夜渡苍茫感，为赋新诗唤客船。

当时管理征兵事务"岭南师管区"文书刘乃济忆述，南海十三郎领团到韶关排演爱国抗日戏剧，态度十分认真："南海十三郎手执剧本，在台上走动指挥，嘴上念着锣鼓点子，示范一些戏剧动作。这时候，他是威风凛凛，像个总司令，大家都不敢怠慢，因为他骂起人来是很凶的。"

约1945年，南海十三郎在军旅中染上疟疾，加上缺乏营养，于是带病返后方演剧。稍得休养，但精神已出现问题，常常感到有大炮轰炸，又误以为敌军追来，即在演剧时听到锣鼓声，也误以为是敌人发大炮之声。

抗战胜利后，南海十三郎居港约半年。自港返粤时，因穿旧军服登车，为火车上走私客误会，车次萝岗洞附近，遭一名走私客推落火车，头部、尾龙骨均受创。获救，在广州河南万国红十字会医院留医数月，外间误传为自杀。

1　南海十三郎著、朱少璋编订：《小兰斋杂记：浮生浪墨》，香港商务印书馆2017年3月版，第74—75页。

南海十三郎与名伶任剑辉、白雪仙合影

出院后，南海十三郎返江兰斋农场隐居，畜猪养鸡鸭，整理果木，复修芜田，躬耕自给。南海十三郎此时仍不忘粤剧，曾聘"义擎天剧团"在乡间为乡民演出，与众同乐，点演《燕归人未归》上下卷、《花落春归去》等名剧，闲时则投稿广州《前锋日报》。但山区一带治安不靖，家人力主南海十三郎回广州。南海十三郎遵亲意返太史第，闲时与家中长辈下棋谈天，尽人子之孝。此时，南海十三郎亲生女儿黄菊霜偕黄姓养父往访，父女虽然初次见面，却甚为亲切，而黄菊霜性近艺术，好音乐、绘画，南海十三郎介绍吴姓胡姓好友，在美术方面时加指导。然而，南海十三郎精神偶有失常，据江献珠回忆，他有时会飞奔并蹲坐神楼之上，不言不食，又或勉强动笔编剧，但所编内容往往人物过多，结构欠条理。[1]

1949年，南海十三郎回到家乡南海望边乡居住约半年。这一年冬天，南海十三郎只身到香港，住宿无定，衣食无着，又无工作，在中环区流浪。幸遇故人刘耀枢，为他在大道中鹿角酒店租一房间，并赠大衣，每日必相偕到永吉街陆羽茶室吃八宝糯米饭及点心。南海十三郎又曾寄居于莫康时家、薛觉先家，不久精神病发作，复流浪街头，亲友均不敢接近。卧病街头时，新马师曾欲接他返家，却遭拒绝。

南海十三郎在街头流浪数年。1953年10月26日，南海

1 南海十三郎著、朱少璋编订：《小兰斋杂记：小兰斋主随笔》，香港商务印书馆2017年3月版，第44—48页。

南海十三郎签名和印章

十三郎在大道中高陞茶楼附近对路人大声演讲，大批路人围观，英警带其返警署，经判断为精神病发作，乃转送高街精神病院。自此，南海十三郎精神状况时好时坏，曾多次出入精神病院，接受治疗。江献珠在街上遇见南海十三郎时，但见他衣服破烂，腋下总是夹着一大叠旧报纸，浑身臭气，谈话间有时会提及家人，有时又评论时局，总之是喋喋不休，而且越说越乱。

1955年前后，南海十三郎辗转得知父亲江孔殷在家乡逝世的消息，精神大受打击，精神病发作，在湾仔一带流浪。南海十三郎自尊心甚强，加上精神状态不佳，对亲友金钱上的接济均愤然拒绝，恒以沽名钓誉视之，有时甚至把赠款掷向对方脸上，一边咒骂一边离去。湾仔附近大排档店主则多为他提供食物，他都欣然接受，并视之为仗义屠狗之辈。

1960年1月，南海十三郎病愈出院，先前往妹夫郭文泰罗便臣道妙高台之家，对记者表示希望继续编剧。2月，与白雪仙茶聚于浅水湾，席间谈到粤剧"话剧化"的问题，又提及"仙凤鸣"的《白蛇新传》。3月中旬，往中华总商会参观守拙斋所藏百粤名贤书画展，南海十三郎题张应秋《牡丹图》的题词刊于3月19日的《华侨日报》"名流作佳题"条目下："世论花花轴，为王亦为民。异种宝山返，依旧在人间。"其他"作佳题"的"名流"有李凡夫、黄般若、叶灵凤、陈君葆、任真汉等。

南海十三郎的精神病反反复复。1962年3月初出院后，

南海十三郎在大屿山宝莲寺

他有意将早年名作《心声泪影》编成电影剧本，已写下万余字。3月下旬在九龙一茶楼内接受潘思勉的访问，除谈及编撰电影剧本的计划外，还大谈个人的三次恋爱经历：初恋是与辅仁大学校长之女相恋，但因女方家庭欠下巨债，只好以女嫁一大富翁；第二次恋爱即他在香港大学读书时，与在广州读医科的陈马利相恋；第三次则与梁静贤相恋，梁氏深爱艺术又仰慕南海十三郎，但因女方家长反对女儿与戏行中人交往，梁静贤最后嫁给了一个军长。访问报道见于翌日报章，还附有南海十三郎的亲笔签名。

1964年2月11日至1965年3月31日，南海十三郎在《工商晚报》上撰写专栏，栏目先后换过四次，即：《小兰斋主随笔》《后台好戏》《梨园趣谈》《浮生浪墨》。文章为南海十三郎回忆个人和江家往事，并有大量梨园掌故，成为研究他一生重要的史料。

约1970年，南海十三郎离开柏雨中学后，转往大屿山宝莲寺。据江献珠说，大埔佛教大光学校慈祥法师原是江家远亲，慈祥法师认识宝莲寺释智慧法师，乃由释智慧法师向当时的住持筏可法师作引介，让南海十三郎留居寺中。南海十三郎能操英语，在宝莲寺接待外国游客，又或为善信写斋菜菜单，闲时则看书写字，或"下山"探望亲友。但对亲友金钱上的资助，南海十三郎一概拒绝。

1975年，有记者请南海十三郎撰写个人生平。南海十三郎感慨陡生，因忆其父江孔殷晚年所作之七绝："了然色相绝纤尘，白水黑山镜里身。只手排云天外立，看来如我更谁人。"南海十三郎乃自作七绝："归来百战厌嚣尘，一路归程剩一身。只手耕耘天欲雪，壮怀如我更何人。"

1976年至1977年间，南海十三郎因精神问题再度入青山医院，住院期间，以其父江孔殷昵称"江虾"自称，对来访者爱理不理，甚至会拒绝记者到医院采访，还打电话给当时由美国回香港的侄女江献珠，说记者打扰他的生活。当时任职于青山医院的吴伟强忆述，南海十三郎是一名老态龙钟、身材矮小、戴着一副圆圆的金边眼镜的老翁，经常坐在青山医院二号病房外的长凳上，或在二、三号房之间的长廊中踱步，很少主动与人交谈，一脸沉思。

1984年5月6日，南海十三郎病逝于玛嘉烈医院，终年七十四岁。[1]

○ 厨娘江献珠

在江孔殷的十二位妻妾之中，正室区氏长住南海乡下，不问家事，据说这是其第三妾布蕊馨排挤的结果。布蕊馨精明果断，独揽大权。江誉镠在兄弟姊妹十七人中排行第九，

1　南海十三郎著、朱少璋编订：《小兰斋杂记：小兰斋主随笔》，香港商务印书馆2017年3月版，第48—60页。

是布蕊馨唯一的亲儿子。江誉题娶了大伯娘吴雪漪的侄女吴绮媛，先后生下儿子绳祖和女儿献珠。

大伯娘的近身女佣是最受家人欢迎的女司厨。江献珠尊称她为"六婆"。六婆拿手的美食是成本低廉，但美味可口的大豆芽猪红粥、大豆芽菜松、腐皮卷、"碌结"（Nugget，嵌肉粒的炸薯茸块）；乞巧节前后的上汤柚皮、中秋节的芋头炆鸭。过年时，六婆更一手包办全家的斋菜，尤其受欢迎的是酥炸斋烧鸭和罗汉斋。

吴绮媛知书识礼，中、英文兼通，而且写得一手好字，与家翁的笔迹极为相似，往往代忙碌的江孔殷"捉刀"。

吴绮媛亲教江献珠背诵经典古文名作。江献珠当时不到十岁，未能充分领略文章奥义，但琅琅上口，一字不漏。她因此得以在祖父江孔殷的宴客席后背诵娱宾，加添文化色彩，自己也叨为座客，与贵宾共享美肴。除了亲祖父之外，江献珠竟独得"遍尝江家宴客珍馐"的殊荣。[1]

江献珠的丈夫陈天机教授认为：

> 献珠的不凡经历培养了敏锐的味觉，更发展了世间罕见的"味觉记忆"。
>
> 记忆是人类珍贵的本能、抽象思维的开始，更是人类社会文化建设的柱石。这能力固然要靠天赋，

1　陈天机：《珠玑情缘——舌尖上的贵族江献珠与幸运的书呆子》，香港天地图书有限公司2019年7月版，第38—42页。

但对象的广阔纵深，联想的交错运用，却来自累积的多方面经验。记忆对象愈加复杂，联想交错的运用愈加丰富多彩。

背诵古文其实并非难事，因为训练时一直有原本对照。拥有味觉记忆的人却讲不出"原本"来。色、香、味的和谐组合，成为一首多方面的交响乐曲；要描写这复杂感受，语言文字显然是太过刻板、贫乏了。母亲鼓励出来的古文背诵，竟然为献珠几十年后"舌尖上的贵族"的称号，树立了坚牢不拔的根基。

献珠主张小孩应该多尝不同味道的饮食，培养丰富的味觉。否则心胸狭隘，故步自封，只谋适应小天地。从高一层的观点来看：多方面的接触，不但增广见识，也增进自信能力和好奇心，好做将来适应、把握、改进环境的工作。井蛙式的味觉经验不但收窄了本身感受的范围，在其他方面的成就也会大打折扣呢。

献珠还有一样本领：尝过别人的创新菜式后，她往往能够猜出作料和烹调方法的细节。相信这是非凡的味觉记忆、好奇心，加上"熟能生巧"的经验的自然结晶。[1]

1　陈天机：《珠玑情缘——舌尖上的贵族江献珠与幸运的书呆子》，香港天地图书有限公司2019年7月版，第43页。

陈天机的父亲陈炳权是广东台山人，毕业于广东高等师范，留学美国，在哥伦比亚大学取得经济学硕士学位后回国，与杜宣明在广州结婚。婚后育下大儿天枢、女儿天籁和三儿天机。

那时广东高等师范已改组为国立中山大学，陈炳权任教中山大学法学院，后来与同袍离开中山大学，创办私立广州大学，一度担任这所新大学的校长。

陈炳权接受南京国民政府的聘请，担任实业部统计长，在1932年搬家北上，天枢、天籁和天机也在南京读小学。陈炳权调查市场物价指数，寻找来龙去脉，当时与华北的何濂教授南北辉映，是中国市场研究的两大创始人。

陈天机还记得南京家厨老刘的拿手好戏：清炒虾仁。老刘将虾仁炒到半熟后，双手紧握两只锅耳，向上用劲一抛，虾仁飞到四英尺高，"喳"一声跌回热锅，老刘立即铲出来趁热奉客。吃时记得老刘的表演，分外有滋味。陈天机回想，这有声有色绝活儿的好处，不但在抛锅时的骤冷，也在虾仁跌回铁锅时的骤热。

1936年，陈炳权在实业部的工作已上轨道，广州大学向他招手，他便辞职回广州，再度担任校长。

1938年，日军飞机轰炸广州。那时江献珠就读初中一年级。江孔殷一家暂迁萝岗洞莲潭墟避难，住在一座炮楼里，距离江兰斋农场不远。当时成人都忧心忡忡，但孩子们初次接触大自然，日间踏水车，摸田螺；晚上"照田鸡"——捕捉被灯光催眠、木然不动的田鸡，觉得一切都新鲜有趣，农场简直是一个儿童乐园。江献珠后来在香港买到的泰国黑皮田鸡虽体大肉厚，但粗韧味薄，"比起儿时自照的小田鸡，真有天渊之别"。

1938年暮春，江孔殷和一部分家人离开广州，避居香港。当时大江南北的文人雅士汇集香港。江孔殷是旧派宿儒的首领之一，唱酬不绝。他与在港文人朱汝珍太史缔结"千春社"的吟诗雅集（1939—1941），有多次在江家举行。每次在江家诗聚后，江孔殷例必宴客，只允收象征性的膳费每人一元港币。

但江孔殷彼时已阮囊羞涩，捉襟见肘。他除变卖古董外，更在书画名店"集大庄"挂名，鬻字谋生。幸好这逊清翰林名声响亮，求墨宝的富豪巨贾大有人在，他一时能够勉强维持生计。

广州大学和附属中学也在香港设立分校，大学校长陈炳权附庸风雅，也常参加江太史的雅集。江孔殷将中、英文兼通的媳妇吴绮媛介绍给陈炳权，让她任教大学英文，兼任会计，帮补家用。江献珠在香港就读英华女子中学。

1941年12月18日，日军登陆香港岛东北鲤鱼门，25日，香港总督杨慕琦率守军投降。从1841年英军占领香港开始，到1941年英军投降日本，恰好是一百年。日军占领了香港一共三年零八个月。

江孔殷昔日在烟草生意中认识的日本军人矶谷廉介，在1941年成为香港总督。在日本治下居住香港的江孔殷，接受了矶谷廉介赠送的两袋大米，以免家人受饥。

日治下太史家最常吃的是芋荄鱼肠。两样都是平时无人问津、等同垃圾的作料，但在百料匮乏而江家财务捉襟见肘之下，往日的垃圾竟成为美食。

省、港交通恢复后，江孔殷一家回到广州。年老跛足的江孔殷居穗偷生，直到1945年日本投降。

1942年，吴绮媛、江献珠母女逃离沦陷区，到了粤北，辗转到韶关广州大学报到。陈炳权除了担任广州大学校长的职务外，还兼任中央政府的广东省"银行监理官"。吴绮媛任广州大学讲师，兼教附属中学英文。陈天机读高中三年级时，英文教师是江献珠的母亲吴绮媛。江献珠就读广州大学附中，成绩优异。

陈天机对江献珠已有爱慕之意，但木讷的他始终讲不出口。高三时国文老师刘随要求学生作诗词，以"暮春"为题。陈天机作了一首《菩萨蛮》：

> 铜韶城畔多风雨，点点惟见杏花舞；
> 啼血杜鹃声，梦魂帘内惊。
> 繁花和泪落，镜里人消削；
> 此际更心摧，春归人不归。[1]

陈天机意在江献珠，但写得相当隐晦，借词中女主角心态的描绘，遮掩自己无奈的盼望。然而，陈天机并没有胆量

---

[1] 陈天机：《珠玑情缘——舌尖上的贵族江献珠与幸运的书呆子》，香港天地图书有限公司2019年7月版，第52—77页。

江献珠第一次结婚照

将这词送给意中人。

1945年初，粤北举行国立中山大学"相当程度"入学试，江献珠以优异成绩被中山大学文学院外文系录取。同年，陈天机考入中山大学工学院化学工程系。

太史第颓象已显，再也聘不起专职厨师，只留下一位会烹饪的忠仆潘全和厨艺超凡的六婆，请客更免谈了。后来举家茹素，江孔殷更不许再用"斋烧鹅"之类扮荤解馋的菜名。

陈天机心仪江献珠，曾鼓起勇气到中山大学文学院探访几次，也去过一次广州河南江太史第。可惜，书呆子口才不逮，更缺乏社交应对的技巧。不久，江献珠与避难时在连县相识的林淬铮结婚，在广州河南举行了盛大的婚礼。

1943年初，陈炳权蒙美国加州罗耀拉大学招手，允赠荣誉博士法学学位，但需要他亲自去领取。陈炳权辗转到罗耀拉大学接受博荣誉博士学位后，环游美国五年，为广州大学向华侨筹款。陈天机写信给身在美国的父亲，讲述自己对神秘原子弹的粗略认识。这封信让陈炳权对儿子刮目相看，替陈天机取得白朗大学豁免学费的奖学金。

1947年夏，已在中山大学读了两年化学工程的陈天机只身飞往美国，在旧金山逗留后改坐火车到纽约与父亲相会，由父亲带领到白朗大学，插班入读化学系三年级。1950年初，陈天机在白朗大学顺利毕业。随后，陈天机申请了美国南部杜克大学化学系的奖学金，得以进修该系的研究院。1957年，陈天机在杜克大学缴交论文，以"分子的合成原子理论"为题，成功取得物理学博士学位。

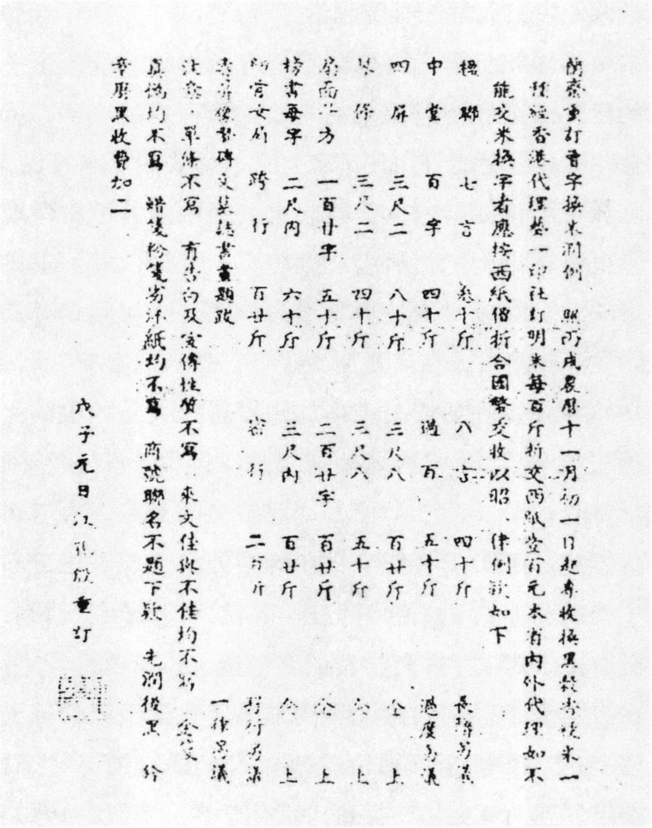
蘭齋重訂賣字換米潤例　照丙戌農曆十一月初一日起專收換黑粳米一
批經香港代理整一印社訂明米每百斤折交西紙壹百元本省內外代理如不
能交米換字者應按西紙價折合國幣交收以昭一律例款如下
楹聯　七言　叁十斤　八言　四十斤　長聯另議
中堂　百字　四十斤　過百　五十斤　過度另議
四屏　三尺二　八十斤　三尺八　百廿斤　仝上
琴條　三尺二　四十斤　三尺八　五十斤　仝上
扇面斗方　一百廿字　五十斤　二百廿字　百廿斤　仝上
榜書每字　二尺內　六十斤　三尺內　百廿斤　仝上
鈔寫文件　疏行　百廿斤　密行　二百斤　行行另議
壽屏像贊碑文墓誌書畫題跋　一律另議
詩鐘．單條不寫　有出內及宣傳性質不寫　來文佳與不佳均不寫　余文
真捲均不寫　蠟箋粉箋劣抹紙均不寫　商號聯名不題下款　先潤後墨　給
章服墨收費加二
戊子元日江孔殷重訂

江孔殷 1948 年重订卖字润例

1946年（丙戌），江孔殷在广州已捉襟见肘，迫得卖字为生。1948年（戊子），江孔殷又重订了润例。

1948年，江献珠生了儿子林程万，第四年大学的生活也因而中断。其家翁林小亚是国民党要人，大家庭收拾细软，匆匆避居澳门。1950年，江献珠的女儿林诗婉出世；而林程万不幸染了脑膜炎，翌年夭折。大家庭坐吃山空，江献珠一度在家贴火柴盒的招纸，帮补家用。随后，江献珠到香港谋求发展，在私立崇基学院当会计组文员，后升任出纳。崇基学院继承了广州岭南大学的一个优良制度：文员可以每星期离开工作单位四小时，在校免费进修。江献珠利用这个机会，再从大学一年级开始修读工商管理，1960年毕业，足足花了八年。为了养家，江献珠下班后担任两户豪门的家庭教师，也在港澳"德星"渡船上用粤语、普通话和英语向旅客广播航程。江献珠省下余款买了一部意大利快意牌小汽车。

林淬铮与崇基学院也有关联。学院计划在新校园建造教堂，林淬铮当时做营造工程，成功取得铺设地基的合同。但施工时发现地下有一块当初看不见的巨石，搬动这巨石成本奇昂，结果地基工程得不偿失。他后来改做其他工作，有盈有亏，不算太成功，与江献珠也渐渐疏离了。

陈天机当年以难民身份留居美国，毕业后在IBM公司工作，由公司帮助取得永久居留证。1962年初，陈天机15年后重回香港探望双亲，母亲杜宣明已于十日前心脏病突发去世，父亲陈炳权在联合书院任教经济学。陈天机发现当时香港人对所谓"电脑"的认识，全由道听途说，简直是一片空白，

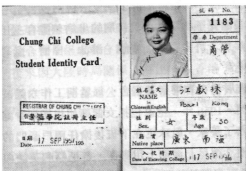

江献珠在崇基学院

于是在联合书院、崇基学院分别作公开演讲，题目是《人造的智慧》，极受欢迎。陈天机更在崇基校园重逢江献珠，他回忆：

在一个阳光普照的下午，献珠开小汽车接天机到一个空旷的地方在车内谈心，主动打破了局促下的沉寂。

15年前书呆子的冒昧，原来献珠并没有忘记！她的确曾使天机失望；但天机当年的失望，也早已变成献珠自己心灵的空虚。在大时代的动荡下，两人各自备受磨炼，都成熟了。

一向埋藏在两个心中的星星火花，终于欣然相遇、互相围绕，释放出魔幻般无比的温暖和慰藉。两人将多年的思慕尽情倾吐，话旧庆今，坠入爱河，同哭共笑，难舍难分。

这个下午决定了献珠、天机两人下半个世纪的共同命运。当然过去已矣，无从更改；但他们仍然可以掌握现在，少谈往事，寄望将来。一千多年前的陶渊明不是说过吗——"念已往之不谏，知来者之可追。"

此后天机留港时与献珠每天都尽量设法见面，天南地北，无所不谈，加深互相的了解、信赖的欣悦。他们发现虽然专业各异，大家都喜爱经典音乐、唐诗、宋词和古文。天机介绍的一首短短交响曲，

江献珠在崇基学院新校舍外

献珠爱不释手，听完又听；献珠在枫林餐室作东请吃的鲜草菇小炒，天机认为是人间奇味。[1]

1963年，江献珠到美国费利·狄更逊大学研究院攻读工商管理，与陈天机重聚。1965年，江献珠办好了与林淬铮的跨国离婚手续。1967年5月5日，在美国赌城拉斯维加斯，陈天机与江献珠举行了简单的婚礼。观礼的只有陈天机的哥哥陈天枢和嫂嫂李慧嫦。

婚后，江献珠爱说："天机当王老五时欠下许多朋友的饮食债，我自己被逼上梁山，只好舞刀弄铲，代夫清还了。"

此前江献珠很少下厨，手头只有香港资深厨师陈荣赠送的礼物：厚厚一本《入厨三十年》，但文字粗拙，语焉不详，分量简略，更不谈"为什么要这样做"。

有一天，陈天机要请几位中国同事回家晚饭，着江献珠试煮客人爱吃的红烧元蹄。江献珠自述："元蹄一放，油就溅起，泼到炉头烧得火光熊熊！连窗帘也烧着！我大叫，德国邻居马上带'搋仔粉'（食用梳打粉），撒向火头，火便熄了。"[2]

1970年，吴绮媛患了肺癌，那时开刀已经太迟，只能靠电疗加上药物抑制病情。吴绮媛一生为了儿女，饱历患难流

1　陈天机：《珠玑情缘——舌尖上的贵族江献珠与幸运的书呆子》，香港天地图书有限公司2019年7月版，第128—130页。
2　陈天机：《珠玑情缘——舌尖上的贵族江献珠与幸运的书呆子》，香港天地图书有限公司2019年7月版，第132—136页。

江献珠 1963 年在小汽车前

离，但她有一个值得安慰的记忆，是昔日在广州河南太史第风光时期，尝过太史江孔殷家美食。江献珠小时是不许进厨房的，更没有拿锅铲的机会。但她仍隐约记得十岁前多次当众背诵母亲教过的古文后，得以尝过的珍馐味道。江献珠面对新环境、新作料，设法复制记忆中的太史食谱，让母亲试尝、批判，自己改良，居然颇有心得。江献珠对"太史戈渣（锅炸）"多次尝试，自述：

> 我试作她最怀念的"戈渣"多次都不如她意，总嫌脆而不嫩，却又说不出所以然，我是照陈荣的戈渣食谱来做的，口感硬是不对。经过多番改良，才得她认可，"太史戈渣"的制法，可说是由先母鉴定的。太史菜茸也是我为病中的母亲而调制。[1]

1972年10月6日，吴绮媛在斯坦福大学医院安然逝世。

20世纪60年代末期，江献珠对中华厨艺仍在探索阶段。她偶游旧金山唐人街书摊，买得残破的《食经》数小册，如获至宝，后来再购入全套十册。她说：

> 书内的食经是一篇篇短文章，说出某一道菜，用什么作料，怎样才能做得好，为什么要这样做，

1　陈天机：《珠玑情缘——舌尖上的贵族江献珠与幸运的书呆子》，香港天地图书有限公司2019年7月版，第150—151页。

陈天机与江献珠结婚照

多时还会加插这道菜的来龙去脉，但从不详细列明火候和份量。我开始先挑些比较简单的家庭菜式，照着书内的提示试做，然后由浅入深，成绩不错，如是数年，烧菜大觉进步，而且兴趣甚浓，殊不知这位哑老师为何许人也。[1]

作者自称"特级校对"，究竟为何方神圣？几年后，江献珠自学的厨艺大有进步，便用义教、义煮为美国抗癌会筹款，纪念在1972年去世的母亲。

1974年，住在圣荷西的好友周张丽芳请江献珠义煮"到会"，在家烧一围菜款客，也请江献珠本人列席。席上一位"声如洪钟，高谈阔论，双目炯炯有神的老者"，原来竟然是《食经》的作者，江献珠心仪已久的特级校对。

特级校对真名陈梦因，曾任香港《星岛日报》总编辑。当时他已退休赴美，住在加州湾区，在旧金山对岸的阿拉米达市，距离陈天机、江献珠在圣荷西的家约50英里，只需一小时的汽车路程。

陈梦因是广东中山人，1910年生在澳门穷家，小学还未毕业时便因父丧被迫辍读。但他自学不倦，做过排字工人，辗转在广州打进新闻行业，成为专业记者。1933年，陈梦因秘密专访路过香港的日本关东军特务头子土肥原贤二，在新

1 陈天机：《珠玑情缘——舌尖上的贵族江献珠与幸运的书呆子》，香港天地图书有限公司2019年7月版，第162—163页。

陈梦因与余瑞芳夫妇

闻界一举成名。1936年，陈梦因北上绥远采访，写下《绥远纪行》，向读者报道百灵庙大战，是当时战争报道文学的典范。1937年，陈梦因在汉口采访刚从狱中释放的陈独秀。

在绥远采访时，陈梦因认识了从上海北上劳军的沪江大学女学生余瑞芳，后来喜结良缘。陈梦因的儿媳妇吴瑞卿在《吾家翁——记陈梦因》中写道：

军队在绥远抗日，上海沪江大学的大学生组了一个远赴绥远的劳军团。家翁旅途中与爱国的大学生结伴，在战火中认识了劳军团里的一位女大学生。这位女大学生就是我的家姑余瑞芳。两人共怀爱国之心，开始互相倾慕，但还未有真正深入接触的机会。在绥远结识后，他们各自回了香港。随后七七事变，家翁在香港街上偶然碰到曾与他一同前往绥远的杨先生，杨先生对家翁说："你在绥远认识的余小姐好像也回香港了。"家翁于是往余家拜访。却原来这位余小姐正准备与一位感情不错也是姓陈的男同学一同再赴西安作抗日宣传，而家翁那时也正有意思北上，也邀家姑结伴，家姑正在犹豫应该与谁同行，纪安的外婆，即家姑的母亲见过到访的陈梦因就十分喜欢，在一个穷记者与一个富有的男同学之间，母亲建议女儿选择前者。由此，两人结伴在大后方到处奔走，从事抗日宣传，到抗战胜利始返回广东。一个是小学未完成，自学奋斗的穷记者；

特级校对陈梦因为江献珠写的餐单，和在洛杉矶义煮的食客名单

一个是爱国、漂亮、精明、果断的女大学生，经历家国患难，终结为夫妇。俗话说"千里姻缘一线牵"，我翁姑的姻缘却比那千里姻缘更传奇，也更有意思。[1]

抗战胜利后，陈梦因在香港《星岛日报》升任总编辑，每天都要检阅全报草稿，决定取舍、增减、编排，更修正笔误，他便谦称自己为"特级校对"。

陈梦因想象力强，舌感敏锐，文笔利落。他走遍大江南北，广食博闻，是天生的美食家。1951年，特级校对在《星岛日报》副刊开辟饮食专栏"食经"，报道日常饮食的趣事，自己对饮食的心得，发挥对美食的要求，筵席菜肴的配搭。他点出美食"行家"辈往往心知肚明，但通常自己悟出，而不写给别人看的秘籍。这些文章后来印成十集《食经》，正是江献珠学习的至宝。

认识特级校对后不久，江献珠毛遂自荐，愿拜他为师。陈梦因欣然答允，但从不以老师自称。江献珠依着特级校对的三儿两女，尊称他为"亚爸"，也尊称他夫人余瑞芳为"老妈子"。

陈梦因虽然不是名厨，也不肯自诩为食家，但他为人处世和烹调之道，江献珠引为宝鉴。江献珠做了陈梦因的弟子

1　吴瑞卿：《吾家翁——记陈梦因》，收在柳苏编：《香港的人和事》，辽宁教育出版社2001年10月版，第24—25页。

美国英文报纸报道江献珠的太史家宴

前后23年，她回忆：

> 我……一有暇便登门造访求教，多年的哑老师便成为我的活老师。这位老师从不亲手示范，也不注重细节，但一说起要做好某一个菜，他的话题真多，有时不厌其烦，说了又说。
>
> ……只要跟贴老师的标准，我便能做出我小时家中饭桌上的好菜。他口味挑剔，主意多多，要求又高，在他先贬后褒的指导下，我慢慢能体会他的苦心，悟出他的意念。老师并不是在厨房中或在课堂上的那种老师，就算日常言谈间，都蕴含教诲，虽然他的措词有时流于苛刻，我也绝不介意，默默从中得益。[1]

陈梦因的儿子陈纪安在《我父亲的黄金岁月》中说，陈梦因平日热爱烹饪，"车房的天花板万国旗般吊着爸爸从香港搜购来的大大小小的各种鱼翅，车房靠墙的抽屉里，塞满燕窝、海参、干贝、香料、冬菇、花胶、鱼肚、蛤士蟆……不过最珍贵的，是藏在厨房里一个密闭大玻璃瓶中十余个'两头'或'三头'（即两个或三个已达一斤重）的日本干鲍！"说到"食"，跟陈梦因志同道合的朋友，无过于江太史孙女江

1　陈天机：《珠玑情缘——舌尖上的贵族江献珠与幸运的书呆子》，香港天地图书有限公司2019年7月版，第164—168页。

美国英文报纸报道江献珠义煮宴

献珠。他们两人都是"食迷"，互相切磋了二十年。以下是陈纪安记忆中他俩研究食的一个小故事：

> 有一天，江女士和她先生陈天机请爸妈在她家吃饭，我刚好也在座。江女士亲自下厨烧了几道菜，最后上了一个清汤翅。她问爸爸的意见，爸爸微笑着说："很好，就是火腿旧了一点儿。"献珠听了，惊讶得面色也变了，懊悔地说："阿爸，你说的对，火腿是维珍利亚来的，三天前运到时开了用了点儿，今天我一时懒惰，用了剩下来的一点儿火腿，想不到你一吃就吃出来了！"[1]

吴瑞卿在《吾家翁——记陈梦因》中所记之事，则与她丈夫陈纪安所记"异曲同工"：

> 江献珠厨艺高超脱俗，对此她也颇为自负，而她在饮食方面心悦诚服的人就只有我家翁。她夫妇与翁姑相交数十年，仿似家人，她跟着纪安兄弟称家翁为"阿爸"，对家翁也亲如"阿爸"。他们之间真个有不少"高手过招"的故事，例如一大锅馄饨中少下了一粒蒜头，家翁立刻可以指出来。有一次

---

1 陈纪安：《我父亲的黄金岁月》，收在陈梦因：《食经（下卷）》，百花文艺出版社 2009 年 1 月版，附录，第 359—362 页。

江献珠做了一道用腊肠的菜，家翁吃几口即说与平日水准差了一点点，指出她的腊肠老了些。江献珠不得不佩服阿爸的"嘴尖"，只得承认那是从纽约带回来的腊肠，确实是旧了一点。早年竹笙甚为名贵，刚有养殖时，江献珠有一次故意在野生竹笙的菜中加了几只养殖的，样子味道都几乎全无分别，看家翁是否吃得出，结果一一给他分出来。[1]

陈梦因的授徒作风与《食经》一贯，通常只讲大体，江献珠仍须自己悟出细节。倘若她真做对了，陈梦因也不吝公开赞赏，与江献珠祖父江孔殷只骂不赞的作风，简直云泥之别。

陈梦因认为江献珠在美西筹款纪念自己母亲的义宴，味道固然不错，但只供应家常菜式，所得善款有限，正是事倍功半，不如飞跃一步：回到1930年前后的饮食黄金时代，至今依然脍炙人口的老广州，将当时四大酒家名菜，一网打尽。

陈梦因写出一席餐单：

　　　　四热荤：太史锅炸

　　　　　　　　官燕竹笙

　　　　　　　　凤城蚝松

1　吴瑞卿：《吾家翁——记陈梦因》，收在柳苏编：《香港的人和事》，辽宁教育出版社2001年10月版，第34—35页。

江南百花鸡（文园酒家）

汤：　　太史菠菜茸羹

四大菜：红烧包翅（改自大三元酒家的红烧大
　　　　裙翅）

　　　　蚝汁鲍脯（改自南园酒家的红烧大网
　　　　鲍片）

　　　　鼎湖上素（西园酒家）

　　　　珧柱蒜脯

甜羹：　　杏汁太极露

甜心：　　迷你蛋挞

　　　　枣泥酥盒

在民国初年，广州四大酒家各有独步珍馐，在陈梦因的
餐单中同席出现。江献珠不但要一手包办，更要添上自己祖
父江孔殷太史的名馔。关于四大酒家四大名菜，当时找得到
的记载只有掌故家吕大吕的六页短文。短文只根据道听途说，
介绍每道名菜传闻的特色只有寥寥数句，更没有谈到烹调的
步骤细节。

陈梦因虽然是江献珠的师父，但并不高高在上，反而自
告奋勇，亲力亲为购买、挑选海味。江献珠回忆：

　　　梦因先生……专程往华埠为我买了一大箱金山
　　勾翅细心教我挑选，……本来广州"大三元"酒家
　　用的是裙翅，他觉得成本太重，……决定改用九寸

江献珠书法

勾翅。从浸发、上笪、煮软、煨、蒸到推芡全套步骤，他老人家都从旁一一指导，使我获益不浅。南园的大网鲍亦因成本而改用吉品鲍。除了太史菜我可以自行斟酌，其他的菜完全经他老人家逐一品尝。他味觉特别敏锐，菜馔的调味和质地（口感）稍有失误，即被他试出，挑剔之处，……难以忍受，现在想来，若非当年有他的督导，我烧菜决没有今天的把握。

鼎湖上素的作料包括"三菇六耳"：

三菇：冬菇、草菇、蘑菇；
六耳：雪耳、黄耳、榆耳、木耳、石耳、桂花耳。

这些都是干货，陈梦因认为冬菇非肉厚香浓的南雄北菇不可。蘑菇也要华北张家口的特产。石耳和桂花耳已经非常难找，江献珠在美国到处张罗，勉强足够应付当时的需要。

广州四大名菜之中，最异想天开的是江南百花鸡。原来这道名菜完全不用鸡肉，只是鸡皮包住的百花胶——百花胶是海虾肉和碎肥猪肉打成的肉酱，熟后凝固，色泽粉红，爽滑可口——但重整得好像一只蒸熟、斩件砌好的全鸡。

经过几个月的苦练尝试后，江献珠厨艺果然精进。陈梦因为江献珠定价每位一百美元，又在报上作文介绍这席菜的源流。那时较佳的翅席，每席不超过一百美元。虽说是筹款，

陈天机和江献珠

江献珠也担心乏人问津。但陈梦因坚信菜单的内容一定会引起美食者的兴趣，不必多虑。结果大受欢迎。

第一次到会是远在400英里外，在洛杉矶陈天机哥哥陈天枢的家，当地权威日报《洛杉矶时报》饮食专栏的名女记者Lois Dawn居然也列席，她餐后在《洛杉矶时报》上大赞一番。这位食家特别欣赏江献珠的红烧包翅，认为太史豆腐提升豆腐这低廉作料到美食层次。她更大力褒扬江献珠"不可思议"的太史锅炸，认为只称它为区区的"炸汤"便委屈了这道美馔。她也赞赏兼备酸、甜、辣、咸四种味道的"姜牙鸭脯"。

江献珠在同一席上推出民初各自标新立异的美馔，更加上江家全盛时代、广州食坛争相模仿的"太史"名菜。陈梦因慧眼识得江献珠的潜质，耐心引导她，在短短几个月苦练下，踏入"粤菜烹饪大师"的境界。

江献珠找对了师父，而特级校对也找对了唯一的徒弟，两人相得益彰。没有师父，江献珠只是中上级的小聪明厨娘；没有江献珠，特级校对陈梦因在饮食抱负的实践也只限于《食经》半空泛的理论而已。

陈梦因常说：最平凡的菜式也有不平凡之处，能甘于平凡的，越能显出个人的烹调修为，切勿以为平凡的菜式便不屑去做，自命清高或哗众取宠都同样有欠高明。[1]

1997年10月21日，陈梦因在美西逝世，终年八十七岁。[2]

1　江献珠：《蒸煮》，广东教育出版社2010年9月版，第103页。
2　陈天机：《珠玑情缘——舌尖上的贵族江献珠与幸运的书呆子》，香港天地图书有限公司2019年7月版，第169—181页。

江献珠把在美国教学的心得写成笔记，也积聚了几百个英文食谱。在每个食谱里，她清晰列明菜肴的特色，作料分别的预备处理，调味料的分类、次序，烹前的准备，烹饪的步骤、观察、应变之方。她决定在美国出版英文食谱书《汉馔》，并由陈天机写汉馔历史和中国地方饮食派系、张蕴礼写中国饮食与养生。这本《汉馔》得到纽约州的拜伦氏公司允代出版，终于在1983年面世，厚达504页。拜伦氏以英文命名为：《你想知道关于中国烹饪的一切》（Pearl Kong Chen, Tien Chi Chen and Rose Y. L. Tseng, *Everything You Want to Know about Chinese Cooking*, Woodbury, N. Y.; Barron's 1983）。[1]

1977年，散文大家陈之藩离开美国，到香港中文大学担任电子系主任。两年后，陈之藩邀请陈天机到电子系任教一年。陈天机取得IBM公司的特准，在这一年内照常支IBM的薪水。香港中文大学当然乐得有这位免费的访问教授。陈天机和江献珠重返香港。后来，陈天机担任香港中文大学联合书院院长职务前后八年。

在香港，江献珠用中文撰写饮食文章，取《珠玑小馆饮食随笔》之名。"珠玑小馆"者，江献珠、陈天机的小厨房是也。饮食文章最初面世在香港《饮食世界》杂志，后来移师到《饮食天地》杂志。江献珠更开设了高级烹饪班，传授恩

1　陈天机：《珠玑情缘——舌尖上的贵族江献珠与幸运的书呆子》，香港天地图书有限公司2019年7月版，第183—184页。

师特级校对的教诲，以及经自己消化整理后的心得。陈天机和江献珠也周游列国，品尝世界各地的美食。江献珠一发而不可收，后来结集出版了数十本饮食书。江献珠说："有生一日，我当竭尽全力维护传统，让如今的人知道吃是福气，要好好珍惜。"

2014年7月21日，江献珠在香港逝世。

陈天机在纪念文章中说：

> 约八十年前，小献珠在祖父江孔殷酒席后朗朗背诵《滕王阁序》等古文典范之作，其实是母亲吴绮媛家教之功；但她因此得以入席与宾客同座，品尝当时独步南粤的珍馐，培养味蕾，为自己三十多年后打入食坛建立了不朽的根基。[1]

1　陈天机：《珠玑情缘——舌尖上的贵族江献珠与幸运的书呆子》，香港天地图书有限公司2019年7月版，第190—260页。

第十三章
太史家宴

○ 首席美食家

江孔殷一生功业，在坊间流传不衰的是太史第的家宴。然而，江孔殷生前定稿的《兰斋诗词存》五卷，以咏史为主，极少写食。太史家宴的盛况，小部分由南海十三郎记录，大部分则由江献珠发扬光大。

孙中山先生在1919年撰述的《建国方略》说："我中国近代文明进化，事事皆落人之后，惟饮食一道之进步，至今尚为文明各国所不及。中国所发明之食物，固大盛于欧美；而中国烹调法之精良，又非欧美所可并驾。"林语堂则幽默地说："世界大同的理想生活，就是住在英国的乡村，屋子安装有美国的水电煤气等管子，有个中国厨子，有个日本太太，再有个法国的情妇。"中国饮食文化在海外的传播，曾得力于两位厨艺不凡的知识女性不懈努力：前有杨步伟，后有江献珠。赵元任的夫人杨步伟1945年在美国出版的 *How to Cook and Eat in Chinese*（《中国食谱》）可谓开风气之先。而江孔殷太史之孙女江献珠把在美国烹调教学的心得积聚成几百个英文食谱，完成英文《汉馔》。

借助饮食来推广中国的文化，远非一日之功，确需数代人一点一滴的努力、一尺一寸的进步。梁启超1903年访美而作的《新大陆游记》："中国食品本美，而偶以合肥之名噪之，故举国嗜此若狂。凡杂碎馆之食单，莫不大书'李鸿章杂碎''李鸿章面''李鸿章饭'等名，因西人崇拜英雄性及好奇性，遂产出此物。"美国华侨多为粤人，开餐馆又是华侨的主业之一，故梁启超颇有所感："李鸿章功德之在粤民者，当惟此为最矣。"而到了民国时期，是"食在广州"的黄金时代。江献珠的老师特级校对陈梦因，20世纪50年代在香港以《食经》名扬饮食江湖，退休后移居旧金山，1966年用中文写《金山食经》之际，尚且不无感慨："饮食为任何人一日不能或免的事，自古至今，都有不少讲究饮食艺术的食家，也有会精美菜馔的名厨，却没有一个专门研究饮食艺术的机构。直到原子时代的今日，中国菜在外国出尽风头，仍没有一间稍具规模、教人做中国菜的专门学校。所以要研究中国菜的历史、沿革、较为科学的烹调术的理论与实践，就非易事。"

广东地居南陲，曾经在文化上落伍，宋代以前为中原视作"南蛮之地"。故屈大均在清初说："今粤人大抵皆中原种，自秦以来，日滋月盛，不失中州清淑之气。"然而，清末民初的变法与革命，领军人物皆是老广。"南蛮"懂得讲究饮食

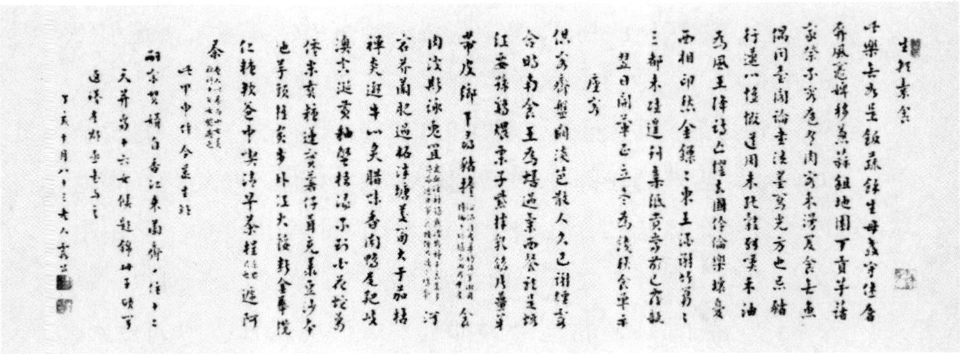

江孔殷谈食

艺术，也是清末民初的士大夫起了带头作用。广东原为鱼蚕之乡，对外通商最早，有钱有闲之辈，遂将"讲饮讲食"作为消磨时光的好节目。而近代广东人素有外出打拼闯天下的精神。海外华侨谋生最初就靠三把刀——菜刀、剪刀、剃刀。其中的"一把菜刀闯天涯"，终于将"食在广州"黄金时代的流风余韵散播于四海。

"食在广州"黄金时代的代表人物，首推江孔殷。

抗战中，江孔殷寓居香港，作有《九龙侯王庙宝汉酒家题词书后》组诗，节录如下：

故国残山夕照中，崖门逝水不流东。
我来大有苍茫感，宝宋心情一例同。

四字亲题付酒家，斋临宝晋笔生花。
六禾近墅时同过，不是茶寮也品茶。

凤城风味到龙城，玉糁东坡别有羹。
最是相思红豆子，馒头细馅餍平生。

淡水麻虾語大良，齐名青背两多黄。
西风起后来餐菊，蛇蟛都推大者王。[1]

1　江孔殷：《兰斋诗词存》卷五。

此时，暮年的江孔殷多茹素，念念不忘的还是家乡风味。

《兰斋诗词存》卷五又有诗《冬至》，未标写作年份，估计是抗战后所作，其诗云：

> 冬至山楼冻未添，花犹繁砌鸟喧檐。
>
> 糕盘厨妇劳量粉，肴核诗人笑撒盐。
>
> 莲落歌声长短和，茅台酒味色香兼。
>
> 再过两夜狂欢又，海国金吾禁不严。[1]

美食家唐鲁孙与江孔殷品尝茅台的时代相近。唐氏《白酒之王属茅台》一文细说茅台源流，其中一段描写可与江孔殷诗句"茅台酒味色香兼"相印证：

> 拿味色香觉来说吧，纯正茅台只要一开罐，满屋子都洋溢茅台酒特有檀藿味道；倒入酒杯，晶莹凝玉，清湛挂杯，让人有心旷神怡的舒畅；酒一进口，先是冷香绕舌，继而一股细润柔曼暖流直达脏腑，令人渊醇委婉，陶然欲醉。[2]

在江孔殷的生前身后，广州、香港的酒家以"太史食谱"为号召者，为数不少。南海十三郎在《佳肴出自名厨手，食

1　江孔殷：《兰斋诗词存》卷五。

2　唐鲁孙：《酸甜苦辣天下味》，广西师范大学出版社2008年4月版，第244页。

谱咸传太史家》中说：

> 时已初冬，北风飒飒，食物店以补品为号召，制"三蛇会"招徕顾客，某茶室更以"太史食谱"为号召，年前曾请余至该店蛇宴，一评制法。余偕友同往，得尝蛇羹及炒蛇丝，觉味颇可口。该号制蛇为已故家厨李子华传授，李随先父多年，对制作蛇羹，素有研究，惟该号所制蛇羹，纯为"三蛇会"，配以花胶、云耳，蛇味则浓，而甜味尚嫌未足。……食蛇以热食为佳，故用边炉窝，慢火煎蛇羹，配以菊花、柠叶，食时加以薄脆，更为爽口。然啖蛇羹者，又需蛇胆酒，始能进补行气，蛇胆酒之制，须用热双蒸或三蒸酒，混入蛇胆汁，入口清凉，而沁入肺腑，壮心行气，补肾健脾。目前除该号以太史蛇宴飨客外，尚有乍畏街之蛇王林，均为三蛇会，主理厨师，为旧日家厨李才之弟李明，制法亦有心得，至对海通菜街悦兴菜馆，亦制蛇羹出售，由家兄仲雅指点厨师烹制，均以"太史蛇羹"为号召，惟各号制法虽相同而用料仍薄……实不如昔日太史蛇羹之风味，市上所售太史蛇羹，亦徒有其名而已。不过烹制一围真正之"太史蛇羹"，非七八百金不可，目前各号之蛇桌，不过百数十元，如此价廉，自难求精品也。至有以太史食谱为号召，太史食谱，不只蛇羹，如太史豆腐，一为一品豆腐，

江家菜单

以北菇、蟹肉、鸡粒、笋粒，配以上汤会制，混以水豆腐蛋白，蒸成一品窝，美味可口，且香滑溶化，非如市上所售太史豆腐，即以酿豆腐角售客者。能制太史豆腐者，尚有旧日家厨李才，今在恒生银行当专厨。又先父亦喜尝山斑豆腐，山斑鱼肉爽甜，以鱼茸配豆腐，和以上汤，鲜味无穷，惜山斑鱼在本港不易得，故难尝此佳品也。至昔日家厨，擅制小菜，一为蟹黄豆苗，豆苗以嫩茎软为佳，以上汤会炒，更有甜味，而配以蟹黄，则鲜甜可口，作为小菜，亦颇雅致。至夜香虾丁，则以虾仁走油，酿入夜香花里，花既清香脆爽，虾仁亦馥郁味浓，诚为佳品。而市上又有卖太史田鸡者，以冬瓜煲田鸡汤售客，余尝之颇鲜甜，惟我家所制太史田鸡，则为炆田鸡而非田鸡煲汤，制法则以冬瓜及田鸡先行走油，煨以上汤，加草菇会合，慢火煎炆燉，熟冬瓜及田鸡均炆至松，以之送饭，清甜滋补。至菊花鲈鱼羹、杏汁燉白肺、红炆文庆塱鲤鱼，均列入太史食谱，尽皆佳肴精品也。[1]

南海十三郎后来又在《太史家风传食谱，缅怀世故吊沧桑》中谈及"太史及第粥"：

1　南海十三郎著、朱少璋编订：《小兰斋杂记：浮生浪墨》，香港商务印书馆2017年3月版，第88—89页。

香港君悦酒店 25 周年
GRAND HYATT HONG KONG 25TH ANNIVERSARY

SET DINNER MENU 1

炒鹌鹑崧	Stir-fried minced quail and assorted vegetables in lettuce cups
太史戈渣	Supreme Scholar's deep-fried custard
瑶柱蒜脯	Dried scallops braised with garlic cloves and sea moss
碧绿菜蓉羹	Minced spinach soup with supreme stock
清汤虾扇	Fan shape prawns in clear sauce
夜香花炒鱼球	Stir-fried garoupa fillet with night-fragrant buds pine nuts and bell peppers
古法豆豉鸡	Stir-fried chicken fillet, fresh basil shallots in preserved black bean
黄菌炒玉米粒	Stir-fried chanterelles with basil and sweet corn
南瓜紫米羹	Sweet pumpkin soup with purple glutinous rice

每位 $838
只适用于两位或以上
任何信用卡优惠不适用於此
凯悦美食卡会员
享有八五折优惠

$838 per person
Minimum order for two persons
Credit card promotional offers are not applicable
CATH members are entitled to a 15% discount

所有价目均以港元计算另加收服务费　　All prices in HK$ and subject to 10% service charge

江家菜单"品尝君悦"

390

余尚可记忆者，先父生前，每晨必啖及第粥，以示三元及第，硕果仅存，时先父在沦陷区，余等在战时省会曲江，该地有金石斋、陶陶居、金钟阁等食店亦以"太史及第粥"飨客。用虾子煎粥底，美味甘香，余偕侪辈常至各店食粥，以别家多年，颇有秋风鲈鲙之感也。[1]

特级校对陈梦因的《食经》，列名太史家宴的菜式，记有"江太史蛇羹""太史田鸡"。在《太史田鸡》中，陈梦因写道：

> "太史田鸡"的创始者是以擅制蛇羹驰名的江太史，当年与江太史有往还，或做过"太史第"的嘉宾的，很多吃过"太史田鸡"。
> "太史田鸡"的原始名称不是今名，后来广州"食家"仿效了江太史的做法，客人"食而甘之"后，问这是什么菜，仿效做这个菜的，姑以"太史田鸡"应之，后来传播开去，大家都叫这个菜做"太史田鸡"。
> 由于这个菜确有它的好处，到后来广州酒家楼的菜谱，也列入这一个菜名，成为夏令食制的上品。

1　南海十三郎著、朱少璋编订：《小兰斋杂记：浮生浪墨》，香港商务印书馆2017年3月版，第178—179页。

"太史田鸡"所用的作料是冬瓜和田鸡、瘦火腿。

这个菜的做法并没有甚巧妙之处，将田鸡去皮后斩件加上瘦火腿炖或煲冬瓜，汤固清鲜无比，冬瓜也很够鲜味。不过，当时的"太史田鸡"中的冬瓜是去瓜青切件后每件批成马蹄形，家常间要吃这个菜，似乎可免去这番工夫了。但田鸡要用姜汁酒捞过，在镬里稍爆更佳。

为了辟去冬瓜的青味，和增加汤里的香气，煲时最好加进少许陈皮。[1]

数十年来，坊间关于太史家宴的传说，经久不衰。常言道，三代富贵方知饮食。至江孔殷的第三代，太史孙女江献珠可谓是太史家宴的集大成者。江献珠既精于厨艺，又勤于执笔，所著的饮食著作将江孔殷当年不着文字的家宴精华一一再现。江献珠颇有感触："先祖父前清翰林江孔殷，是20世纪20年代初，高踞广州食坛首席之名美食家。当时各大酒家均竞相仿效由他的私厨所创的菜式，尊称之为太史菜。事距如今近一个世纪，留传下来的'太史菜'却只有'太史蛇羹'、'太史田鸡'、'太史禾花雀'和颇具争议性的'太史豆腐'。……一代食坛巨擘的流风余韵，就只有屈指可数的几道菜，作为江家后人，怎能不感慨呢！"[2]

1 陈梦因：《食经（上卷）》，百花文艺出版社2009年1月版，第205—206页。
2 江献珠：《家馔2》，重庆出版社2016年1月版，第65页。

◌ 不时不食

　　江献珠自述："我祖父虽是个显赫一时的名食家，但根本不懂烧饭，况且他食事最灿烂的时代我年纪尚小，祖孙二人没有沟通，从何传起？若有之，就是祖父无意地为我们制造一个美食环境，让我们有较一般孩子更广泛的饮食接触面，因而很早便能知味，大来便能辨味了。"根据科学理论，人有味觉皆因有味蕾，而味蕾系由一些填充舌头表面的小孔洞的细胞丛组成，呈突起乳头状。味蕾的功能及形状因分布在舌头的位置不同而有别，各司其职，分主咸、甜、酸、苦四种不同的味觉。人体的味蕾约有九千个，除舌头外，口唇、舌底、上颚及两颊内部的口腔，都有味蕾。胎儿及幼童的味蕾比成年人要多，口腔的后部、舌底及两颊内部的味蕾在早年时特别发达，但会跟着年纪而改变。人到了45岁以后，味蕾的新陈代谢便慢下来。因此，美国的心理学家建议父母要及早锻炼孩子的味觉。20世纪30年代，江献珠有一个美好的童年，吃得最开心。到了20世纪60年代赴美深造方始学烧饭，没有师傅也没有好食谱，就只凭一点先入为主的口味记忆，替自己做的菜下判断而渐入佳境，终于舍弃所学入了烹调这一行。江献珠说："烹调这回事，味道为先，质感

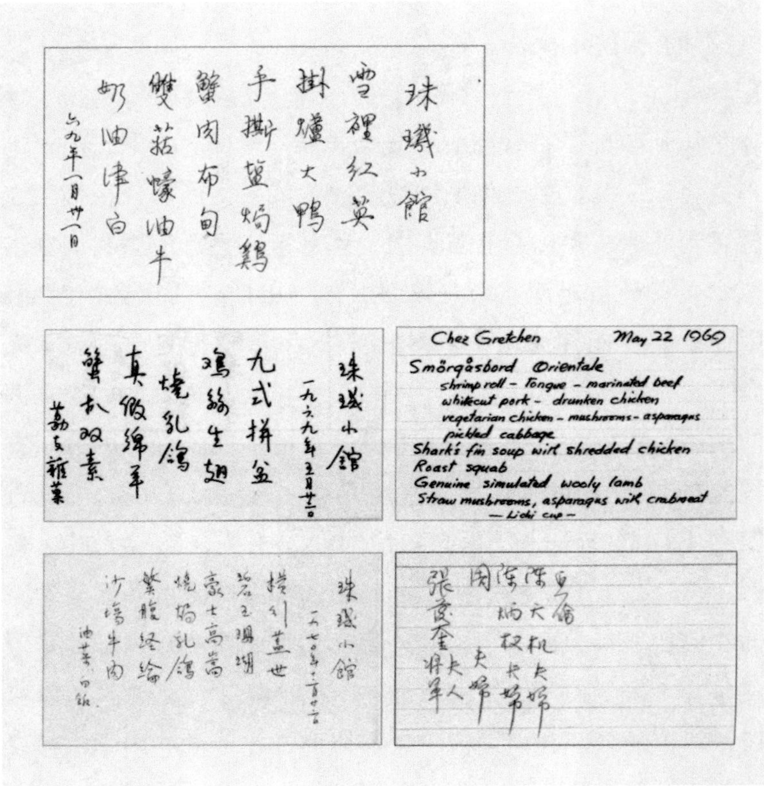

江献珠在美国和香港的菜单

为次。不论古今的人把味道及质感分得如何精细，到头来终极的目的还是要求和味。味道不调和，口感不适意，其他的全不重要了。去调和味道，'知味'仍须先行，要凭经验与素养。"[1]

对祖父江孔殷的宴客之风，江献珠认为："有钱请客，觥筹交错，宾主尽欢，交口称道，其乐何极；无钱也要请客，四处张罗，可卖则卖去凑费用的，倒不常见。我祖父就是这么一个人。我只知道曾祖父是上海的一个大茶叶商，人称江百万，年老生我祖父后，便迁回原籍广东南海县居住。关于祖父一生事迹，传说甚多，不足尽信。但他在清末民初当过英美烟草公司南中国总代理，赚过不少钱，那是千真万确。祖父交游广，喜宴客，兼对饮食一丝不苟，席上的菜式往往别树一帜，口碑甚盛。大酒家的名厨争相仿效，'太史菜'在'食在广州'的年代，风靡一时。'太史蛇羹'更是只此一家，别的全不算数。"

外传太史家宴的种种风流，江献珠念念不忘的却是家常小菜，尤其是六婆的好功夫。太史第遵守"不时不食"的原则。时节食品的第一高手是六婆。江献珠回忆：

六婆不只管小食，也管节时食品。五月节她裹
一家人的粽子。祖父的碱水粽要特别软，只有六婆

1　江献珠：《钟鸣鼎食之家——兰斋旧事与南海十三郎》，广东教育出版社2010年9月版，第8—11页。

珠玑小馆　一九九六年三月十七日

欢迎胡仁牧世伯莅夏春宴

太史豆腐　脆炸戈渣
百花酿鸽　炒鸽松鹑

雲蛤清汤
翡翠鲜芝菇
金银袍利珠
導湖上素
太宇三丁
虾子山鸡
椰叶饼丁

壬戌年新春
敬书奉鉴临

太史豆腐
宫燕竹荪
百花酿鸽
清塘雪蛤
翡翠细软
虹吱酡翅
崧胸新素
雉材蒜脯
乌龙吐珠
蔴菜鸿翔

罗画芈
杨嵌萍
钧珠泽
冯鸣
徐信泽
陵哺芈
杨修芈
陈郁芈
陈荿刀
陈王樱

菜單

烹调固东事业然闳
於作力振掌鸡鸣决意
不问炊斗提今写字渍去
载花种菜以瑜身心谨治
梅花家馔聊报
前辈及方家季爱之情玉尽

纵横金银卷
河西百花鸡
缤纷蝶豉鼓
原汁木麻蚖
珠瑶海虎翅
蜜宇菘素烘
虾子堆麵
横鱼炒饭
西米冻露

江献珠菜单

396

才会做，裹得松松的，摇起来有点声，煮它几个钟头，粽子变了糯米糊，拆去粽叶还要沾上鸡蛋去煎。六婆是家中唯一会煎这种怪粽的大师。换了别人，祖父总是不满意。

乞巧节前后，柚子还未长足肉，皮青而厚，最宜入馔。六婆的柚皮分三等级。祖父的最考究，用瑶柱和鸡熬好汤，再加鸡油虾子同炆，看来只得柚皮，其实落足材料，绝不简单。祖母们的柚皮用鱼露、大地鱼和鸡油去煮。"大棚"粗吃的，用猪油连猪油渣及生抽就是了。柚子是农场种的，这样方能控制采摘的时间。柚皮外层苦而涩，要用姜磨擦去，出水后浸在大木盘内，不时换水，还要把苦味全挤去方能用。这些麻烦工作，是属于婢女们的，六婆则在旁监督，务必要苦味去尽才烹制。

中秋节晚餐例要有芋头焖鸭。红芽芋艿8月上旬便从农场送来，只挑幼小匀净的。六婆会打发婢女们刮芋皮，洗净后放在太阳下稍晒，再在阴处风干。哪一天刮芋，要计算得准确，晾得太干或不够干都不合格。芋艿一定要烟韧（有嚼头）才好吃，用面豉与鸭同炆，和味之极，现在想来也会垂涎欲滴。至于午间吃的煲熟长柄小槟榔芋，则只需洗净连皮晾干，这样吃起来舌头不会发痒。

春节是六婆大显身手的时候。周末她又会为我

壬戌年新春
敬老尊賢筵

太史豆苗
官燕竹笙
百花釀鷄
清湯雪蛤
翡翠蝦鬆
紅燒鮑翅
飛潛斬素
瑤柱蒜脯
烏龍吐珠
麻茶湯翅

羅孟華
楊振寧
招振洋
馮鈞
徐培深
陳楠華
楊修眉
陳雄華
陳炳
陳元鏘

江献珠在香港中文大学请客菜单

398

们做消夜，也常常做很别致的素菜，我们口福真不浅。[1]

而在春节，太史第有一套拜年的礼节。下午三时，江孔殷起床，先是子辈向他拜年；然后孙辈由大轮到小，一个个向江孔殷恭喜。近亲此时鱼贯而至，扰攘一番又是晚饭时分，大家全部留下。这一餐，颇有特色，江献珠说：

> 新年晚餐吃的是生滚大蚬。广州有很多蛋家，岁末挑着一担担的黄沙大蚬，沿门叫卖。因为大蚬与"大显"谐音，家家户户一早买定，养在盆中，每天换水，等大蚬吐尽沙泥，便可安心食用了。围炉食蚬，把家人团聚在一起，连祖父也凑着大伙儿，年中实在没有多少次。煮蚬没有技巧，铜做的蛇羹锅盛满了，加盖，下面烧起火酒炉，不一会，大蚬便一只只爆开。把蚬肉挑出来，蘸各色各样的酱料，正是鲜美绝伦。
>
> 食蚬很容易失去度量，不知尽头。到了最后，锅内的蚬汁才是精华所在。吃饱了蚬，再来一小碗蚬汁面，满足以后，已昏然欲睡矣。
>
> 蚬是贱物，所费无几，而家人都能开怀共聚，

1　江献珠：《钟鸣鼎食之家——兰斋旧事与南海十三郎》，广东教育出版社2010年9月版，第25—26页。

又岂在乎非鲜鲍竹笙、非海鲜不成话的所谓豪华火锅！价值观念今昔不同而已。祖父又岂不识食哉？[1]

○ 江兰斋农场的四时佳果

江孔殷不再担任英美烟草公司广州全权代理后，致力建设江兰斋农场。当年，从广州乘广九铁路火车到南岗站，转乘小火车便可抵达萝岗圩。农场位于小火车右边沿线上，从莲潭圩一直伸展到黄竹坑。由黄竹坑一过小河，就是毕村；黄竹坑再下，便是萝岗洞了。

若提荔枝，要算毕村的糯米糍与萝岗洞的桂味。江兰斋农场拥有一个面积甚广、规模宏大的荔枝园，不惜工本种植与施肥，不用便宜的豆肥而用兽肥，长出来的荔枝远胜毕村与萝岗的名产。

蝉鸣树梢，正是荔枝旺季。荔枝是即采即送，一抵广州太史第，便整箩吊入花园内的两口大古井去浸凉。到孩子们放学回家，便可大快朵颐。江献珠说："江兰斋的桂味，个子比萝岗的要大，外皮绿中带红，红中又有绿。外壳易剥，果

1　江献珠：《钟鸣鼎食之家——兰斋旧事与南海十三郎》，广东教育出版社2010年9月版，第28页。

肉晶莹通透，啖来阵阵幽香、清甜爽脆。"

糯米糍比桂味成熟较迟。时届暑期，小孩们都随长辈去农场度假，等待一年一度赏"露水荔枝"的盛事："毕村名种糯米糍，被悉心种植在兰斋的荔园中，佳种中之最佳种也。糯米糍比桂味甜而汁多，香味特浓，但肉质较松，一经阳光，糖分稍为变酸，口感的享受大打折扣。先祖认为只有经过夜晚的温凉，糯米糍方能显出其香、甜、鲜、脆的最佳状态。而在晨光熹微下自采自啖沾满了露水的糯米糍，确是一绝。"[1]

江孔殷又从增城的挂绿老树折枝嫁接到几棵桂味树上，结出了果，每年都有收获，但产量不多。挂绿荔枝红绿相参，当中有一条绿线经荔枝蒂围绕果身，故有挂绿之称。所以与众不同，在其兼有桂味之清爽、糯米糍之香甜，而肉质特别脆口，是荔枝中的极品。

农场还种植了一些异种荔枝如妃子笑、亚娘鞋等。亚娘鞋身略扁而带心形，恰似一只缠足小脚的红鞋，颜色及样子都十分可爱，不过核很大也不够甜。荔园中还有一棵接驳了8种不同的荔枝树，每种占一桠，分别为三月红、槐枝、黑叶、亚娘鞋、妃子笑、桂味、糯米糍、挂绿。接驳后的荔枝，品质都略逊母树，但因成熟时期各个不同，是上佳的展览品。

1　江献珠：《钟鸣鼎食之家——兰斋旧事与南海十三郎》，广东教育出版社2010年9月版，第42—43页。

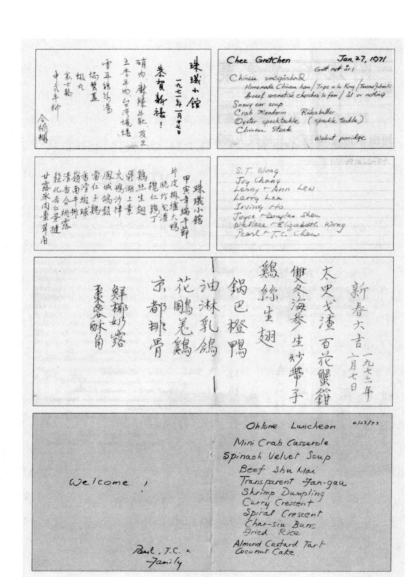

江献珠菜单

402

江家人夏天结队去农场吃露水荔枝，新年后月夜联袂赏梅。江献珠回忆：

> 梅花比桃花开得较迟，趁着寒假未了，我们又可以跟着大人到农场去。桃花俗艳，无足观赏。梅花冷傲，一轮冷月，照出花海似雪。冷冷的风，送来花香阵阵，众人欲醉，好一个"香雪海"！
>
> 因为防盗，农场四处设立哨站。梅林旁有一幢小屋，是看更人的宿舍。祖父诗兴大发时，即席在此吟哦一番。孩子们巴巴盼望锅内的鸡粥快点烧好，祖母们则闲话家常。八祖母多时会静悄悄地提了一壶酒，溜入梅林去。她酒量甚浅，每饮必醉，醉后狂哭狂笑，至颓然倒下为止，扫尽众人兴致。
>
> 那时少不更事，只怪八祖母败兴。现在想来，万分同情。八祖母平日不苟言笑，落落寡合，心底的寂寞无告，惆怅郁闷，就此哭尽笑尽。人道一入豪门深如海，面对一望无际的香雪海，谁又能无动乎中？[1]

江兰斋农场还种有李子、桃子、杏子、橄榄、木瓜、菠萝、柳橙等。"密宗铁禅禅师又送家乡名产夏茅芒树苗给祖父，祖父特辟一个山坡全种夏茅芒。这种芒果细小精致，只

1　江献珠：《钟鸣鼎食之家——兰斋旧事与南海十三郎》，广东教育出版社2010年9月版，第46—47页。

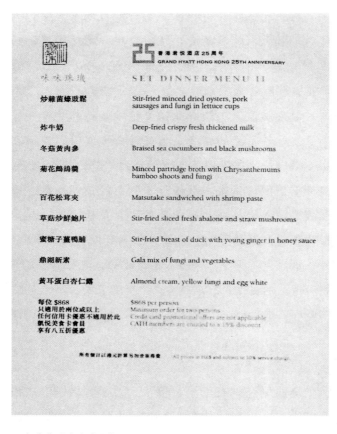

味味珠璣

香港君悅酒店 25 周年
GRAND HYATT HONG KONG 25TH ANNIVERSARY

SET DINNER MENU II

炒雜菌蠔豉玻鬆	Stir-fried minced dried oysters, pork sausages and fungi in lettuce cups
炸牛奶	Deep-fried crispy fresh thickened milk
冬菇黃肉參	Braised sea cucumbers and black mushrooms
菊花鷓鴣羹	Minced partridge broth with Chrysanthemums bamboo shoots and fungi
百花松茸夾	Matsutake sandwiched with shrimp paste
草菇炒鮮鮑片	Stir-fried sliced fresh abalone and straw mushrooms
蜜糖子薑鴨脯	Stir-fried breast of duck with young ginger in honey sauce
鼎湖新索	Gala mix of fungi and vegetables
黃耳蛋白杏仁露	Almond cream, yellow fungi and egg white

每位 $868
只適用於兩位或以上
任何信用卡優惠不適用於此
凱悅美食卡會員
享有八五折優惠

$868 per person
Minimum order for two persons
Credit card promotional offers are not applicable
CATH members are entitled to a 15% discount

所有價目以港元計算另加壹服務費　All prices in HK$ and subject to 10% service charge

江家菜單 "味味珠玑"

404

有猪腰芒一半的大小，绿色的皮上有一块红斑，悦目可爱。因为皮也可食而带仁面味，又称仁面芒，果肉香甜，就算当时十分名贵的吕宋芒也望尘莫及。"[1]

○ 礼云，礼云，玉帛云乎哉？

太史家宴并非只有山珍海味。往往平平无奇的作料，经过恰当而精心的处理，变成了席上珍馐。江献珠说："我不敢妄言奢食者都不是美食家，但美食家可能不重奢食。我祖父饮誉广州食坛，除太史蛇羹外，其他冠以太史名衔的菜式并不多，也不珍贵，且从未听人提过什么'太史鲍鱼'或'太史鱼翅'的。虽然很多金贵海味都是祖父席上的常菜，奇在江家人均处之淡然，在我们心目中的家馔，可能绝不值今日的奢食者一顾，但我们都认为配称美食有余。"

礼云子是江孔殷心爱的食物，并非十分贵重，只因季节甚短，稍纵即逝。礼云子其实是小螃蟹（俗称蟛蜞）的卵子，农民从水田中捕捉大批带卵的小螃蟹，把卵洗出，加盐稍腌，盛在瓦盅出售。拱手为礼，是古人见面的礼节，拱手之状恰

1 江献珠：《钟鸣鼎食之家——兰斋旧事与南海十三郎》，广东教育出版社2010年9月版，第47—48页。

太史戈渣
Deep-fry custard of chicken broth

炒桂花紫翅
Stir-fry imitated shark-fin with eggs

菊花魚雲羹
Soup of fish head

江南百花雞
Steamed chicken stuffed with shrimp paste

杏林春滿
Stir-fried finely sliced pigeon and various ingredients

三豉蒸斑球
Steamed grouper fillet with fermented soy bean

蟹汁芥菜
Braised mustard green with ham sauce

鮮菇辦伊麵
Stir fry noodle with assorted mushrooms

杏汁南瓜紫米露
Sweet soup of pumpkin and almond with black glutinous rice

江献珠
二〇一四年拾莎田中大

"珠玑小馆宴"菜单

如小蟛蜞横行，故得名。典故出自《论语》"阳货第十七"之："礼云，礼云，玉帛云乎哉？乐云，乐云，钟鼓云乎哉。"而《广州西关风味趣闻》中说"礼云子"一名的来源：据说广州话"来"与"礼"同音，当蟛蜞卵煮熟时，像一块云彩仿佛从天上飘来，故美其名曰"来云子"。后来有文人厨子上菜牌时，易为"礼云子"。

春末是礼云子的季节，在珠江三角洲一带，与江孔殷相交甚稔的朋友会及时大盅大盅地送来。江家每年有一次包礼云子薄饼的聚会。薄饼皮用福建式，从外面买回来。馅料由大厨师切备，逐样炒好。江孔殷的众妾坐在一起，分工合作，先将薄饼皮在碟上摊平，中间加一撮礼云子，再盖上鸡丝、肉丝、冬菇丝、笋丝、鲜虾肉、蟹肉、蛋皮丝、韭王、芫荽等，包成扁平信封形，之后交由六婆去煎。煎薄饼要有耐性，火不能猛，油不能多，慢慢煎至两面微黄而皮脆才好，切不能煎焦，坏了颜色及味道。礼云子橙中带红，若隐若现，衬着其他五光十色的馅料，卖相极佳。江家每人两包薄饼，一碗白粥，吃罢一哄而散。而礼云子粉果，只供江孔殷之用。粉果皮薄，晶莹通透，馅料细致，鲜美无伦。

抗战时，江家避难香港，挤住在罗便臣道妙高台一层楼，雇用的厨师亚勋是上班式，每天来煮两顿饭，不留宿。至广州沦陷，水路交通恢复后，仍有人托水客带礼云子赴港送给江孔殷。有一次，江孔殷着亚勋用礼云子炒蛋，端上桌时，江孔殷说蛋太嫩未熟，油又多，要他另炒。不料过犹不及，却炒老了，江孔殷生气至极，炒至第三次方算合格。炒坏了的，江孔殷叫亚勋全用来炒饭，加点葱花。礼云子红得艳，配上黄色的鸡蛋，连白饭也被小粒小粒的礼云子染得通红。虽然每人分尝少许，但江献珠觉得那炒饭的鲜、香、美，毕生难忘。

江献珠曾见江孔殷咏礼云子词，词牌名为"倾杯乐"，兹录如下：

> 炙嗜车熬，酱调尊鲞，人家社日南食。傍海疍户，汐退岸阔，郭索笼长唧。年年细雨微风里，也一行横绝。餐鲜带子，开肉戒，恣啖头陀贪餮。三族醢彭同赤，断骸零截，唛水乡凫鸭。哭鼎镬残生，黄垆红熟，别尖脐多白。蚁慕羊膻，升平属餍，忍臭防炎热。置坛坫，弋美名（一名礼云子），可无玉帛。[1]

○ 从太史第到北园

当年太史第宴客无数。江献珠小时候最感兴趣的是宾客有什么来头，来头越大就越热闹。如果是政坛红人，更是非

1 江献珠：《钟鸣鼎食之家——兰斋旧事与南海十三郎》，广东教育出版社2010年9月版，第57—62页。

同小可。有一年，陈诚将军来太史第饮宴，在南华西路至同德里全由警卫把守，行人要经检查方许通过，直至客人入了屋，交通方恢复正常。在同德里两面出口的更楼全部上栅，有如宵禁。江献珠这一辈的小孩也不能回家了，以为可以趁高兴，留下来躲在楼上，凭栏下眺江孔殷饭厅的动静。但这种场面太隆重，毫无气氛可言，反而大为扫兴。

江献珠最不能忘怀的是名伶薛觉先来表演的一晚。饮宴之后，薛觉先高歌由南海十三郎编撰名剧《心声泪影》之《寒江钓雪》。那晚薛觉先身穿长衫，跟着他的是一班乐手，由南海十三郎引到客厅。连小孩子也不必偷偷摸摸，可以围在一起观赏。真是绕梁三日，盛况空前。

江孔殷鼎盛时期的太史第，在广州河南，占同德里、龙溪首约、同德横街、同德新街四条街位。约在20世纪20年代，是江家光景最好的日子，只要江太史第有什么新菜式，尝过的都会辗转相告，甚或要酒家仿效烹制。当时军政要员、殷商巨贾、各路草莽英雄，无不以一登江孔殷的席上为荣。

数十年后，太史第全部被拆，改建成今日的广州"北园"。江献珠在改革开放后随陈天机回国讲学，要求一访故居，只见雕栏玉砌荡然无存，余下颓垣败瓦。当晚江献珠在北园宴客，事前全不知北园是依照江家的设计而重建。江献珠一踏进大门，有如返家。江献珠回忆：

> 北园饮誉今日广州，是旅客观光必访之地，素
> 以气氛古雅，菜肴超卓见称。一进北园，赫然是个

北园园林

410

宅院，中有假山、小桥、亭台、流水。四周有回廊，廊外是一个个的饭厅。那些满洲窗门的间隔，竟全是我家之物，堂姊拖着我的手，在每个饭厅前停下来。我忽然想起两句诗："旧时王谢堂前燕，飞入寻常百姓家"。现在欣赏那些交疏结绮的人士，不是比旧时更多了么？及走到我们定下的地方，3个饭厅打通了，厅外回廊的漆柱，柱顶洒金的木雕檐饰，以及正中的饭厅的装置，除了没有水晶吊灯及大镜外，俨然把祖父的饭厅搬到北园来。右边客人坐立的地方，有我房间的满洲门窗。现在看来，还是挺好看的。

三十年悠长的历史，压缩至数小时之间。长远的渴望与骤然的冲击，迸发于一瞬，我无法抑制，卒于放声大哭了。谊父赶过来，像哄小孩子地说："不要哭了，看看是谁在这里呢？"原来是我们的国文和书法老师麦华三先生，连忙破涕见礼。老师劝道："有什么好哭的，如非北园，江家遗物哪会保存到现在呢？"[1]

1　江献珠：《钟鸣鼎食之家——兰斋旧事与南海十三郎》，广东教育出版社2010年9月版，第75—107页。

第十四章
魂归故里

○ 晚年信佛

　　江孔殷的诗词中，颇有佛缘。他与六榕寺铁禅交往甚多，有多首诗词唱和。其诗《铁禅辟六榕丈室旁斋为余下榻葺成口占》云：

> 榕阴塔侧结禅房，叠石成山未是荒。
> 礼佛缁衣新试著，斋僧晶饭惯同尝。
> 阿师卓锡来初地，居士闻钟叩上方。
> 两戒因缘香火在，密坛旧日读书堂。（余少时读书
六榕两年即今密坛地。）[1]

　　1934年，诺那上师莅粤，主持消灾法会。江孔殷率同

1　江孔殷：《兰斋诗词存》卷四。

全家晋见诺那，一致顶礼。这一次，正式促成汪希文与江畹徵的姻缘。而江孔殷有诗《甲戌春西藏诺那上师莅粤六榕灌顶》云：

三年东密调笙磬，旧译长安音总差。
别有前生真谛在，莲花入座不聱牙。

金顶峨嵋具宿因，藏文未识藏音纯。
当头一喝醒迷梦，百八真言背诵亲。[1]

1937年浴佛节，江孔殷在六榕寺门前跌跤而致骨折。其诗《断吸后浴佛礼佛六榕毕出门偶踬踝折》云：

蓉城一觉梦惊回，炷佛心香骨亦灰。
不炼金丹凡已换，龙华尽许跛仙来。[2]

汪希文记道，民国二十五年（1936年），江孔殷戒除吸食鸦片（断吸），翌年（1937年）骨折：

翌年（民二十六），农历四月初八日是佛诞，又名"浴佛节"，霞公凤与六榕寺铁禅和尚友善，是

1　江孔殷：《兰斋诗词存》卷四。
2　江孔殷：《兰斋诗词存》卷四。

日晨起赴六榕寺礼佛，与铁禅畅谈良久。及辞出，在六榕寺门外下阶时，偶尔不慎，竟跌一交，老人之骨头是脆的，竟将右腿骨跌断了。本来即刻入西医院，用 X 光照着，可望将骨驳回的，但霞公头脑守旧，不信西医，他认为跌打以中医为好，当日用帆布床抬回太史第，延请佛山跌打名医李广海诊治，结果伤势虽愈，右腿却永远是跛的了！[1]

抗战爆发后，江孔殷一家赴港避居。南海十三郎的文章中说："时日寇日渐披猖，早有南侵东南亚企图，先父体察时世，知香港亦难久安居，惟以年老跛足，不良于行，断难奔返祖国，乃遣子孙先返内地，参加抗战。果不久，香港即战事发生，举家困守罗便臣道寓邸，不获逃脱。"[2]

江孔殷在香港居住期间与友人唱和之作中，多自称"跛翁"。他与同时居港的叶恭绰诗词唱和颇多，其诗《浴佛节有感为答遐庵前日座上语用百越均》云：

三咱香汤浴佛天，六榕负负上人筵。（前年铁禅邀
赴浴佛节斋宴凌晨礼佛出门伤足夕不与会）
踏鞋随地愁孤拐，跛履生涯到几年。

1　汪希文著、蔡登山编：《我与江霞公太史父女：汪希文回忆录》，台北独立作家 2014 年 10 月版，第 189 页。
2　南海十三郎著、朱少璋编订：《小兰斋杂记：浮生浪墨》，香港商务印书馆 2017 年 3 月版，第 26 页。

已分破家宁有甑，便容造孽不名钱。

兰畹佩纫宁改度，寄语通犀莫病妍。[1]

◎ 诵经吃素

关于江孔殷信佛因缘，南海十三郎有《彩绫结锦狂欢宴，老去情怀悟夙因》细述：

家父夙因在中年，不过晚年始皈依受戒，参透色空而已。……先父当年迷于风月，其时陈塘花事，盛极一时，先父夜夜笙歌，偎红倚翠，备极豪放不羁。……先父晚年思之，亦认为过于虚耗也。当民廿五广东还政中央之后，曾有西藏活佛来粤，先父往见，戒以看透情缘，诚心信佛，以补少年罪过。时先父年已行将七十，既有信佛夙因，因而灌顶受戒，受戒之法，以红枣擦头顶，以艾草心香烧去头发，并以香火刺肉，炙成数孔，永远脱发，故受戒者，其头上有数孔，即为香火炙过记认也。先父受戒，先兄叔颖亦受戒，当时广州老人如谢婴

1　江孔殷：《兰斋诗词存》卷五。

江孔殷避居香港

白、陈宝尊等亦相偕受戒。受戒后即虔心信佛，并倡戒杀，故自先父皈依后，首戒宰杀牲口，故停止蛇宴及宴客，每晨起即诵经，其所诵经文，为西藏密宗，与时下僧尼所诵不同，且更严肃。活佛离粤之前，且赠先父以珍贵之陀罗经被数张，并嘱先父慎藏，先父一一遵守，并以己既不杀牲宴客，即遣散厨师。……先父已一心向佛，无可执罪，众母亦皆皈依，日夕但闻诵经声，对过往豪华，已不再提……[1]

　　早在江献珠的童年时代，便见太史第每逢初一、十五及佛诞，大部分女眷都吃素。素食重用蔬菜，而蔬菜季节性强，所以终年变化多样，绝不单调。蔬菜又多时与干货、豆品或面筋配搭，菜式更见灵活。

　　豆制品是素菜的主要作料。新鲜的水豆腐、板豆腐、布包豆腐及硬豆腐，无论用哪一种烹调方法，真是百吃不厌。豆腐干切成丝、丁、片，或整块去红烧，用途与肉同，营养丰富。油炸豆腐泡最能吸收味道，素烩少不了它。

　　干的豆制品以腐皮为主。腐皮最薄的一种宜用以包卷馅料去炸、煎或蒸，花样之多，四时不同。较厚的腐皮可做素烧鸭，若加些碱，卷起扎好，煮软了就是素鸡。腐竹枝可煮，

1　南海十三郎著、朱少璋编订：《小兰斋杂记：浮生浪墨》，香港商务印书馆2017年3月版，第158—159页。

可以煲汤，而甜竹却是最常用又价廉的。

家人吃素，只因拜佛，并不以健康为前提。但有几个十分平凡的江家素菜，江献珠到晚年也常吃，合乎营养，做法简单，比如大豆芽菜炆面筋、薯仔饼、炒素松、炒大豆芽菜松、腐皮包等。而腐皮卷是江孔殷最喜爱的素菜：甜竹浸透冲净，爆香发好干草菇，用菇水与甜竹同煮至软，加麻油生抽调味，是为馅。如无薄腐皮，也可用上海式较厚的腐衣作外皮，中央横放一行甜竹馅，覆上左右两方，再卷成肠粉形，以水草扎稳，放入温油炸香，趁热剪件上桌。又或两面煎香再蒸软后几卷重叠，压以重物，切块冷吃。

江献珠回忆："所有的祖母们都经常为祖父祈寿。二祖母吃长斋，四祖母吃半斋，八祖母过午不食，九祖母不添饭。住在我家的表姑姐周尘觉居士和黄任群谊姑姐则守清斋。其余的家人都信佛，也食斋。"这些素筵，一则省钱，二则的确精致，后来连江孔殷做寿也改吃素了。[1]

到了江孔殷晚年，江家吃素而不用荤名。江献珠说："我家人都信佛，祖母们每逢初一、十五都吃素，二祖母还是吃长斋的，所以我小时吃过不少美味的斋菜。甚至祖父和三祖母晚年的寿筵，全是素菜，菜名绝对不用动物名称；诸如今日流行的炒翅、甜酸鱼、炸大虾、煎肉排、炸排骨、素鸡、素鹅、素烧鹅等等。祖父认为吃素而不忘荤，是口不对心，

1　江献珠：《钟鸣鼎食之家——兰斋旧事与南海十三郎》，广东教育出版社2010年9月版，第31—39页。

418

口斋而心不斋，太不够诚意。"[1]

　　江孔殷的家乡南海塱边乡，盛产竹笋。江献珠说："我们是南海佛山塱边乡人，以广植竹笋驰名，同太公的乡亲都以种笋为业。以前每年夏天，竹笋从乡间源源供应……最突出的要算九祖母谊子俊叔所腌的酸笋；他选取最肥嫩的整只竹笋，去皮洗净，一分为四，用盐擦后入瓿，加水浸十来天便变酸至身软色黄。"[2]江孔殷的味蕾记忆里，念念不忘的是家乡风味，这种口味的爱好也影响到他的孙女江献珠。

○ 知君有日悟归程

　　盛年繁华，晚年信佛，灿烂归于平淡。眼看他起朱楼，眼看他宴宾客，眼看他楼塌了，人间诸相仿佛水月镜花。

　　江孔殷曾有诗云："归来何处是仙乡，篱下依人梦不长。毕竟故园风色好，眼前光景近斜阳。"[3]

　　1952年3月4日，江孔殷在家乡南海塱边乡逝世。

　　临终之际，江孔殷写下遗言：

1　江献珠：《小食》，广东教育出版社2010年9月版，第31页。
2　江献珠：《蒸煮》，广东教育出版社2010年9月版，第51页。
3　南海十三郎著、朱少璋编订：《小兰斋杂记：浮生浪墨》，香港商务印书馆2017年3月版，第27页。

吴绮媛在美亲笔悼念江孔殷逝世

今日你是我非，明日你非我是；是是非非，他日方知。[1]

当年江孔殷曾与高僧虚云交往，虚云有诗《赠江孔殷居士》云："灵光独耀本来明，无染无污气自清。水月镜花皆幻相，知君有日悟归程。"[2]归去来兮，世变如电，浮生若梦，一切如过眼云烟。

1　江沛扬：《沧桑太史第》，花城出版社2016年5月版，第286页。
2　李林：《最后的天子门生——晚清进士馆及其进士群体研究》，商务印书馆2017年12月版，第342页。

主要参考文献

江孔殷：《兰斋诗词存》五卷，民国稿抄本。

南海十三郎著、朱少璋编订：《小兰斋杂记：浮生浪墨》，香港商务印书馆 2017 年 3 月版。

南海十三郎著、朱少璋编订：《小兰斋杂记：梨园好戏》，香港商务印书馆 2017 年 3 月版。

南海十三郎著、朱少璋编订：《小兰斋杂记：小兰斋主随笔》，香港商务印书馆 2017 年 3 月版。

南海十三郎著、朱少璋编著：《香如故：南海十三郎戏曲片羽》，香港商务印书馆 2018 年 5 月版。

江献珠：《钟鸣鼎食之家——兰斋旧事与南海十三郎》，广东教育出版社 2010 年 9 月版。

江献珠：《菌肴》，广东教育出版社 2010 年 9 月版。

江献珠：《蒸煮》，广东教育出版社 2010 年 9 月版。

江献珠：《热炒》，广东教育出版社 2010 年 9 月版。

江献珠：《煎炸》，广东教育出版社 2010 年 9 月版。

江献珠：《小食》，广东教育出版社 2010 年 9 月版。

江献珠：《中国点心（上）》，广东教育出版社 2010 年 12 月版。

江献珠：《中国点心（下）》，广东教育出版社 2010 年 12 月版。

江献珠：《家馔 1》，重庆出版社 2016 年 1 月版。

江献珠：《家馔 2》，重庆出版社 2016 年 1 月版。

江献珠：《家馔 3》，重庆出版社 2016 年 1 月版。

江献珠：《矜贵家肴》，香港万里机构·饮食天地出版社 2013 年 9 月版。

陈梦因：《食经（上下）》，百花文艺出版社 2009 年 1 月版。

汪希文著、蔡登山编：《我与江霞公太史父女：汪希文回忆录》，台北独立作家 2014 年 10 月版。

陈天机：《珠玑情缘——舌尖上的贵族江献珠与幸运的书呆子》，香港天地图书有限公司 2019 年 7 月版。

江沛扬：《沧桑太史第》，花城出版社 2016 年 5 月版。

凤冈及门弟子编：《梁士诒年谱》，广东人民出版社 2014 年 8 月版。

柳苏编：《香港的人和事》，辽宁教育出版社 2001 年 10 月版。

广东省政协文史委员会、广东美术馆编：《魂系黄花：纪念潘达微诞辰一百二十周年》，广东人民出版社 2001 年 10 月版。

段云章、倪俊明著：《陈炯明》，广东人民出版社 2009 年 12 月版。

唐德刚：《从晚清到民国》，中国文史出版社 2015 年 6

月版。

　　唐德刚：《袁氏当国》，广西师范大学出版社2004年11月版。

　　唐德刚：《五十年代的尘埃》，中国工人出版社2008年12月版。

　　康有为：《公车上书记：戊戌奏稿》，广西师范大学出版社2016年8月版。《公车上书记》根据广东省立中山图书馆藏清光绪二十一年（1895）石印本影印。《戊戌奏稿》根据广东省立中山图书馆藏清宣统三年（1911）刻本影印。

　　茅海建：《戊戌变法史事考初集》，三联书店2018年6月版。

　　茅海建：《戊戌变法史事考二集》，三联书店2018年6月版。

　　邹鲁编著：《中国国民党史稿》，东方出版中心2011年11月版。

　　张玉法：《近代变局中的历史人物》，九州出版社2019年7月版。

　　商衍鎏：《清代科举考试述录》，故宫出版社2014年4月版。

　　韩策：《科举改制与最后的进士》，社会科学文献出版社2017年5月版。

　　李林：《最后的天子门生——晚清进士馆及其进士群体研究》，商务印书馆2017年12月版。

　　王润华：《越界跨国》，广东人民出版社2017年8月版。

　　王赓武：《天下华人》，广东人民出版社2016年1月版。

　　金耀基：《中国的现代转向》，香港牛津大学出版社2013

年版。

胡适：《胡适的声音——1919—1960：胡适演讲集》，广西师范大学出版社2005年8月版。

陈旭麓：《近代中国人物论》，九州出版社2019年3月版。

谭延闿：《谭延闿集》，湖南人民出版社2013年1月版。

谭延闿：《谭延闿日记》，台北"中研院"近代史研究所"近代春秋TIS系统"所录，网址：http://mhdb.mh.sinica.edu.tw/diary/index.php。

广州文学艺术创作研究院编：《文苑英华：菁华卷（上）》，广东人民出版社2018年10月版。

吴天任：《梁鼎芬年谱》，广东人民出版社2018年10月版。

朱万章：《画里晴川》，广西师范大学出版社2017年8月版。

唐鲁孙：《酸甜苦辣天下味》，广西师范大学出版社2008年4月版。

高贞白：《江太史之"古"》，刊《大成》第二十四期，1975年11月1日出版。

李吉奎：《梁士诒》，广东人民出版社2005年8月版。

冼玉清：《更生记；广东女子艺文考；广东文献丛谈》，广西师范大学出版社2014年6月版。

齐如山：《齐如山国剧论丛》，商务印书馆2015年12月版。

图书在版编目（CIP）数据

诗酒江湖：江孔殷的美食人生 / 李怀宇著. —上海：东方出版中心，2024.1

ISBN 978-7-5473-2310-6

Ⅰ.①诗⋯ Ⅱ.①李⋯ Ⅲ.①江孔殷（1864-1951）－生平事迹 Ⅳ.①K827=7

中国国家版本馆CIP数据核字（2023）第226305号

诗酒江湖：江孔殷的美食人生

著　　者　李怀宇
责任编辑　张馨予
装帧设计　钟　颖

出 版 人　陈义望
出版发行　东方出版中心
地　　址　上海市仙霞路345号
邮政编码　200336
电　　话　021-62417400
印 刷 者　上海盛通时代印刷有限公司

开　　本　890mm×1240mm　1/32
印　　张　13.875
字　　数　252千字
版　　次　2024年3月第1版
印　　次　2024年3月第1次印刷
定　　价　78.00元